陶百川全集(廿四)

訪美觀感

三民書局印行

國立中央圖書館出版品預行編目資料

訪美觀感／陶百川著.--初版.--臺北
市：三民，民81
面；　公分.--(陶百川全集;24)
ISBN 957-14-1869-2 (精裝)

1.美國-政治與政府-論文,講詞等

574.5207　　　　81001307

訪美觀感

著　者　陶百川
發行人　劉振强
出版者　三民書局股份有限公司
印刷所　三民書局股份有限公司
地址／臺北市重慶南路一段六十一號
郵撥／〇〇〇九九九八－五號
初　版　中華民國八十一年四月
編　號　S 57070
行政院新聞局登記證局版臺業字第〇二〇〇號

ISBN 957-14-1869-2 (精裝)

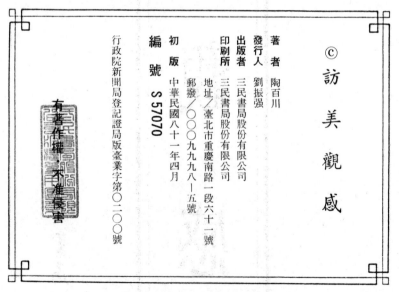

訪美觀感 目錄

越洋旅途日記

關於老友和僑胞

美我毛三角關係的和平演變

國際局勢與中美關係

越洋旅途日記

從臺北越洋到洛杉磯

民國五十三年五月二十一日

早晨六點起床收拾行李。八點偕素君離家赴車站，準備搭九點的觀光號赴臺中。擬在臺中住一晚，即往高雄搭中國航運公司的貨船如雲輪赴美。此去至少將住一年，對故居不無依依。

在車站送行的有劉先生和吳先生伉儷，尚有齊先生和夏先生以及陳、徐二兄。螘秘書長和吳小姐也匆匆趕到。我因不願打擾親友，故對行程諱莫如深，但他們多半同住在永和鎭，我無法相瞞。齊夏二先生之來，卻大大出我意外；不知他們如何知道我的行蹤。

齊先生告訴我：他的刊物就要復刊，要我寫稿，我滿口答應。但請他格外謹愼。我把張先生最近與我所談對於他的期待順便告訴了他。

我去臺中的目的，是請黃委員寶實照顧五兒天林，並向他報告黃啓瑞彈劾案和陳綱、廖源泉二推事彈劾案的發展。

我在王府吃了晚飯，到黃宅已是九點，寶實全家俱已安睡。黃府房屋簡陋不堪，但寶實夫婦不以爲苦。從前顏淵「居陋巷……人不堪其憂，回也不改其樂。賢哉回也！」這是監察委員應有的「貧賤不能移」的精神。

寶實從他抽屜中取出一紙，說是「臨別贈言」。上面寫著：

正論重察院，直聲傳寰區。

乘桴浮於海，九夷子欲居。

他山石可鑑，吾道必不孤。

治權分三五，同歸而途殊。

下註「唐制御史臺有察院，監察御史屬之」。

寶實是一位書家，這次寫的是草書，龍飛鳳舞，非常美觀。贈句中有「乘桴浮於海，九夷子欲居」，足見寶實懷疑我會回來。我有二子一女在美國大學教書，收入足以養二老，我本人也快到退休之年，而且書生報國，也不必在朝做官。美國是我舊遊之地（註），我尚能爲祖國做些國民外交工作。寶實句中有「他山石可鑑，吾道必不孤」，大約就是指此而言，所以難怪有人猜我一去不返。

下午在臺中車站行李房將臺北帶來行李換裝駛高雄的車子。因爲行李票上寫有我的姓名，一位工友與我談起來：

「黃啓瑞案怎樣了？」他問。

「正由公務員懲戒委員會審議。」

「《政治評論》案怎樣了？」他問得有些使我驚異。

「正在法院偵查。」

「臺灣現在眞有些亂七八糟。我們都支持你。」

我說：「謝謝你。難得你這樣關心國事。」

他的答語很得體：「這是大家的事情。」

他祇是一個小工。我們千萬再不要以爲小百姓都是「不識不知，順帝之則」了。

註：我早年曾在美國哈佛大學肄業，五年前曾應美國國務院的邀請赴美訪問。

五月二十二日

早晨正想出門去吃早餐，黃寶實兄伉儷趕來邀我們去吃燕餃。我提議去喝豆漿。四人吃了十七元，可謂便宜之至。

黃委員和我順便就最高法院陳綱、廖源泉二推事的申辯書交換意見。我們對他們的第二次意見書共寫十二節，我在臺北和朱專門委員商定，他寫四節，我寫八節，他的四節已寫好，我的八節僅寫了五節，昨晚趕寫二節，今日趕寫完竣，交天林帶回臺北補充資料和膽清後再送請黃委員核閱。

清季侍御江春霖彈劾兩位總督，寫了六個疏狀；我們這次彈劾兩位推事也寫了六個文書。江侍御的彈劾案因爲慈禧包庇被彈劾人，江侍御被免職飭回原署，全體御史雖上疏抗爭，但是沒有效果。我們這次雖遭「圍剿」，但是輿論都同情我們（註），監察院委員大體上也支持我們，所以我們幸未傷亡，足徵時代究竟進步得多了。但最大的原因還是制度保障了我們，所以圍剿者對我們無可奈何。

寫完意見書，我和素君就趕到車站去搭高雄的平快。

抵高雄後第一件事：到航運公司辦事處去問如雲輪何時開船。據答：「原定明日，現在決定延到後日了。」徐主任說：有好多人打電話去問我住在那裏。我請他暫不告知，以免打擾親友。

歸途中遇見一位法官。他料我不再回來。但他勸我仍應回來。他講了范仲淹的故事。他引呂夷簡勸范文正的那句話：「君欲行政，應在朝廷。」我說：「我很懷疑作一個監察委員對國家還能有甚麼用處。但我職責在身，當然應該回來。」

註：曹委員啓文曾經蒐集該項資料，做過一次統計，他說對我們這次彈劾法官不表同情的祇有百分之五。足見公道自在人心。

五月二十三日

船既不開，就去逛街，順便買了一些禮物，預備贈送美國朋友。

下午回到旅館，看到七八張訪客的名片。《中華日報》的李立維先生也打電話要來和我談談。他提出一大堆問題，我們談了四、五十分鐘。

他的問題之一，是：「你去國一年，在未來一年中，你看國內將會有甚麼變化？」

我說：那將是一個小康的局面。國際局勢雖然在變，但不可能有很大的變化。越南和美國的越戰目的，祇在逐出侵入越境的敵人和消滅境內的共黨勢力，不想攻入北越，自更不想追擊到中國大陸去。這樣我們就無機可乘，也談不到出兵援越。

「假使越戰擴大了，我們是否有機可乘？」這個問題，很使人興奮。

我說：如果越戰擴大了，例如來一個韓戰式的演變，我們一定出兵反攻。在韓戰時期，我們實力未充，必須依附聯合國軍隊，方能有點作爲。而聯合國那時卻不要我們幫忙，我們便一籌莫展，以致坐失機會。現在不同了。如果大陸毛共參加越戰，卽使我們不直接參戰，我們也會在臺灣海峽獨力反攻。

「赫毛鬥爭祇是兩個人或兩個黨的鬥爭，還沒有演變成爲兩個政府或兩個國家的全面鬥爭。所以對我們還沒有多大利用價值。」我繼續說我的小康論。

經濟上仍然繼續發展，雖然美援可能就停止。這方面也將是一個小康之局。

但是卽使維持小康的局面，也需要在政治上有所努力。最重要的是加強人民對政府的向心和對國事的熱心。團結更團結，努力更努力。總統所倡導的反共建國聯盟，便是一個樞紐。

我們也談到今日的青年。他說我很注意青年問題，問我的觀感如何。

我說我要爲青年打抱不平。因爲有人認爲今天青年的愛國熱忱，不及他們的父親和祖父。不錯，他們的祖父推翻滿淸，建立民國，他們的父親北伐、剿共、抗日，都以天下爲己任，有輝煌的成就，而他們似乎碌碌無所表現：在學校讀死書，到外國不回來，在社會混飯吃，對國事不關心，對個人的前途也沒有甚麼「理想」或「夢想」。他們都是自了漢，都是庸俗的人。

我不以爲然。他們的祖父和父親是「時勢造英雄」，假使易地以處，也會像今天這樣一籌莫展。陸放翁詩：「生逢和親最可傷，歲輦金帛輸遼羌。仰視太白歛光芒，男兒欲死無戰場。」現在整個自由世界就是一個和親的局面，英美與蘇俄「和平共存」，英法與毛共大打交道，我國也徒有反共之志而不容以兵戎相見。中國青年乃是「英雄無用武之地」。

在去年青年節，就是黃花崗起義紀念日，我爲一篇演講，曾經查過一些文獻，發現興中會在七年歷史中加盟的不過三百人；黃花崗雖死了七十二人，但參加的總數也不過一百數十人。而我們青年之自動投考軍校的，每年都在五千人以上。僅這一點已經強勝他們的祖父和父親了。

五月二十四日

六點鐘就雇三輪汽車到車站提行李，接著就駛往第二碼頭。陳委員到旅社來直送我們上船。海關的王稅務司、陳監察長和劉明傳先生在碼頭相送。

王稅務司說：「在假出口案的調查報告中，你指出關政廢弛，提出許多改進意見，關政因而有所改革。我們很欽佩，所以總稅務司要我來送你。昨天我尋到五洲旅社，旅客中有一陶梓，我相信就是你，但籍貫寫的是上海，而你是浙江人。我問管事的：他是不是一位監察委員。他說不知道。」

對於王稅務司之來送，我本來莫名其妙，至此才恍然大悟，我趕緊說：「太費心了，眞正不敢當。」

不久一位關員對我說：「你的行李就可搬上船。」

我說：「已經檢查了嗎？」

答：「出口行李不比進口行李，檢查是很簡單的。」

「少量國產品隨帶出口可以免稅，你們尚查那些東西？」我問。

「美鈔黃金和古董。」所以出口行李的檢查，自然可簡單了。

如雲輪雖是一艘貨船，可是客艙的設備卻與衆不同。頭等艙有兩個房間的裝飾且好於總統輪。全部房間包括三等艙在內都有冷氣。

船在九點左右開動，每小時走十八浬至二十浬，預定二十六日晚上可抵神戶。這是新船，下水方兩年。長五百餘尺，濶六十餘尺，高八十餘尺。有六個大艙，有冷藏設備。載重一萬二千五百噸。日本承造，造價三百餘萬美元。

五年前政府同時貸款造船四艘，兩船由日本承造，兩艘交殷臺公司承造。殷臺公司不爭氣，造到三分之一就撤退了，後由臺船公司接辦，勉力完工。年來經我在監察院一再督促，經濟部核算結果，殷臺公司積欠了四千餘萬元，臺船公司雖在基隆地方法院訴追，但殷臺公司卻置之不理。早在殷臺公司以甜言蜜語說動我們當局交其造船時，這個不幸的結果，已在我們意料之中，但是曲突徙薪的忠告，不爲政府所重視。

據黃船長說：全船有船員五十三人，可搭旅客二十七人，這次搭客二十一人，東京尚有七人要加搭。我提議約全船搭客舉行一次座談會，好讓彼此認識。他同意明晚舉行。

至於頭等艙的搭客十一人，在吃中飯時已經自我介紹了。計赴美學生四人，兩男兩女，中國航運公司香港分公司經理的太太（于太太）、尹仲容太太和她的未婚媳婦鳳小姐。此外還有海軍中校何毓衡先生和在臺訪問九個月的華僑學生曾倫贊先生，他們住在我們右邊一房。

五月二十五日

一路風平浪靜，搭客都很愉快。黃船長說，從臺灣到日本有一條順流，叫做黑潮，所以船行特快，每小時可走二十至二十一浬，過了日本就祇能走十八浬了。

尹太太和鳳小姐與我們二人同桌，她很健談，講了一些關於尹仲容先生的軼事，加深了我對他的好印象。

她說：「坐船的第一好處，可以充分休息。陶委員可以少用一些腦筋了。」

我說：「我也這樣想。所以我祇帶了兩本書。」

但是言猶在耳，我發現了船上四櫥的藏書，不免見獵心喜。

在大略看過書目之後，我首注意到一套《記事本末》。我於是在《宋史記事本末》中去找范仲淹的故事——那位法官在高雄提過的那個故事。在〈慶歷黨議〉中找到下列一段：「……夏竦……僞作（石）介爲（富）弼撰廢立詔草，飛語上聞，帝雖不信，而弼與仲淹恐懼，不自安於朝，皆請出按西北邊。不許。適聞契丹伐夏，仲淹故請行，乃獨允之。仲淹將赴陝，過鄭州，時呂夷簡已老，居鄭，仲淹往見之。夷簡問何事遽出。仲淹對以暫往經撫兩路，事畢卽還。夷簡曰：『君此行，正蹈危機，豈復再入！若欲經制西事，莫如在朝廷爲便。』仲淹愕然。仲淹既去朝，攻者果益急，帝心不能無疑矣。」

范文正公是江蘇吳縣人，聰明正直，文武全才，可是難進而易退。這是江南人的長處，也是短處。文正那次離開之後，不再回朝。若是北方人，他也許不會那樣脆弱了。呂夷簡就是另一種典型。

范文正公是我最崇仰的古人之一。我讀過他的文集，譯過他的〈靈烏賦〉。他進秀才時就以天下爲己任；他說：「士當先天下之憂而憂，後天下之樂而樂」。他做諫官時的座右銘是「寧鳴而死」，「爲凶之防」。可惜爲夏竦等排擠而去。他曾說：「小人無黨，惟君子則有之」。歐陽修的〈朋黨論〉，也抱同樣的見解。可是事實上君子是羣而不黨，而小人卻爲便於營私而能結成私黨和死黨，所以君子常爲小人所敗。范文正公也非例外。爲之一嘆！

晚上七點舉行座談會，我提議各人作自我介紹。旅客二十一人中有學生十一人，計臺大畢業者四人、成大三人、中興二人、東海二人。

五月二十六日

與學生四人閒談國事，他們一致認爲臺北市長高玉樹先生的勝利，乃是國民黨和政府的失敗，敗在人民手中。我以爲不可說得這樣籠統和周延。那該說是周百鍊先生的失敗。但是他們以爲這是外交辭令。

我說：黨和政府當然也佔一份，但關係不大。例如黨部支持周百鍊或反擊高玉樹的宣傳做的過火，——說話有欠公道，以致惹起反感。又如周百鍊做了二年代市長，於是一般政治上的壞處都被記在他的帳上，而有些壞處卻不能全怪他。但在地方選舉中，候選人的關係和責任究竟大於他的黨和政府。

幾乎全日都在看《陸放翁全集》。我早就喜愛陸放翁。第一、也許因爲他是我的小同鄉，他的那些關於山陰會稽的吟咏，足以喚回我的鄉思，因而特別感到親切。

第二、宋朝強敵壓境國破民困的處境，引起我的同感。我對他的那些感傷激勵的作品特別感到興趣。例如：

人材衰靡方當慮，士氣崢嶸未可非。
萬事不如公論久，諸賢莫與衆心違！

這幾句詩我在監察院糾正案文中曾一再引用。

又如他的〈夏日雜題〉：

憔悴衡門一禿翁，回頭無事不成空。
可憐萬里平戎志，盡付蕭蕭暮雨中。
衰疾沈緜短鬢疏，淒涼圯上一編書。
中原久陷身垂老，付與囊中飽蠹魚。

又如〈雜感〉：

山人那信宦途艱，強著朝衣趁曉班。
豪氣不除狂態作，始知祇合死空山。

再如他的〈絕筆〉：

死去原知萬事空，但悲不見九州同。

王師北定中原日，家祭毋忘告乃翁！(註一)

陸放翁是個多產作家，他的詩既好且多。我曾根據曾國藩編的十八家詩鈔做了一個統計，結果在十八位大詩人中放翁位在前三名，而他的律詩和絕詩且位在第一名。列表如下：

人名	五古	七古	五律	七律	七絕	總計
曹子建	五五					五五
阮嗣宗	八二					八二
陶淵明	一一四					一一四
謝康樂	六五					六五
鮑明遠	一三一					一三一
謝元暉	一一八					一一八
李太白	五六〇	一五七	一〇〇		七九	八九六
杜工部	二六三	一四六	六〇一	一五〇	一〇五	一二六二

韓昌黎	一四二	七八				二二〇
白香山		五〇				五〇
蘇東坡		三二八		五四〇	四三八	一三〇六
黃山谷		一六五	二八六			四五一
王右丞			一〇四			一〇四
孟襄陽			一三八			一三八
李義山				一一七		一一七
杜牧之				五五		五五
陸放翁				五五四	六五二	一二〇六
元遺山				一六二		一六二

我認識陸放翁，始於三弟(註二)的一篇〈愛國詩人陸放翁〉。他陷在大陸，音訊杳然。今天重讀放翁詩，遙望海天，不禁泫然。

(註一)：他的好詩不勝枚舉，曾國藩編的十八家詩鈔，收錄他的七律和七絕多至一千三百零五首，在十八人中居第一位。這裏我情不自禁的又錄下他爲痛念他被母親強迫離婚的那位前妻的一詞和二詩：

〈釵頭鳳〉

紅酥手，黃藤酒，滿城春色宮牆柳。東風惡，歡情薄，一懷愁緒，幾年離索。錯，錯，錯！春如舊，人空瘦，淚痕紅浥鮫綃透。桃花落，閒池閣，山盟雖在，錦書難託。莫，莫，莫！

〈沈園〉

城上斜陽畫角哀，沈園非復舊池臺。傷心橋下春波綠，曾是驚鴻照影來。

夢斷香消四十年，沈園柳老不吹緜。此身行作稽山土，猶弔遺蹤一泫然。

（註二）：三弟愚川，畢業於上海大夏大學、日本早稻田大學和美國密歇根大學，上海撤退時任大夏大學教育系主任。

五月二十七日

早晨五點就醒，發覺船已停駛，想已到達神戶。後據樂大副告知，船早於昨晚十一點抵達，現正等候領港來帶領。

最感不方便的是便器已封，不能「方便」。原來本船曾去香港，而香港現鬧瘟疫，照章必須檢疫，所以封閉便器，須待檢畢，方可啓封。幸檢疫官來得尙早，經檢查沒有問題。

但移民局人員卻姍姍來遲，經他查畢護照，已是上午十一點十分。我們都在船上吃了中飯才登岸。

我們坐了中國航運公司汽車由尹府友人周先生帶我們去遊寶塚。在通過海關檢查站時，太太們的手提皮包都被詳細檢查。于太太皮包中有四副眼鏡，一副老花，一副太陽，另兩副因恐遺失或打碎，備而不用，於是關員大感興趣，一再盤問。我覺得有些好笑。這大約就是「日本精神」。回憶我在臺北辦簽證時，因爲是公務護照，美國大使館是上午十點送去，下午三點就簽准發還。日本大使館是過境簽證，照理還可加速，那知星期六早晨送去，據告星期一去取，但去取時說須展至星期二了。

寶塚有一遊樂場，內有寶塚歌舞院，規模很大，連入場券和觀劇券在內，每人祇付二百五十元日幣，尙算便宜（美金一元折合日幣三百六十元）。但一般物價則較貴於臺灣和香港，旅館和飲食的代價，則與美國相差無幾。

離開寶塚，就去訪薛石柱先生。他是臺灣人，在神戶多年，經營養珠事業，是神戶數一數二的養珠家。

友人告知，養珠並不太難。據說用蛤殼粉搓成丸子，連同一小片蠔肉，放在生殼內，再沉入海中，過一二年取出，就是眞珠，這種養珠較天然眞珠圓潤。我以爲這種本輕利重的企業，我國也可做得。由此聯想到臺灣的經濟政策。

臺灣經濟發展的指針，最近似乎想著重精工業和重工業。其實照日本的經驗，中小工業也還有生存的餘地，因之在臺灣也還有發展的可能和必要。(註一)

重工業像鋼鐵工業、造船工業和機械工業，精工業像日本的電子工業、瑞士的鐘錶和法國的化妝品，自然都有利可圖，但是談何容易。

舉一個例：臺灣是個海島，我們自然應該發展造船事業，幾年前我國不惜犧牲，請了殷臺公司來造船，然因我們沒有造船用的鋼板和機器，當殷臺公司要造兩艘貨船的時候，不得不向日本訂購鋼料和機器，但日本不願協助臺灣發展造船工業，所以抬高價格，以致我們不得不向西德購買，而因運輸和滙率的關係，價格較高於日貨，所以我們的人工雖低廉，但總價卻高於日本百分之十五以上，自然無法與日本競爭。於是殷臺公司祇好關門大吉。(還有別的原因，但卽此一項已夠受了。)

黃船長告訴我：這次船上裝有大批三夾板，銷往美國。他說三夾板已成爲臺灣的重要出口貨。他們幫助外銷，每噸運費從三十五元美金減爲二十元。

在我的記憶中，臺灣五年前根本沒有三夾板銷售美國的紀錄，現在居然「起飛」，足徵中小工業確有生存的餘地和發展的必要。(註二)

晚上薛先生請我們吃牛排，後來周先生說，每客約合臺幣一百八十元至二百元。如果早知如此昂貴，我們都會食不甘味。

（註一）：本年六月二十七日至七月四日的一期《星期六晚郵報》，有一篇關於日本養珠事業的報導，說日本現有三千家「養珠工廠」，去年輸出養珠價值四千七百萬美元。

（註二）：六月十二日《中央日報》航空版載：（高雄通訊）發展迅速的臺灣製材與夾板工業，不僅在我國工業外銷產品中，躋入前三名僅次於化學品和紡織品的出口價值，而且在國際市場上，已擊敗強勁的敵手——日本。據記者統計，五十二年全年，僅從高雄港出口的加工木板、夾板、傢俱門窗零件等，價格超過三千萬美元，五十三年，由於日本的競爭失敗，臺灣上項產品的出口額，可達到四千萬美元。

五月二十八日

上午訪薛石柱先生，並參觀他的光珠洋行。在他的工場中，我們看見一大堆一大堆的眞珠，有的潔白，有的灰暗，有的淺紅，有的淡黃。據說灰的最貴，紅的次之，白的再次之，黃的則「人老珠黃不値錢」。

我們同去六人，都為親友們買了一些珠花或項鍊。

薛先生伉儷都很好客，請我們在牡丹園吃中飯。薛太太並請朋友開車陪我們遊六甲山和再度公園，風景並不很好。

日本復興很快，現在平均國民所得已高達五百二十美元（臺灣則約為一百二十美元）。原因之一，是它的國防經費的負擔很輕。五年前我從美國回臺經日，在參觀參議院時，問起它的國防經費的比例，乃知僅佔中央政府全部支出的百分之十三。他們告訴我，那年國會討論國防預算時，政府要求增加百分之一，但社會黨大力反對。

原來日本的國防，迄今尙由美國擔任。美國在日本有基地，有軍隊，經費都由美國開支。日本每年因而獲得這項美金三億五千餘萬元。

反觀我國，軍費負擔高達百分之八十，在兩個經濟發展四年計畫中，政府應籌發展經費都不夠計畫數字。幸有美援可以挹注，其中經濟援助十五年中約有十二億美元（外加二億餘美元的剩餘農產品和二十二億美元的軍援，全部約爲三十六億美元）。現在經援就將停止，政府雖略有準備，然而必感拮据。

我以爲出路祇有一條，擴大官兵退除役範圍，裁減及歸併軍事機關，每年可節省軍費十億元，以之發展中小企業，不獨可以增加經濟力，而且可以安置退除役人員。

政府當局明知有此需要，但因有所恃和有所待——恃有美援可以挹注，待看反攻就可開始；所以官兵雖年有退除，但總數都迄未大減。現爲形勢所迫，我們自當有所變革了。

船上有位華裔美國人曾倫贊先生問我：「臺灣經濟進步很可觀，但軍公教人員生活太苦，政府爲甚麼不辦重工業以救窮，以改善軍公教人員的待遇？」曾先生研究中國近代史，這次是從臺灣考察九個月後回到美國去的。

答案很簡單：「沒有大資本」。但我又指出，臺灣的經濟發展可分三個階段：

第一階段是政府遷臺以後至舟山撤退之前，那時我們雖因韓戰而可喘息一下，準備反攻，但在韓戰停頓之後，空襲警報和通貨貶值又使人心不安定，社會不安全，所以談不到經濟發展。

第二階段是中美共同防禦協定簽訂之後，因爲美國有了防衛臺灣澎湖的決心，臺灣人心大定，經濟開始繁榮。

第三階段是「八二三」金門砲戰之後，因爲遭遇我們堅強的抵抗，毛共不獨無力侵犯臺灣澎湖，而且也不敢進攻金門馬祖，而因美國態度的積極，金門似乎也可認爲已在美國防禦體系之中，於是臺灣乃立於不敗之地，經濟也因有安全保障而開始「起飛」。

總結一句話：臺灣經濟的發展，迄今祇有十年時間，而我們已有這個結果，已是難能可貴了。

關於裁兵問題，我提出我的看法：「我們並非不知道軍費負擔之重是民窮財乏的重要原因。但是卽使不談其他困難和理由，裁下來的官兵的出路也很傷腦筋。假使不替他們籌妥安身立命的辦法，我們不獨於心不忍，而且有害於社會。」

曾先生說：「所以我說要發展重工業，以吸收退除役官兵的勞力。」

我說：「但是我卻寄希望於中小企業。因爲本錢較輕，工作簡單，而且也有利可圖，不是畫餅充飢。由此徐圖發展，不難追蹤日本。日本的發展，就是這個過程。」

我將對此作廣泛的考察和認眞的研究。

五月二十九日

船很早就開，據說十八小時後，可到達橫濱。

在書橱中找到一些有關日本的資料，第一當然是《大英百科全書》中關於日本的天時地理人物以及政治經濟教育文化等報導，既詳備，又準確，可謂「美不勝收」。

但最難得的是一本國際獅子會出版的《獅子》雙月刊，中有一篇日本電器公司新力(Sony)的成功故事，那是日本經濟發展的佳話和奇蹟，可供我們借鑑。這正是我所要研究的中小企業與國計民生問題的好資料。

文中報導新力公司現有員工六千五百人，每年銷貨額是七千七百萬美元，銷路已達一百國。但在第二次世界大戰結束時，這個大公司方在一間被炸毀的百貨店中開始做修理工作，資本祇值一千六百美元，一九四六年五月，由兩個人的合夥工場改組爲公司，但資本已虧爲五百二十七美元了。

一九四八年，這兩位工程師兼工人的老闆，聽到美國已經發明了錄音機，一位美國傳教士替他們買到一具，他們就仿造了五十套。但是祇有一家飯店和一個警察局各買了一具。他們乃向學校推銷，果然打開銷路，現在已有四萬所學校的三分之二買了該廠所製的錄音機。

一九五二年，他們聽到美國已有電晶體在代替電流或乾電池，但是每個需款五十美元，卽在美國，那時也多用於軍需工業。他們異想天開，計畫把電晶體造成便於攜帶的袖珍收音機。一九五七年，他們生產了全世界第一具袖珍收音機，體積較一包香煙大不了多少。

收音機可以縮小，電視爲甚麼不能縮小？於是他們又動腦筋了。一九六〇年，他們開始生產八吋的電視機，現在又縮小爲五吋。每具一百八十九元九角五分美元，每日生產一千具。

但是新力的大老闆迄今在辦公室中仍穿拖鞋和夾克，保持當年貧寒時期的儉樸生活。而在該公司的研究方面卻不惜花大錢，每年用下去的研究費，高達收入總額的百分之六，高於日本各公司研究費的平均額。(註)

中國航運公司的老闆董浩雲先生的成就和精神，也很可觀。據說董先生的船隻總噸數已達七十萬噸，三倍於招商局。一艘十一萬噸的大油輪，不久又可造成。

但董先生早年並不是一個大資本家，大陸撤退時祇有幾艘舊船。董先生也沒有受過高深教育，但是現在卻很有學問。他的成功因素，我了解得並不很多。但聽過這樣一個小故事，在本船某次航行中，董先生上船發現柱上一根銅線脫了釘，他關照船長要把它釘牢。等到第二次再來時，他查問銅線釘牢了沒有。對小事如此用心，對大事自更注意。但是我想董先生一定還有其他的成功因素。

(註)：我到洛杉磯後，曾以臺灣工業發展的方向問三兒天放(他現在任教於加州大學)，他說：電子工業尚有

發展餘地，因爲這些工業與人的因素關係很大，不是大工廠就會有成就。鑒於日本新力公司的往事，他這話似屬信而有徵，主要的原因就在該公司的兩個發起人都是電工專家。

五月三十日

一早船已到橫濱。中國航運公司東京分公司的沈副經理上船來接我們，我們搭他的車趕赴東京。他說董浩雲先生請于太太、尹太太、鳳女士和我們兩夫婦在 MIKADO 大酒家一邊吃晚飯，一邊看表演。我還沒見過董先生，理應先去看他，但因到中航公司門前已是十二點鐘，沈副經理堅邀我們上去吃午飯，我們不便多打擾，改定下午五點去訪問。

在一小飯店吃麵，較好的每碗二百七十元日幣，較臺灣貴兩倍以上。後據同船的沈女士說，她買了一個電晶體收音機，較臺灣也僅便宜了一百元臺幣。

本來想去看大使館的朋友，猛憶今天是星期六，據說下午不辦公，祇得改爲逛馬路。下午五點在中航東京分公司晤見董浩雲先生，一見如故，談得很多，下午六點同在 MIKADO 大酒家吃飯。在座者還有中央信託局東京分公司兼主任周賢頌副局長伉儷。

MIKADO 的設備和布置，很像臺北的中央酒店，食客在吃飯時可以看到臺上的表演。那天表演了二小時，包括舞蹈和短劇。日本舞蹈很簡單，不必有眞功夫，但有一節來自德國的「噴泉跳舞」，花樣翻新，色彩鮮麗，爲之觀止。桌上有一聲明：每客至少日幣三千元，則較中央酒店幾乎貴二分之一。

周賢頌先生送我們回船，車行約五十分鐘，一路上為我談日本現狀。我問他日本中小企業的情況。他說近來困難很多，主要原因是人力缺乏。一個中學畢業生，平均有五個職位在等他選擇。

周先生舉了一個例子。他說，紙花往年出口約值一千萬美元，但因人力缺乏，做者不多，年來不獨沒有出口，而且倒轉來進口二百萬美元。

「日本人力缺乏，這倒是個新聞。」我說。

周先生說：「一般人總以為日本人力過剩。但現在日本工業發展，人力早已求過於供了。」

我又問：「中信局東京辦事處的工作是否重在採購器材？」

周先生說：「不是，本局的業務重在外銷。」

他說他們也做了節省外滙的許多工作。例如臺灣商人請買外滙採辦日本器材，我國政府當局就令該辦事處調查器材價格，因此商人就不好浮報。曾有一次，臺灣某商的一套計畫經該辦事處調查認為完全不適用，當局就予以批駁。

五月三十一日

聽說董浩雲先生要上船來，我乃在船上等他，第一是為向他道別，第二是想和他再談談。但是等他一到，已是高朋滿座，原來他在船上請香港的朋友吃飯。我向他致謝萍水相逢蒙他招宴的盛意，他邀我到船頂去拍了一張雙人照。

下午去橫濱逛街。三十年前我乘傑克遜總統輪赴美求學，在橫濱坐了人力車觀光，倒也別有風味。這次當然祇好坐計程車了。

晚上尹太太由東京回來，帶來周賢頌先生送給我的三件資料：《聯合報》日來關於如何收攬人心的八篇社論，載有周先生關於一個國際貿易會議專論的《徵信新聞報》，以及中信局東京辦事處所編的一册《商情月刊》。我連夜把它們讀完，以便明天開船之前託人送還他。

《商情月刊》中適巧有幾節關於中小企業的報導，可供我們參考。

一、日本所謂中小企業，是指工礦企業資本額在五千萬日元以下，雇用員工在三百人以下，或商業或加工業資本在一千萬日元以下，雇用員工在五十人以下。這些中小企業吸收的人力，佔日本就業總人數的百分之四十八，它的製品價格和銷售價格，佔日本製品銷售總額的百分之四十八。最可注意的，它們的出口價值，竟佔日本出口總數額的百分之五十。

二、日本中小企業面臨的困難：1. 大工業近況和遠景都較好，容易吸引人力，所以中小企業漸有人力不足之感。2. 中小企業資金融通比較困難。

三、日本的鐘錶工業本來也微不足道，但《商情月刊》說，一九五八年出口的手錶僅二萬六千隻，去年竟增至二百萬零六千一百隻。其中更可注意的：日本手錶的輸出對象，竟有百分之五十是美國。而因美國的進口稅高達百分之六十至九十，於是日本鐘錶商人乃將零件運往波多利哥的浮琴島，由美國聯號裝配後輸入美國，這類工廠，我想當年也祇有中小企業的規模，可是現在卻慢慢的進化爲一種大工業了。

現在商戰日烈，科學日精，製品日新，花式日繁，我們一定要有充分的情報，創造的頭腦，革新的精神，勤勞的身心，並由政府予以輔助，社會加以支持，然後方能出奇制勝，迎頭趕上。日本就是我們的好榜樣。

六月一日

起身不久，船卽開動。此後十二天中都將在太平洋中航行，不獨不靠岸，也許根本看不到陸地。

聽無線電廣播，發現蘇聯也有中國話播音。其中有一消息說：北韓一艘漁船有人患病必須開刀，廣播求救，其時適有俄船駛近，將其送至俄國港口醫院割治，現已痊癒云云。因而想到貨船沒有醫師，生病實在危險，尤其是此去十二天不能停泊，如果生起盲腸炎來，那準是九死一生。黃船長告訴說：船上備有抗生素，可以急救。

前天友人告訴我：我國已派魏道明先生出使日本。昨天英文《日本時報》有《合衆國際社》一則臺北電訊，大意說魏道明大使的新任命使人甚爲驚異，其驚異程度，爲臺北年來所未有。

該社報導，立法院等有關方面的人士總以爲駐日大使的人選，第一必須強韌，第二必須苦幹、實幹，第三必須了解日本。該社報導一般人認爲魏大使沒有具備這些條件。

該社說：魏氏曾任駐法大使、駐美大使和臺灣省政府主席，與中日外交並無關連。

該社指出魏氏於民國三十八年赴美，直至去年方才回臺。他今年六十四歲，不獨與實際政治早已脫節，而且他當年去美國的用意顯然是在退休，而且確已自動退休十餘年了。

上引《合衆國際社》的消息，是我根據友人口述而寫的，後來我向同船乘客何毓衡先生借閱原文，加以核對，大致不錯，所以不再直譯。

我不認識魏先生，但我相信該社的報導與事實距離不會太遠。

似乎是商岳衡先生在《大華晚報》著論指出：駐日使館是我國外交家的墳墓。這是說對日外交很難辦。但我認爲歷屆駐日大使之不得人，也是對日本外交失敗的重大原因。所謂「雖曰天命，豈非人事哉！」

因思我國朝野各界的通病：用人的氣魄總是不夠大，請舉例證：

第一、不敢用新人，而喜用舊人：所以說：「衣不如新，人不如故。」

第二、不放心青年人甚至壯年人，而喜用老年人，所以說：「嘴上無毛，做事不牢。」

第三、不喜歡直諒的人，而喜用柔順的人，因此「直如絃，死道邊，曲如鈎，反封侯。」

其實　國父孫中山先生論治平之道，早就指出：「竊嘗深維歐洲富強之本，不盡在於船堅砲利，壘固兵強，而在於人能盡其才，地能盡其利，物能盡其用，貨能暢其流。此四事者，富強之大經，治國之大本也。」我以爲在這四者之中，「人盡其才」最爲重要。

怎樣能使人盡其才？孫先生認爲必須做到三點：「故教養有道，則天無枉生之才；鼓勵以方，則野無鬱抑之士；任使得法，則朝無倖進之徒。斯三者不失其序，則人能盡其才矣。」在這三者之中，任使得法最重要。因爲倖進之門一開，上以是求，下以是應，而倖進如成爲鼓勵，教養便不能發生效果。

唐朝名宰相陸宣公論人才消長之道，也說在於朝廷能否善爲鼓舞任使。他說：「祚屬殷昌，必時多儁傑，運鍾衰季，則朝乏英髦。當在衰季之時，咸謂無人足任，及其雄才御寓，淑德應期，賢能相從，森若林會。然則興王之良佐，皆是季代之棄才。在季而愚，當興而智。乃知季代非獨遺賢而不用，其於養育獎勵之道，亦有所不至焉。」

舉例以明之，陸宣公說：「漢高禀大度，故其時多魁傑不羈之材，漢武好英風，故其時富瓌詭立名之士，漢宣精吏能，故其時萃循良核實之能。迨乎哀平桓靈，昵比小人，疏遠君子，故其時近習操國柄，嬖威擅朝權。」

即此可以證明：「是知人之才性與時升降。好之則至，獎之則崇，抑之則衰，斥之則絕。此人才消長之所由也。」(以上引陸贄：〈論朝官等改轉倫序狀〉)

因爲「朝廷者萬方之所宗仰，羣士之所楷模，觀而效焉，必有甚者」。(陸贄：〈論裴延齡

姦蠹書〉）

一位朋友曾經爲我比較中美駐日大使的作風。他說：現任美國大使賴世和，並不是職業外交家，他的前職是哈佛大學教授。美國關於駐外使節的現行人事政策，是儘量用職業外交家，但甘廼廸特選派賴世和使日，因爲他在美日兩國的學術界聲望特高（他是日本問題專家，夫人是日本人），而在日本反美風潮紛起之際，駐日使節的任務特別艱巨。賴世和果然不辱使命，到任之後對日本左傾勢力方面特別注意。鑑於從前反對艾森豪總統訪日的乃是日本的左傾學生團體，賴世和就對他們痛下功夫，把其中的領袖人物紛紛送到美國觀光或求學，現在共黨勢力在日本學生團體中因之大爲削弱了。

但是我們大使館的作風就大不同了。好在他們已經去職，這裏不必再轉播他們的「傑作」。但願來者變更作風，不辱使命！

六月二日

昨晚沒有風，浪也不大，但好多女乘客都睡不好，吃不下。船長說這一帶海底的暗浪較大，過了明天就較好了。

我不暈船，所以照樣吃得好。我們四人一桌，五菜一湯。（當然是中菜，但也可要求吃西菜）上船已十天，還沒有一道相同的菜。我笑說：臺北小菜場和伙食店的菜料，每種都給我們的廚工買來了。

昨天從魏大使的任命聯想到我國的用人之道，今天爲想看看這方面的資料，我翻開了書櫥中的《戴季陶先生全集》。但是他雖做了一生的考試院院長，全集雖有兩厚册，可是沒有這方面的資料。

全集蒐錄文章一千四百十篇，其中書信卻有九百三十八封。而其餘四百七十二篇文章中多數是爲他人著作所寫的序文和開幕詞、閉幕詞等，不很出色。

戴先生書信中對人例稱「先生」，但對蔣總統則稱「介兄」。足見他們關係的深切。但給蔣總統的幾封信，內容卻多「無關宏旨」。

戴先生早年自號戴天仇，我想看看他年輕時期的「血性文章」，可是爲數很少。原來全集「編例」中已經交代得很明白。民國二十年前的文字，「先生生前囑弗搜輯」。不知何故。

又，全集編者陳天錫先生在序中說：「關於編印（孝園文稿）之事，先生生前亦略有計議，大體按文字內容性質分別部居，擇其少諍論者先行問世，其餘俟之身後。」但全集出版時，先生墓木已拱，而全集中仍無諍論。是編者不敢發表呢？還是根本沒有多少諍論可言呢？

集中有一則「箴言」如下：「愼文字，寡言語。戒憤怒，絕憂思。勿玩物喪志，勿因私誤公。書札須盡可公開，言語要都有實用。勿過勤，過勤是致惰之根。勿猛進，猛進是傷勇之原。

和平中正，忍讓謙遜。事成勿居功，事敗必引咎。牛步雖遲，久行可致千里。駒行雖疾，一蹶難以再興。不求事必成功，但求行之合道。勉力爲善，愼始全終。痛定思痛，過勿憚改。」

這則箴言，乃是戴先生「夫子自道」。從此可以想見他是一位「謙謙君子」，「好好先生」。

回憶三十幾年前我幫潘公展先生辦《上海晨報》時，戴先生曾爲它的週年紀念，寫過一篇祝詞，指出報紙應守「四字眞言」：新、眞、精、敦。敦是敦厚。我特別欣賞這個「敦」字。

從戴先生的言行，我聯想到昨天日記中所引述的陸宣公。前者謹小愼微，後者盡言極諫。借用白居易的譬喻，戴先生是霧豹冥鴻，寂兮寥兮；陸宣公是雲龍風鵬，勃然突然。立身處世，不妨效戴先生，從政辦事，我願學陸宣公。

六月三日

船上多暇，橱中多書，我正好及時讀書。暫定先看陸贄的《陸宣公奏議》，梁任公的《飲冰室全集》，顧亭林的《日知錄》和黃梨洲的《明夷待訪錄》。

在千百册書籍中，我所以獨喜這四種書，因爲這四人都富於思想，有改造社會和政治的一套道理。這四人又富於血性，能言人所不敢言。

在《飲冰室文集》中，我認爲下列各文都值得重讀和精讀。其中大多數雖寫在民國紀元以前，然今日讀之仍可借鑑。題目如下：

(一)變法通議
(二)論中國積弱由於防弊
(三)說動
(四)國民十大元氣論
(五)少年中國說
(六)中國積弱溯源論
(七)過渡時代論
(八)論中國國民之品格
(九)臺諫近事感言
(十)中國前途之希望與國民之責任
(十一)歷史上中華國民事業之成敗及今後革進之機運
(十二)外交歟內政歟
(十三)「知不可而爲」主義與「爲而不有」主義
(十四)教育應用的道德公準
(十五)政治之基礎與言論家之責任

例如在上列最後一篇中，梁任公指出運用現代政治的八個必要條件，從而呼籲言論界來做社會運動，以促成這些現代政治條件的產生和成熟。這些條件有如左列：

㈠有少數能任政務官或政黨首領之人，其器量、學識、才能、譽望，皆優越而爲國人所矜式。

㈡有次多數能任事務官之人，分門別類，各有專長，執行一政，決無隕越。

㈢有大多數能聽受政譚之人，對於政策之適否，略能了解而親切有味。

㈣凡爲政治活動者，皆有相當之恆產，不致借政治爲衣食之資。

㈤凡爲政治運動者，皆有水平線以上之道德，不致擲棄其良心之主張而無所惜。

㈥養成一種政治習慣，使卑汚易冗之人，不能自存於政治社會。

㈦有特別勢力行動軼出常軌外者，政治家之力能抗壓矯正之。

㈧政治社會之人人，各有其相當之實力，旣能爲政治家之後援，亦能使其嚴憚。

我們現在已具備這些條件了麼？我以爲我們特別缺乏上列第一第五第六和第八等四項。外國友人常問我何以亞洲各國沒有穩固而健全的民主政治？是否亞洲人不適於民主生活？我想任公這文多少指出了此中癥結。

六月四日

我在中學求學時期，就愛讀梁任公的文章，特別是他的〈飲冰室自由書〉和〈德育鑑〉。我的思想，也頗受他的影響。所以如雲輪書橱中對我最具有吸引力的書就是林志鈞編的《飲冰室全集》。今日繼續披閱。

我對梁任公文章的喜愛和對他個人的好感，林志鈞在序文中無異爲我表白。他說：「際此鄙僿栒陋舉世昏睡之日，任公獨奮然以力學經世爲己任。其涉覽之廣，衍於新故蛻變之交，殆欲吸收當時之新知識，而集於一身。文字思想之解放，無一不開其先路。其始也言舉世所不敢，爲舉世所未嘗爲，而卒之登高之呼，聾發聵振。雖老成夙學，亦相與驚愕而漸卽於傾服。所謂思想界之陳涉，視同時任何人，其力量殆皆過之。而任公則自謂其在思想界破壞力不少，而建設則未聞。凡自加評判之語，見於集中者，以吾所知同儕及先輩，自知之明，自責之嚴，鮮有過之者。此則任公之至不可及者已。」

但梁任公也不無可議之處。作爲一位言論家和政治家，我以爲他不免失之於偏，而偏，無論是偏私、偏激或偏失，乃是政治家和言論家的大忌。因爲偏就不公，偏就不明，偏就不和，這就違反了他上列第二項條件：「其器量、學識、才能、譽望，皆優越而爲國人所矜式」。

舉一例證。任公在〈五十年中國進化概論〉中論列晚近五十年思想進步的三個時期，在第二時期中他提出張之洞、康有爲、章太炎、嚴復和他本人，但是沒有提孫中山。文中談到政治的進步時，他指出兩點：一是民族建國的精神和民主的精神，那就不能無視孫中山先生了，但任公先生祇歸功於「人民一種覺悟」，不肯替孫中山說一句公道話，也不提「孫中山」三字。總之，在任公先生心中根本沒有孫中山先生這個人。你看偏私不偏私！

時賢（似乎是胡適之）論中國民族的弱點，指出貧、弱、愚、私。那是似乎三四十年以前的話，現在情形已有改善，祇是偏私一病已入膏肓，而以中共之有己無人，偏私之病犯得最重。

六月五日

樂大副對我說，今晚船將駛過「國際換日線」，我們可以多一個六月五日，今天是東半球的六月五日，明日是西半球的六月五日。所以紐約與臺北相差十二小時，在臺北是六月五日下午六時，而在紐約則是六月五日的上午六時。

樂大副和黃船長先後邀我爲旅客和船員作一次演講。我固辭不獲。但是講甚麼好呢？我想應該講得輕鬆一些。我正看完胡適之的《留學日記》，對他所譯的〈哀希臘歌〉很感興趣，而作者拜倫（胡譯爲裴倫）的一生又可歌可泣。於是我想講：「拜倫及其哀希臘歌」。

於是我在《大英百科全書》中，找得拜倫的小史。他是十九世紀英國一位文學家。一八二一年聽到希臘獨立運動興起，他醉心自由，變賣家產，購得一艘一百二十噸的海船，投效希臘革命軍。初做外交工作，後打游擊戰爭。兩年後因過度勞頓，病死軍中。

死前作〈哀希臘歌〉十六節。先敍希臘戰勝波斯的光榮歷史，繼嘆風流雲散，不堪回首。全詩旨在喚起希臘人的革命精神，所以我以爲值得介紹一下。

全篇十六節，祇錄其七：

馬拉頓後兮山高，
馬拉頓前兮海號。
哀時詞客獨來遊兮，
猶夢希臘終自主也。
指波斯京觀以為正兮，
吾安能奴僇以終古也！

按這是胡適之的譯文，梁任公已早譯過，我以為好於胡譯。其詞如下：

馬拉頓後兮山容縹緲，
馬拉頓前兮海波環繞。
如此好山河也應有自由回照。
我向那波斯軍墓門憑弔。
不信我為奴為隸今生便了，
難道我為奴為隸今生便了！

以下五節都是胡譯：

徒愧汗曾何益兮，嗟雪涕之計拙；
獨不念吾先人兮，爲自由而流血？
吾欲訴天閽兮，
還我斯巴達之三百英魂兮！
但令百一存兮，
以再造吾瘦馬披離之關兮！

沉沉希臘，猶無聲兮；
惟聞鬼語，作潮鳴兮。
鬼曰：『但令生者一人起兮，
吾曹雖死，總陰相爾兮！』
嗚咽兮鬼歌，
生者之瘖兮，奈鬼何！
法蘭之人，何可托兮！
其王貪狡，不可度兮。

所可托兮，希臘之刀。
所可信兮，希臘之豪。
突厥慓兮，拉丁狡兮，
雖吾盾之堅兮，吾何以自全兮？
注美酒兮盈杯。
美人舞兮低徊。
眼波兮盈盈，
一顧兮傾城。
對彼美兮，淚下不能已兮。
子兮子兮，
胡爲生兒爲奴婢兮！
置我乎須寧之巖兮，
狎波濤而爲伍。
且行吟以悲嘯兮，

惟潮聲與對語。
如黃鵠之逍遙兮，
將於是焉老死。
奴隸之國非吾土兮，
碎此杯以自矢！

六月六日

今日開始讀顧亭林的《日知錄》。

與同船友人就明日演講題材交換意見，有人提議應該講更有益的題目。有人要我講反攻問題。有人說：「我們一登岸，就會有人來問我國反攻大陸的形勢是否可以樂觀，我們也許答不出來。你可否講些給我們參考？」

我認爲這些提議頗有見地，決定放棄昨日擬講的拜倫故事。

用了半天的時間和心力，參照幾位學生的意見，想得有關反攻的十個問題如下：

第一、大陸地大、物博、人多，而臺灣有甚麼可能反攻大陸消滅毛匪呢？

第二、除了森林自已枯萎外，我們還有甚麼別的方法可以把它燒掉？

第三、這座森林是否已經到了可以用一根火柴將它燒掉的時候？

第四、共產黨除了本身萎縮外，在它的周圍是否有許多火藥庫存在？

第五、甚麼是我們反攻最爲有利的時候？

第六、我們自己獨立反攻的能力如何？

第七、國際形勢的轉變，諸如毛共與俄共，或毛共與印度的衝突等，我們在外交上是否有利用的機會？

第八、我們爲甚麼會失去許多反攻的好機會？

第九、我們這種與中共相持的階段究竟將有多長？

第十、我們在相持階段中應有甚麼樣的作法？

六月七日

應黃船長之約，對全體旅客和高級船員四十餘人作了一次演講。因爲今天是星期日，上午已由一位美籍牧師舉行佈道大會。下午我這個演講，因爲講的乃是反共的道理，乃是把天國建築在現實世界上的道理，我也叫它「佈道大會」。

那個「佈道大會」講了一點二十分。

（按）那天承何毓衡先生錄音。後來宋痕先生參考錄音寫成一篇通訊登載在《新聞天地》中。全文如下：

陶百川在太平洋上佈道

時間：五十三年六月七日（西半球的時間），下午七時正。

地點：中國航運公司豪華客貨快輪如雲號上高級船員餐廳。她正在北緯四十四度四十九分，西經一百五十五度五十九分——說通俗一點，也就是在阿留申羣島與舊金山之間的太平洋海面上，鼓浪以十八海浬時速朝向洛杉磯進發。

人物：如雲輪上不當班的各級船員，幾乎是全體的乘客。

景：近四十來個人把這個幽雅的餐廳已塞得很滿了。很可想像的是能加櫈子的地方都有人在坐了。條形餐桌一端擺了一瓶塑膠花，兩面鮮艷的青天白日滿地紅國旗分立在花瓶的兩側。

窗外已是漆黑，窗簾已拉上，爲了避免機艙傳上來的噪音，門也關得很緊。但是開有暖氣的通風，嘶嘶地灌進這間房子來。

黃筱寅船長：這是如雲輪的第九航次……特別是有自由中國老百姓最信賴的監察委員陶百川先生來和我們演講，我們鼓掌歡迎。（掌聲）

陶百川：（身着灰色西裝，像教授似地夾有三本書，（我想是他的日記本，記事本之類）步上揷有花與國旗的一端，面對聽衆。）……我今天花了一天的時間來準備，談的是一個很大的題目：「反攻大陸的十大問題。」

星星之火 第一、若美國人問起你：「大陸地大、物博、人多，而臺灣以甚麼可能去反攻大陸消滅毛匪呢？」

七、八年以前，《美國新聞與世界報導》的記者馬丁，去拜訪蔣經國先生，提出了這個問題時，蔣先生的回答很好。他說：「一座森林很大，一根火柴很小。若是這座森林的林木都枯爛，那麼一根火柴可以把它燒光。也就是說星星之火可以燎原。」

現在大陸的情勢枯萎腐爛，是很明顯的。而且一年比一年厲害。到一根火柴可以把它燒掉時，就是我們反攻勝利的時候。

火上加油 第二個問題：「除了森林自已枯萎外，我們還有甚麼別的方法可以把它燒掉？」

我要補充蔣經國先生的話。如果這座森林自己不枯萎，我們可以在這座森林的四周埋下許多火藥，上面澆滿汽油，這時候一根火柴可以點燃汽油，可以爆炸火藥，這座森林更可以毀滅。

枯萎的趨勢 第三個問題：「這座森林是否已經到了可以用一根火柴將它燒掉的時候？」

不單是論大陸，就是以整個全世界的共產黨來看，它的力量和聲勢都不如從前。青年們已經不再相信共產主義。即以俄國而論，他革命成功了四十六年，他都不能解決許多的社會問題。俄國工業生產、農業生產，特別是人民生活的水準，都趕不上一般民主的國家。大陸中共的政權更不必說，一年差似一年。在最近兩三年以來，毛澤東與赫魯雪夫間的分裂，可以說使中共軍事力量比以前削弱多了。它所需要的飛機和重武器，蘇俄已經沒有再供給，就是已經擁有的這些飛機和重武器必備的零件和彈藥，俄國人也停止供給。儘管他在數字上有三千架飛機，但實際可用的則要大大的減少。對國內的農業方面儘管如何努力，也不能恢復到以往的情形。蘇俄在工業生產、科學發展方面，也許它是集中全力而很有可觀，但農業生產，以最近購買美麥，就明白地看出它的失敗來。其他共產附庸國家也都是一樣地失敗。

共產主義最能號召全世界的，是它比資本主義更能解決社會問題，但事實卻相反。故共產黨已失去了它的號召力，也可以說是這座森林已經到了枯萎的階段。

四周的危機　第四個問題：「共產黨除了本身萎縮外，在它的周圍是否有許多火藥庫存在？」

從中共政權最近所實施的「遠交近攻」的策略，就可明瞭它對勢力所不及的國家，就採取和平主義。但是對於在它周圍的鄰國，卻抱侵略主義。像印度、越南、柬埔寨、寮國、韓國，甚而至於緬甸……它都用顛覆、滲透及游擊戰去侵略。現在這些國家都揭穿了共黨的假面具。拿中共與印度的衝突作例，就不言自明了。

這些埋伏在共黨四周的火藥庫，一旦爆發，也就是共黨四面受敵，趨於崩潰的一天了。

總統在《蘇俄在中國》一書裏告訴我們，他不寄望於第三次世界大戰來解決中國問題，他祇希望中、韓、越三國的聯盟；將來中國大陸的戰爭，是中型的戰爭。

如果我們的鄰邦，和我們齊步並進攻打中共的時候，這個火藥庫爆炸的力量是非常大的。

無望於共軍主動　第五個問題：「甚麼是我們反攻最為有利的時候？」一

我認爲就是共軍主動對我們發動攻勢的時候。就像六年以前共匪砲轟金門。可惜它沒有支持好久就停了下來，否則我們已經早就反攻了。因爲那種反攻的主動是共黨政權。

基於中美共同防禦協定，在這個條約規定之下，美國軍隊就必須參加防守臺灣澎湖的戰爭。而且這不是一個防守的戰爭，是要攻擊大陸以阻止它們的侵略。

「八二三」砲戰毛共失敗之後，陳毅就對新聞記者表示，他們「解放」臺灣，不靠軍事力量。那麼前述由毛共主動侵臺而使我們反攻大陸的機會，似乎是沒有了。

但是總統曾經又告訴我們，要促進對大陸的反攻，一定由我們先點這把火。不管這座森林枯萎的程度如何，不管他們是不是來攻擊，我們都要去開第一槍。

獨力反攻的決心　第六個問題：「我們自己獨力反攻的能力如何？」

各位都記得前年政府加徵國防特捐，那一次國家增加了二十二億臺幣的收入。這一筆錢，政府就決心作獨力反攻之用。我們準備了許多登陸的工具，渡海的工具，一時的形勢就很緊張。可是由於美國竭力的反對，加上赫毛的衝突明朗化，毛共和印度的反目逐漸完成，政府也許認爲世界將有更大的變化，我們要作更好的籌劃。我們的反攻，又在積極的準備之下而沒有開始。

拒絕和平攻勢　第七個問題：「國際形勢的轉變。諸如毛共與俄共，或毛共與印度的衝突等，我們在外交上是否有利用的機會？」

以前我曾經寫過一篇文字，建議政府與印度作外交上的接觸。敏感的人也想到我們對蘇俄是否可以作試探性的舉動？

這一點照個人的了解不很可能。蘇俄對自由世界仍抱敵視的態度，沒有機會可以利用。至於印度，我們應該有所作爲，祇是政府不便有積極的行動。

毛共是否會向臺灣招手呢？在七、八年以前，毛澤東、周恩來的確有過這種和平的攻勢，但我們政府堅決的拒絕和不理會。所以毛共在故作一陣姿態之後，七八年以來沒有再施這種狡計。

外力的援助 第八個問題：「我們爲甚麼會失去許多反攻的好機會？」

過去十五年以來，的確錯過了許多達成反攻行動目的的機會。例如三十九年至四十年間沒有能出兵參加韓戰；「八二三」砲戰的時候，我們沒有乘機打過去；幾年以前幾萬人由香港邊境衝出鐵幕奔向自由，而象徵了毛共政權的瀕危，但我們又不能利用。

由於毛共好戰的本質，有我無你的本質，它內部危機會繼續產生，我們的機會也會繼續不斷的來臨。最近越南的不安就是一個例證，祇是反攻的時機還得要看各種形勢發展如何。

我們拿一根火柴來比喩自己，其實在力量上是決不止於此的。可是我們祇有一副本錢，我們必須要愛惜這一副本錢。但是我們所以不能利用這許多機會，主要的原因還是美國的政策。

美國朝野上下的反共是無可否認的，但是若叫他們明目張膽地幫助我們反攻，則時機尙未成熟。

美國對於中國反攻大陸的軍事協助，我認爲正規的出動海陸空三軍的韓戰式，與後勤及技術支援的越南式都不可能，但是供給我們所需要的足夠攻擊武器之後，讓我們攻上大陸，站住一個時候，然後他們再來參加。我想是可能的。

但是，政府是否就認爲目前就是最好和最後的機會，那本人卻不敢斷論了。可是我敢很大膽地說，反攻機會始終是存在的。

自己好自爲之 第九個問題：「我們這種與中共相持的階段究竟有多長？」

我認爲這個答案是：遠在天邊，近在眼前。但是我們要盡力促成這個時間的結束，趕緊發動軍事行動。

前面說過，共產黨的危機是始終存在，我們的機會也始終存在。然而我們要好自爲之，不要等到機會來到而錯失，或者是沒有能夠促成這個階段的縮短，造成反攻的機會。

我們的作法 最後的一個問題：「我們在相持階段中應有甚麼樣的作法？」

我的看法有三點：

(一)外交：繼續摒棄毛共於聯合國之外。假使毛共萬一進入聯合國之後，反共的戰爭，便成了一種國際的戰爭。我們發動反攻的行動，可能被誣爲一種侵略的行動。這種影響對內政外交上都是很嚴重的。

過去這些年來，我們對這方面的努力是非常成功的。今年雖然有法國的承認毛共，但我可以說，毛共要想獲得三分之二會員國的同意，從過去投票的趨勢來看，還是不可能的。

總統在《蘇俄在中國》裏說，促成中、韓、越三國的同盟，在機會成熟時，三方面同時對大陸採取攻勢。雖然韓國李大統領的去職，越南情勢的不穩，目前這個想法還談不到。但是，我認爲總統是有遠見的，而且這也就是我們外交上的目標。

其次是如何使美國政府積極的協助我們。我們不求韓戰式的全面幫助，但如越南式的後勤、武器、精神的支持是應該爭取的。也許在我們自己力量充實時，我這種想法也許是不難成爲事實。

(二)經濟：現在的戰爭是一種金錢的戰爭，更需要外滙向外國購買材料。

我路過東京時，朋友告訴我，日本國民的每年總生產平均每人五百二十美元。美國就記憶所及，是平均每人爲二千三百元。我們是一百二十美元。如果我們努力生產，每人能增加現行生產額的十分之一，那麼臺灣一千二百萬人，國家每年就可以多收入美金一億四千萬。這個數字在七八年之前，無異癡人說夢。近年來由於經濟方面的進步，再增加一億四千萬美元，應該是可能的。祇要我們發展工業及經濟的潛力，而且不妨再從中小企業着手，我們對臺灣經濟前途是樂觀而有信心的。

僑滙也是國家外滙的主要來源之一。如果政府領導有方，人民都能愛國，每個僑胞每月滙回一元美金。那麼一千萬華僑，每年就可使國家多一億二千萬美元的外滙收入。

(三)政治：政治是一個領導，政治做不好，外交及經濟上都不可能有甚麼作爲。要壯大我們反攻的力量，個人認為至少要做到下列兩點：

甲、團結——本省人與外省人團結，政府與人民團結，國民黨與各黨各派團結，海內外人士團結。不久以前，總統倡導反共建國聯盟，這是一個很重要的步驟。通過反共建國聯盟，來吸收各方面年輕的人，吸收新起的人才，讓他們發表意見，參加政府工作，使政府的基礎格外廣大，反映人民的意見也格外眞實。

如今，政府也很有誠意來這樣作，那麼團結是有光明的遠景的。

乙、進步——不斷的求進步。現在我認為政治的進步太慢。有的弊端沒有發現，有的發現了而沒有決心去改，從而影響到軍事與經濟。大陸的淪陷，就是政治上不進步的後果。

一個國家要做到——

人民覺得她可愛；

友邦覺得她可敬；

敵人覺得她可怕。

如此則離成功不遠矣。所以政治要進步再進步。

總統近年來提倡革新、動員、戰鬥，可以說是針對政治所下的藥方。剩下來的就是要靠全國人民的努力了。政治有了長足的進步，反攻大陸的事業定能早日完成。

六月八日

今日續閱《日知錄》。

在明朝遺老中，我最喜歡黃棃洲（宗羲）和顧亭林（炎武）。這與他們二人的著作——前者的《明夷待訪錄》和後者的《日知錄》，不無關係。

記得幾年前監察委員崔震華先生曾經印行一種《原抄本顧亭林日知錄》，以別於坊間的刻本。然據黃季剛的校閱，兩種版本，相差並不很多。當然抄本稱「明朝」爲「本朝」，而抄本中「素夷狄行乎夷狄」一節在刻本中全被刪去。

《日知錄》卷九有「部刺史」和「六條之外不察」，記述監察制度的沿革，對我很有用處，而且讀之頗多啓發。

所謂「六條之外不察」，乃是說部刺史（監察人員）祇許以六條監察行政機關，不得代行政事。《日知錄》舉出下例：「故朱博爲冀州刺史，勅告吏民，欲言縣丞尉者，刺史不察，黃綬各自詣郡。鮑宣爲豫州牧，以聽訟所察過詔條，被劾。而薛宣上疏，言吏多苛政，縣敎煩碎，大率咎在部刺史或不循守條職，舉錯各以其意，多與郡縣事。翟方進傳，言遷朔方刺史，居官不煩苛，所察應條輒舉。自刺史之職下侵，而守令始不可爲，天下之事，猶治絲而棼之矣。」

所謂六條是：

一條：強宗豪右，田宅踰制，以強凌弱，以衆暴寡。

二條：二千石不奉詔書，倍公向私，旁詔牟利，侵漁百姓，聚歛爲姦。

三條：二千石不卹疑獄，風厲殺人，怒則任刑，喜則任賞，煩擾刻暴，剝削黎元，爲百姓所疾，山崩石裂，祅祥訛言。

四條：二千石選署不平，苟阿所愛，蔽賢寵頑。

五條：二千石子弟，怙倚榮勢，請託所監。

六條：二千石違公下比，阿附豪強，通行貨賂，割損政令。

我們監察委員對行政院有糾正權，但我以爲不宜做得過分。過分則是代行政事矣。《日知錄》在另一節中記道：「宋葉適言，法令日繁，治具日密，禁防束縛，至不可動。而人之智慮自不能出於繩約之內，故人材亦以不振。今與人稍談及度外之事，輒搖手而不敢爲。夫以漢之能盡人材，陳湯猶扼腕於文墨吏，而況於今日乎！宜乎豪傑之士，無以自奮，而同歸於庸懦也。」

梁任公〈論中國積弱由於防弊〉一文，可供參閱。

又明制監察御史分察百僚，巡按州縣，一年一換，顧亭林認爲深合治術。《日知錄》說：「夫守令之官，不可以不久也。監臨之任，不可以久也。久則情親而弊生，望輕而法玩。故一年一代之制，又漢法之所不如。而察吏安民之效，已見於二三百年者也。唐李嶠請十州置御史一人，以周年爲限，使其親至屬縣，或入閭里，督察姦訛，觀採風俗。此法正本朝所行。」準此以觀，我們監察委員六年一任已嫌過長，而況終身任職乎！

但物有兩面，事有是非，任久也有好處，所以世界現制，法官多爲終身職。又漢制刺史僅爲六百石，但可監察二千石的大官。有人認爲「輕重不相準」，不當以卑臨尊。顧亭林則以爲不然。他引《元城語錄》：「秩卑則其人激昂，權重則能行志。」明制御史也是秩卑而權大。《日知錄》載：「至於秩至七品，與漢六百石制同。王制，天子使其大夫爲三監，監於方伯之國，國三人。金華應氏曰，方伯者天子所任以總乎外者也。又有監以臨之。蓋方伯權重則易專，大夫位卑則不敢肆，此大小相維內外相統之微意也。何病其輕重不相準乎？」

「飽暖思淫慾」，「千金之子，坐不垂堂」，我以爲監察委員不宜有特權化的待遇，以免腐蝕。

六月九日

續閱《日知錄》，續有所感。中有一段論思想桎梏之爲害，顧亭林說得很痛切。他說：「使枚乘相如而習今日之經義，則必不能發其文章。使管仲孫武而讀今日之科條，則必不能運其權略。故法令者，敗壞人材之具，以防姦宄，而得之者什三，以沮豪傑，而失之者常什七矣」。

記得從前看黃黎洲的《明夷待訪錄》，就這一點，他比顧亭林說得更痛切。書橱中適有該書，在〈原法〉篇中找到這樣一段議論：「郎論者謂有治人無治法。吾以爲有治法而後有治人。自非法之法桎梏天下人之手足，郎有能治之人，終不勝其牽挽嫌疑之顧盼。有所設施，亦就其外之所得安于苟簡，而不能有度外之功名。使先王之法而在，莫不有法外之意存乎其間。其人是也，則可以無不行之意，其人非也，亦不至深刻羅網，文害天下。故曰有治法而後有治人。」

顧亭林以法令爲「敗壞人材之具」，自是指那些惡法而言。以我這樣崇尚法治，然也不贊成惡法之治。黃黎洲雖說：「有治法而後有治人」，這個議論，不獨正大，而且進步，在那時眞不可多得，可是他也抨擊「非法之法」的惡法。

何謂「非法之法」？黃黎洲以爲那是「一家之法，而非天下之法」。他說：「三代以上有法，三代以下無法」。三代以下之法，多是非法之法。

何以言之？他解釋道：「三代之法，藏天下於天下者也。山澤之利，不必其盡取，刑賞之權，不疑其旁落；貴不在朝廷也，賤不在草莽也。在後世方議其法之疏，而天下之人不見上之可欲，不見下之可惡，法愈疏而亂愈不作。所謂無法之法也。後世之法，藏天下於筐篋者也。利不欲其遺於下，福必欲其歛於上；用一人焉，則疑其自私，而又用一人以制其私；行一事焉，則慮其可欺，而又設一事以防其欺。天下之人共知其筐篋之所在，吾亦鰓鰓然日唯筐篋之是慮。故其法不得不密，法愈密而天下之亂郎生於法之中。所謂非法之法也。」

如雲輪預定二日後可抵洛杉磯，雖將繼續東航，過巴拿馬運河而赴紐約，但大部分旅客都將在洛杉磯離船，所以船長發起今晚舉行同樂晚會，以爲紀念。

晚會在七點左右開始，至十一點方結束。由何毓衡先生主席兼司儀。何先生聰敏伶俐，主持有方，旅客皆大歡喜。

我們每人都有所表演，有的唱歌，有的說笑話。我講了一個聯句（對對子）的故事。我說：在座大半是青年學生，沒有讀過私塾，所以也沒有學過「對對」。我在略述對對的方法後，舉了一個主客飲酒聯句的例子。從一個字對到十個字。

先是客去敲門，主人問：「誰？」客答：「我。」

主人又問：「何往？」客答：「特來。」

於是主人開門，客人進屋。坐定後，主人吩咐僕人：「取茶去。」客想飲酒，叫僕人：「拿酒來。」

主人無奈，祇得勸他少飲：「黃旭三杯。」客人提出反要求：「李白一斗。」

主人推託：「無肴難下嚥。」客人志不在菜，所以說：「有酒便開心。」

主人不得不加以限制：「祇此數杯而已，」客答：「再開一罈何妨！」

主人又設詞推託：「厨下僮僕皆已睡。」客人看到女主人尚在堂中，便說：「堂上尊嫂猶未眠。」

於是主人很不高興，簡直加以斥責：「惡客貪杯，必非君子。」客人也反唇相譏：「鄙翁吝酒，也是小人。」

那時快近半夜，主人央求：「夜已深，何不踏月回家。」客答：「天未明，正好飛觴醉月。」遠處傳來更聲，主人便道：「鼕鼕鼕，鏜鏜鏜，三更三點。」但是客人猶未盡興，竟說：「來來來，請請請，一口一杯。」

六月十日

續閱黃梨洲的《明夷待訪錄》。他的〈原君〉〈原臣〉各篇中持論正大，說理透徹，勇氣磅礴，比較英法民權運動的巨子，也不多讓。玆舉數例：

他在〈原君〉中說：「古者以天下爲主，君爲客；凡君之所畢世而經營者，爲天下也。今也以君爲主，天下爲客；凡天下之無地而得安寧者，爲君也」。

又說：「嗚呼！豈設君之道固如是乎！古者天下之人愛戴其君，比之如父，擬之如天，誠不爲過也。今也天下之人怨惡其君，視之如寇讎，名之爲獨夫，固其所也。而小儒規規焉以君臣之義無所逃於天地之間；至桀紂之暴，猶謂湯武不當誅之，而妄傳伯夷叔齊無稽之事。」

黃梨洲的爲臣之道，可與他的設君之道，互相闡明。他說：「有人焉，視於無形，聽於無聲，以事其君，可謂之臣乎？曰：否。殺其身以事其君，可謂之臣乎？曰：否。夫視於無形，聽於無聲，資於事父也。殺其身者，無私之極則也，而猶不足當之，則臣道如何而後可？曰：緣夫天下之大，非一人之所能治，而分治之以羣工。故我之出而仕也，為天下，非為君也；為萬民，非為一姓也。吾以天下萬民起見，非其道，卽君以形聲強我，未之敢從也，況於無形無聲乎？非其道，卽立身於其朝，未之敢許也，況於殺其身乎？不然，而以君之一身一姓起見，君有無形無聲之嗜慾，吾從而視之，聽之，此宦官宮妾之心也。君為己死而為己亡，吾從而死之，亡之，此其私暱者之事也。是乃臣不臣之辨也。」

他又說：「嗟乎！後世驕君自恣，不以天下萬民為事。其所求乎草野者，不過欲得奔走服役之人。乃使草野之應於上者，亦不出夫奔走服役。一時免於寒餓，遂感在上之知遇，不復計其禮之備與不備，躋之僕妾之間，而以為當然。萬曆初，神宗之待張居正，其禮稍優，比於古之師傅，未能百一。當時論者駭然居正之受無人臣禮。夫居正之罪，正坐不能以師傅自待，聽指使於僕妾，而責之反是，何也？是則耳目浸淫於流俗之所謂臣者，以為鵠矣，又豈知臣之與君名異而實同耶！」

黃梨洲力駁「臣為君而設」的小儒之論，鼓吹：「臣之與君，名異而實同。」可是「君之職分難明」，以俄頃淫樂易無窮之悲。而為臣者又往往以僕妾自居，不以天下為事。所以黃梨洲要以悲天憫人的心境來寫這本待訪錄，以待天亮時候有道之人的訪求。

按梨洲這書初寫於壬寅，續成於癸卯。而照顧亭林給他信中所說：「頃過薊門，見貴門人，稔起居無恙，因出大著待訪錄讀之」，足見這書在康熙時代已經流傳。我們看的版本，也早在道光十九年（一八三九年）付梓。那時正是異族專制時代，而這樣的書竟敢寫、敢印、敢讀，而且不受「以古諷今」之罪，不與文字之獄，此清祚所以尚能延續很多年也。

六月十一日

明日可到我的目的地，洛杉磯。早餐後在甲板上散步，順便想想我在船上所看的書究竟對我有甚麼好處，得了甚麼敎訓。

我所看的書都是悲天憫人治國安民的著作。卽使是詩集，也不例外。因爲在詩集中，我衹看了《陸放翁集》和《白居易集》。放翁是「愛國詩人」，臨死猶念念不忘「王師北定中原日，家祭毋忘告乃翁」。白樂天的詩文是「爲君爲臣爲民爲物爲事而作，不爲文而作也」。

至於學術經濟的書，我看了陸贄的《陸宣公奏議》，梁任公的《飲冰室全集》，顧亭林的《日知錄》和黃棃洲的《明夷待訪錄》。我所以獨喜這四部書，也因爲這四人有悲天憫人的思想，有改造社會和政治的主張，而且又富於血性，能言人所不敢言。

在治道和治術方面，我在這幾天中所體驗到的初步結論，約有下列八條：

人民重於政府

自由重於管制

負責重於服從
賢能重於關係
是非重於人情
效果重於形式
治事重於防弊
任法重於任智

我有大部分行李將隨船運往紐約。但何者應隨身帶往洛杉磯或芝加哥，何者應託船長逕運紐約，在臺北整理行李時尚未有這打算，今日必須重行分別裝箱或打包，所以忙了一天。

六月十二日

清晨五點船已抵洛杉磯港口，旋卽靠岸，美國海關、移民局和檢疫人員先後上船。但是接船的親友被阻在柵門外，暫時不准進來。原來這是美孚公司加油加水的私人碼頭，船公司爲省靠岸費用（八百美金），所以改在這裏讓我們下船，同時它在加油加水。

船長說：美國人辦事很認眞，碼頭二十四小時開放，海關等人員也二十四小時辦公。

海關檢查相當麻煩，每一箱篋都要打開，但課稅很客氣，態度也很好。在檢查我的行李後，檢查員說：「你有好多件兒童玩具，應該塡入申報欄」。我問：「你認爲我有多少玩具？」他想了一想：「大約三件」，我說：「平均每件大約五角美金，似乎不必填報」。他表示同意，全部放行。

到了上午十一點，全部行李都已查畢，接船親友已准進入柵門。天放、蘇堅和他們的兒子康華、嘉華和女兒仲華，都在迎候我們。我們坐著他們的汽車到他們家中。預定在這裏住一個月。天放在加州大學教書，雖然祇有三門功課，但因他自己兼做實驗，屬下有幾位研究生和助手，所以天天得到學校去指導他們做實驗。他在吃中飯時和我們匆匆談了一陣，下午就去學校了，直到六點方回來。

（附載一）陶百川赴美答客問

邱星明

一

耿直敢言的監察委員陶百川先生，已於五月二十三日自高雄搭乘如雲號輪赴美考察，他這次偕夫人同行，在美與他們的兒女團聚。停留一年，對國會監察制作比較研究。

五年前，陶百川委員曾應美國國務院的邀請，赴美考察美國國會制度。這次去美國是由於五年前認識的一位美國友人介紹，獲得一個學術基金會的協助，因而成行。他抵美後，要將中美兩國的國會做比較研究，將中國的五權憲法監察權，獨立運用的經驗，帶給國外學術界，並交換意見。另外，並要研究美國國會監察權如何運用，以作爲我國日後如果修改憲法的參考。

離國前，陶百川委員曾向監察院請假一年，他謙虛的說：「我出國考察，一年後如有收穫，也不足以抵償一年中我對於監察職務的曠失。我是監察院外交委員會的委員，我將酌量情形在海外爲國家做點國民外交的工作。」

二

陶百川說，做國民外交常有無形的收穫，對國家頗有利益。

今年二月間，美國《華盛頓郵報》曾派一位 Warren Unna 記者來華訪問。熟悉美國新聞界情況的都了解《華盛頓郵報》向不同情中國政府，但這位記者到達臺北，偏要訪晤陶百川委員。起先，陶百川委員對《華盛頓郵報》記者的訪問很有些考慮，結果，他還是允了所請，接見了這位洋記者。不過，爲表示愼重起見，陶委員還邀請了一位中國友人在座，旁聽《華盛頓郵報》記者的採訪談話。

事隔一個多月，三月七日的《華盛頓郵報》以顯著的地位刊登了 Warren Unna 撰寫的臺北通訊。

這篇通訊中引述了該報記者訪問陶百川委員談話的內容：

「至於美國，自從蔣總統撤到這個外島後，十四年來一直是中華民國經濟、軍事和士氣的支柱。但臺灣擔心華盛頓支持的熱誠可能衰退的憂懼心理正在增長。

「中華民國八十三位監察委員中一位直率敢言的陶百川，在一次記者訪問中聲稱：『甚至在古巴，美國依然不與採取交戰態度的卡斯楚作戰，如果華沙會談（美國與中共會談）進行順利，我覺得美國政府有一天會自臺灣海峽撤退，任何事件都可能發生，我們必須準備應付此種危機。』

「陶百川與隨同蔣總統撤來臺灣之一百五十萬人中的許多人一樣，不僅認爲收復中國大陸是他的最終目標，而且聲稱中華民國反攻大陸也是中華民國對於防衛自由世界的一部分貢獻。

「同時他認爲美國對於此種任務不應採取消極的態度，而應予以協助。」

通過這次訪問，一張素來對中華民國不作同情主張的美國報紙，把有利於反共抗俄的宣傳也登了出來，陶百川認爲，這就是做了國民外交的功效。《華盛頓郵報》三月七日所刊出的臺北通訊，行政院新聞局已將原文翻譯，刊印於該局編印的《國外輿論輯要》。陶百川委員認爲行政院新聞局此項集印的工作，很有價值，尤其翻譯頗忠實於原文。陶百川委員曾多次就譯文與報載原文對照過，認爲可以放心。

陶百川委員在一九三五年進哈佛大學，他的老三陶天放和老四陶天文小姐後來均在哈佛深造。老三得的是物理學博士，老四是病理學博士，但陶委員沒有學位。

三

五年前自美國考察國會制度回臺後，他一再對監察院的同人說，他更充分相信監察院現在的職權，不是從前的御史制度。他說，中國監察制度與美國國會顯著不同點是：中國一個監察委員就可提案彈劾；而美國的國會議員要三分之二才能提案彈劾；美國開國一百七十年來，國會提出的彈劾案不過十二件。

陶百川委員曾向監察院介紹美國國會一分鐘演說的制度，他認爲我國國會可以效法。所謂一分鐘演說，卽是任何一位國會議員，祇要討論案件的議員停止發言了，其他議員就可起立，發言談論其他的任何事情。陶委員說，我們的國會議員，除非在立法院提出質詢，或在監察院提出提案，便不易有發言的機會。

到美國訪問的中華民國知名人士，經常會遇到美國朋友詢問大陸上發生的若干問題，尤其關於反攻大陸方面的。

五年前，陶百川在美國，就有好幾位美國的著名人士問：你們怎能反攻大陸？

陶百川委員用蔣經國先生答覆《美國新聞與世界報導》記者馬丁的談話內容，告訴美國朋友：「一座森林和一根火柴，誰大？這是不能比的。但是如果森林的根已經乾枯了，雖然它是龐然大物，一根火柴點燃了便可輕易的將森林燒燬。」

陶百川委員去年將這件事告訴了蔣經國先生，那時蔣經國應現已故世的美國總統甘廼廸邀請赴美訪問。

四

談到大陸上的情況，陶委員很感慨的表示，以監察院來說，也看不到大陸共產黨的有關資料。他認爲與共產黨鬥爭，必須知己知彼，更需要直接找到對方的原始資料。以赫毛交惡這一件不可忽視的大事爲例，他除了在報上看到一些不完全的消息外，看不到直接的資料和報導，因此，他不能對此問題有權威性的見解。

美國耶魯大學華克教授（Richard Walker）是陶委員熟識的朋友。華克教授來臺研究中國問題，曾對陶百川說過幾句坦白話：

「這裏的反共基礎不夠堅強充實，因爲青年專門喊口號，老年人和中年人過去與共產黨在大陸鬥爭過，但目前共產黨在大陸上的做法，老年人和中年人懂的也不太多……」

嗜好讀書的陶百川委員，他說因爲過於忙碌，現在已無時間讀大部頭的書。他做一件事，向來是歡喜全心全力的做，有時專心得幾天連報紙都抽不出時間過目。但他自認爲生平有一項好的做法，即是每隔若干時候，他便要找尋一個相當長時間，作爲進修的機會。例如他有一個習慣，就是一個職務辭卻，絕不卽刻找第二個職務，他總要留下一段讀書時間，使自己充實。

五年前，他應美國國務院邀請赴美考察，原定的時間爲兩個月，他延長到四個月，當時，他的研究重點考察美國國會制度，研究憲法，但他也參觀美國各大學，特別留意法律上的問題。他年輕時在國內唸大學，先讀的文學系，後唸法學系。他經常在做了多年的事後，設法到國外去研究一段時間。

抗戰前，陶百川去過俄國訪問。那是在他辭去淞滬警備總司令部軍法處長職務以後的事，他曾到海外各國考察政治制度。陶百川委員說：

「那時的淞滬警備司令是吳鐵城先生擔任，我在那裏擔任了兩年的軍法處長，我覺得做這個工作無意思，因爲審判犯人的工作太消極了。」

五

距離前次訪美的五年後，他目前又有一次機會出國研究，他的內心是相當高興的。

由於他要出國一年，他曾淸理住屋，他找出了一、兩千封人民的來函，這些來函中大多數是向陶百川鳴不平的，陶百川說：

「我看了這許多人民的來函，我反省對於來函中所述的事情，未辦十分之五，未辦的原因並非環境不許可，而是條件不夠。美國參議員，平均可用十七個職員爲他工作，職員們的薪金由政府負擔，他們的薪金不等，有的一萬美金一年，有的三、四千美金一年。參議員在華盛頓和家鄉都有事務所。國會議員是爲選民說話的。政治學上的名詞特別強調國會議員是人民的奶媽（Nurse），因此，政府對參議員所聘請的職員列入預算是正當的補助。這批職員幫助國會議員回覆選民的來函，蒐集國會議員所需的資料，甚至陪家鄉來的選民去華府時觀光各地。因此，美國國會議員辦事的效率相當高。」

陶百川承認他爲某一件案子所寫的長達萬言字的答辯書，都是由他自己執筆的。

六

提到監察院的工作效率，陶百川委員提到一位美國朋友的話，這位美國研究國會和法律的專家，來華訪問過監察院後，對陶百川說：

「從兩件小事可以看出中國監察院的辦事效率不高，第一是監察院的圖書太少，其次是監察院的汽車太少。」

陶百川委員過去訪美時曾參觀過美國國會圖書館，他深爲羨慕，那裏面收藏的資料太多了。國會議員寫提案，要找一個問題的資料，國會圖書館中有專家協助。陶委員說：

「說起來，這是很可憐的，監察院每個月祇有新臺幣四千元，作爲圖書雜誌報紙的購置費。」

因此，經常為了搜集某一項特殊的問題的有關材料，要找國外的參考資料，陶百川委員常常坐在臺北美國新聞處的圖書館內翻閱新書雜誌。

陶百川委員說，人民對他有相當的印象，他知道，所以他更重視他的工作。他說：「有一天凌晨二點鐘，我突然接到一個陌生人的電話，告訴我一件不合法的事，……」他重視人民提供他參考的意見。

陶百川出國之前很忙碌，奇怪的是新聞界未注意到他的行期已經確定。《新聞天地》的記者與陶委員聯絡了數次，才利用他在家午餐的時間訪問，與陶委員談了一個半小時。

同陶百川委員夫婦搭如雲輪赴美的乘客，尚有尹仲容夫人，和《紐約時報一百年》翻譯者何毓衡海軍中校等。何中校是到美國參加一項海洋學術講習會，此次在美將逗留三個月後回國。

五十三年五月二十一日　臺北

（附載二）檢討已過，舊話重刊

《中國議壇》

本年度的監察院總檢討會已經結束了，在歷次檢討會中發言較多者之一的陶百川監委，今年適在美國未歸。儘管總檢討會的精神並未因陶百川監委的缺席而有太大影響，但一向注意監委言論的人們，卻難免對遠在異邦的陶氏有份懷念之情。因此，記者特就近十年來陶監委有關言論，略加摘述。雖然舊文重刊，但對那些關心監委言論的讀者而言，卻是值得的。而報紙上的文字，原不是每篇都能適合所有讀者的胃口，祇要有人認眞地讀它，就算達到目的了。

一

民國四十三年七月撰寫的一篇題爲〈一個監察委員的「狗生哲學」〉一文中，陶監委曾有下述幾段話：

「遠在四年前，我和其他三位監委對中國石油公司張前總經理提了一個糾彈案，……兩年後在檢討這個糾彈案的一次會議中，我向黨內幾位高級負責人指陳：「如果諸位先生正式決定要我們不追這個糾彈案，以我個人來說，心雖不服，詛當遵命。但請給我們一個通知，俾得聊以解嘲。這個案子辦到這步田地，我們雖外慚清議，但是並不內疚，因爲照憲法規定，作爲一個監察委員的我祇是一隻看門狗。英美政治學者也常把監察機關和審計機關稱爲 Watch-dog（看門狗），我們的處境正是如此。關於本案，我們已經叫了兩年，大家都已聽到，而且已經『聲聞於天』。將來大家如果決定不辦，看門狗能有甚麼辦法呢！」這是我把我自己譬做看門狗的由來。」

「……但是中國的監察院，不比美國的參議院或英國的上議院，它們都掌有審判權和懲戒權，而我們祇有告發權（糾彈），至於審判權和懲戒權，則分屬於法院或公務員懲戒委員會，監察院無權過問。而且監察院對地方法院一個檢察官就監察院的糾彈案所作的不起訴處分，不得聲請再議；監察院在這一方面的權力，甚至不及自訴人，他對檢察官的不起訴處分卻有申請再議之權。對於公務員懲戒委員會的處分，監察院即使不滿意，也沒有翻案的機會。」

「正如一隻看門狗，監察委員的力量祇能做到喚起法院或懲戒委員會注意爲止。所以它的職權，既不及現代各國的上院，它們掌有懲戒權，也不及古代的御史，他們握有『上方寶劍』，有時可以先斬後奏。因此，有人假如認爲監察委員是老虎，我看也祇是紙老虎而已。」

「但是，卽使僅僅行使了糾彈權，有的監察委員已經變成了『目標』。因爲執政當局總覺得家醜不可外揚。他們甚至以爲外國來賓都讚美我們的政治清明，而監察委員卻還說某也貪汚，某也違法，豈非是自淘糞缸，破壞了政府的信譽！所以監察委員提出一個較大的糾彈案時，不獨被糾彈的人恨之入骨，而執政當局也往往怪他們不顧大體，甚至報以惡聲。……監察委員發覺違法失職而糾彈，正像看門狗看見賊來而高吠。養狗的目的原是如此，奈何人們竟然忘了這個目的，而反怪它把他從『自我陶醉』的『淸秋大夢』中叫將醒來爲可恨呢！」

「……美國的月亮誠不較好於中國，可是美國的看門狗，無論家犬或國犬，卻比我們的『狗運亨通』。在這舉國競尙『美（國）化』的時候，請把我們的『養狗政策』和『狗生哲學』也來

『美化』一下如何？」

二

在民國五十一年的監院總檢討會議中，陶監委曾有一篇演講，題爲〈叫與咬〉。其中有下述數段：

「我有一個看法，監察院的任務，除了做之外，叫也是很重要的。看門狗有兩種本領：一種是咬，另一種是叫。實在講起來，叫的任務比咬的任務還要大。因爲狗咬人的能力很有限，……但是叫卻是很重要的。」

「……例如最近石油公司嘉義溶劑廠的科長在四、五年間侵吞了五百幾十萬元，直到廠長離開，副廠長接事，查了一下，雖已歸還幾十萬元，但還侵佔了四百多萬元。這件事要說上級不曉得，很難使人相信。卽使沒有共同罪行，至少也是重大失職。現在聽說這位廠長已經高升了。我覺得調查這類案子，本院應該追究。此外，中央銀行、交通銀行、臺灣銀行、中國銀行、中央信託局，以及其他公營事業機構，相信多有類似的情形，但是我們卻沒有追究到上級主管。我提議院裏把這些卷找出來，再重新審查一下，必要的時候，對於上級的主管，提一個綜合彈劾案。」

「本院過去對一個被彈劾的官員，如涉及刑事，除了彈劾以外，同時送法院，請法院偵查起訴。我發現這個方法不很好。……我從前提過一個關於招商局人員的案子，這個案子打了六年官司，公務員懲戒委員會對於他的行政責任，因此一直擺在那裏不提。最後如判決有罪，公務員懲戒委員會當然很容易處理，最後如沒有罪，公務員懲戒委員會也樂得做人情把他放過，這樣就不能達到剷除貪官污吏的目的。一個涉嫌貪污的人送到法院以後，他可以請最好的律師替他辯護，甚至可以通關節。而我們提糾彈案的人，案子送出去以後，卻不能再管。如果我們到法院去問，被認為是干涉審判。」

「這是一面倒的官司，他們往往勝利，我們往往失敗。刑事失敗的結果，將來在懲戒方面也必落空。所以我想我們是否研究一下，凡是這種涉及刑事的糾彈案件，第一步先送公務員懲戒委員會，等公務員懲戒委員會三個月內懲戒下來，我們把他的懲戒書再送原提案的審查委員看一看，是否要繼續追究刑事責任。假如要繼續追究刑事責任，我們到那時再作決議，送到法院去。」

三

在為敬悼梁上棟先生逝世三週年所寫的〈從參政員到監察委員〉文中，陶氏有過這樣一段話：

「……我們做了幾年監察委員後，發覺監察委員遠比參政員難做，而我們二人在艱苦奮鬥中的相需相助，加深了我對他的了解。原來監察委員是所謂『風霜之任』，……今昔相比，我自信不是我做人做事的根本觀念有了甚麼改變，那完全是因爲做了監察委員就不能不得罪人。這也是『職業中毒』，有時竟『明知故犯』，而實在是『無可奈何』。」

四

四十九年十二月，陶氏寫了〈脫黨的邊緣〉一文，在文首，他引了韓愈的〈致姪兒韓湘詩〉。詩曰：「一封朝奏九重天，夕貶潮陽路八千。欲爲聖明除弊事，敢將衰朽惜殘年！雲橫秦嶺家何在？雪擁藍關馬不前。知汝遠來應有意，好收吾骨瘴河邊！」

文中，有幾段話值得轉述：

「我們黨部的黨員總登記運動，發生在監察院彈劾俞故院長之後。中央認爲監察委員同志應該支持本黨的行政院長，而今予以彈劾，乃是反對本黨，因而認爲應受黨紀的處分。我是彈劾案十個提案人之一，而且被認爲是主要分子，於是瀕臨了被整肅的邊緣。我們的辯解是說監察院好比一家外科醫院，監委的任務是開刀，而且祇是開刀而已。同黨的行政人員，如果違法失職而曲予優容，將何以整飭紀綱，治療痾疾？我們依據憲法行使職權，除非玩法弄權，不應被認爲違反黨紀。後來還是由於蔣總裁的寬容精神，沒有把整肅問題提出來，而替代整肅辦法的總登記辦法，也經蔣先生一再考慮之後擱置起來。」

「話雖如此，我的黨籍，在我做監察委員的未來歲月中，隨時可發生問題。因爲監察委員是

『風霜之任』，以得罪人爲本分，以批評時政爲常業，捨此，別無他事可做。在黨部的意旨與監察院的意旨之間，在黨的要求與國家要求之間，在黨紀與國法之間，在人情與良心之間，我常須作痛苦的選擇。選擇前者，我可左右逢源，選擇後者，難免要冒黨籍的危險。我自二十歲加入國民黨以後，迄今已有三十七年的黨齡，實在不願輕易脫離，我默禱以後不要再受像兪故院長彈劾案那樣嚴重的考驗。」

「……在聽話的黨員和盡職的監察委員二者有時不能一致的夾縫中，我默禱能有高度的智慧和藝術，使二者並行不悖。」

「魚與熊掌二者得兼，自是大幸，如果不能，將何所取捨？這是說：如果黨的意志和良心的判斷衝突的時候，我們應該如何抉擇？我請教了孔夫子，他提出一個『義』字作爲抉擇的標準。他對曾子說：如果是義之所在，子應服從父親，臣應服從君主；但如果是不義之事，則子不可不爭於父，臣不可不爭於君，請容我引申一句，黨員不可不爭於黨。孔子又指出孝道來強調說：『故當不義則爭之，從父之命，又焉得爲孝乎！』」

五

民國四十一年三月十二日，陶監委曾在監察院爲紀念　國父逝世的集會中發表演說，題爲〈監察院的動員和權威〉。在談到如何實施監察動員時，他指出「先要從値日委員著手」。他這樣寫著：

「監察委員確在一個場合行使了非常大的職權，就是在值日的那一天。因爲所有書狀和調查報告都由值日委員批閱，他有權批辦，他有權批存，他對於任何重大案子，認爲不必加以處理時，都可批存，而且祇要一個人（至多也不過三個人）就可行使這樣大的權。因此我們不得不希望值日委員能夠加強動員，對公事能多加注意，這樣一定能有更多的調查案，因而成立更多的糾彈案。」

「爲了這個問題，我曾經想了一個辦法，擬了一個提案，就是要秘書處將值日委員批閱的文卷，列一張表逐日送給所有監察委員看。表中規定發文機關、摘由、值日委員的批語。也許各位委員看到這個表以後，發現某一樁控告案，他知道的比較清楚，假使值日委員批存的，他可以把卷調出重加考慮。我曾將這個提案送給楊秘書長，看楊秘書長是否能接受這個提議，因此尚未提出來。我相信由全體委員來注意外來的控告案，總比二三位值日委員要週密一點。」

六

談到建立權威部分時，陶委員有下述幾段話：

「……『權』，是力量，是法律賦予的力量。我們有的是監察權，所以我們已有相當大的力量。但有權一定還要有威，然後才能發生眞正的力量。『威』之爲物很抽象，如威力、如威嚴，不是法律所可創造的。但把我們的權發揮出來，我們必然有威。有的人有權而無威，那是因爲沒有把權發揮出來。我國有四個字叫做『有威可畏』。有的監察委員，人家望而生畏。這個監察委員，就是有權又有威。」

「然則如何建立權威，保衛權威呢？可分爲兩點：第一應走法律的途徑，第二應走道德的途徑。一般權威的構成因素當然很多，但以監察院而論，不外這兩個因素。這就是說，法律所賦予的權，我們要充分行使，使他產生威，使官吏有所畏懼。同時要在人格和智識方面下工夫，使人家能敬而畏之。這種道德的權威，恐怕比法律給我們的權威還要大。孔子有甚麼權，但是史稱『孔子作春秋而亂臣賊子懼』。因爲他有崇高的人格，高深的學問，人家尊敬他，所以『一字之褒榮於華衮，一字之貶嚴於斧鉞』。」

「……監察委員要建立權威，必須要有革命精神，『革命的精神』解釋，各人的看法不同。我願引孔子的一段話來做註解：『不得中行而與之，必也狂狷乎。狂者進取，狷者有所不爲也』。狂是進取，狷是不爲自己打算。我以爲這是革命者應有的人生觀。」

七

在四十二年二月所寫的題爲〈政治永遠需要批評〉一文中，陶監委有這樣一段話：

「……讀者至此，也許要想知道臺灣對言論自由的尺度以及對於一般批評的反應。

「我忝為監察委員，有關監察方面的情況，知道的較多。試以監察院提出的許多糾彈案為例來說明。那些都是所謂『合法的批評』和『合法的反對』，若干高級官吏看了往往不高興，憤恨之情，有時竟形於辭色，但他們祇是背地謾罵一場而已，幸而還沒有鬧出大笑話。報紙過分謹慎往往略而不登。指導監督新聞事業的當局，作風還算開明。若干侵犯人民自由的舉動，多是少數執行人員的錯誤，他們有的太為國家的安全著想，以致執行過當。所以照目前的趨勢來看，假使政府能夠繼續保持理智，遵守憲法，而民意代表又能恪守職責，不讓政府違法失職，則臺灣言論自由的權利，當不致僅限於胡適之先生一人。」

在四十一年所撰的〈言路如何開，異議如何待〉一文的結尾，有這樣幾段話：

《孝經》〈諫爭章〉第十五載：

「曾子曰：『若夫慈愛恭敬，安親揚名，則聞命矣。敢問：子從父之命，可謂孝乎？』

「子曰：『是何言與！是何言與！昔者，天子有爭臣七人，雖無道，不失其天下。諸侯有爭臣五人，雖無道，不失其國。大夫有爭臣三人，雖無道，不失其家。士有爭友，則身不離於令名。父有爭子，則身不陷於不義。故當不義，則子不可以不爭於父，臣不可以不爭於君。故當不義則爭之。從父之命，又焉得為孝乎？』」

「臺灣有立法委員五百餘人，監察委員九十餘人，地方各級代表千餘人，如有十分之一善盡諫爭的責任，則照孔老夫子的說法，當局可望不離於令名，政府可望不陷於不義，國可不失，民皆利賴。企予望之！願共勉之。」

五十三年十二月二十九日

《聯合報》

（附載三）陶百川先生胡不歸！

——五十四年四月十五日社論

監察委員陶百川先生，四月八日自紐約函候此間各報採訪國會新聞的記者同業，表示他正在「考慮暫留美國」，「利用極有限之餘生，爲國家做最有益之事」。前些日子，新聞報導已傳出過陶百川先生無意如期返國的消息，我們總以爲是道路遠隔，傳聞之誤，如今得讀報載陶委員候函全文，方知並非空穴來風，我們在懷念遠人之餘，更不勝悵悵。

說是懷念遠人，我們並無任何私情，乃是完全基於公誼。因爲論陶先生的道德事功，他那風骨嶙峋的性格，智慧卓越的思想，凡是接觸他本人或者留心過他言論著作的人們，都會留下我國傳統觀念中所謂「書生本色」的深刻印象。特別是這十多年來，陶先生在監察院內執行臺諫之責，若干有關風憲的大事件，他不僅對案情的調查，下過一般人所難以想像的工夫；而且對案情的分析，更道出一般人所難得具有的見解。消極的糾正了頹疲的政風，積極的提出了政策性的建議，其貢獻之多，貢獻之大，昭昭在人耳目，大家必然與我們有同感。

乃如今這樣一位監察委員，竟然在與國人相約出國研究一年的旅美期間，最近頓然萌生了暫不回國的考慮，我們自然不免若有所失，不勝惆悵。因爲就陶先生個人的想法說，也許眞如他來函所述，書生報國，不限時地，在美國教書鬻文，「宣揚中國文化，解釋臺北觀點，批判錯誤言論」，並以所見所感，隨時函陳國內當局參考，同樣有所獻替。而且我們也充分相信，陶先生雖然身留美國，必然心繫臺灣，他在國外的一言一行，也必然有利於國家的對外宣傳，有助於國際的對我同情。而他對國內當局所函陳的所見所感，也必然見人所不能見，發人所未能發者，大有助於當局者的耳目聰明。

不過，我們仍然不能釋然於懷的是：

第一，試就陶委員而非陶先生的地位說，監察委員是民選的，不是派任的。選民選出了陶先生做監察委員，付託以臺諫之責，豈可輕易言辭。尤其是在「形格勢禁」的國家當前處境下，監察委員和其他中央級民意代表一樣，既然不可能改選，若干位年事較高者，近年來又先後謝世，在人少事繁的情況下，像陶委員這樣春秋鼎盛的六二之年，正是現行監察委員行列中少不得的一位中堅人物，更豈容高蹈而置身行列之外。

中再說，陶百川先生來函談到辭職的動機，有道是七八年前早有此意，此次考慮已非新聞。並謂「近因右老逝世，更感無能爲力，是以亟思引退」。關於這一點，我們更覺得並不恰當。因爲要知民意代表之不同於行政官吏者，乃在其對選民負責而非對首長負責，對國家負責而非對上級負責。監察院長于右任先生之逝世，固然是國家的重大損失。但監察委員因于院長之逝世而對本人職務感到無能爲力，因此遽萌退志，在公在私均非所以繼承先賢遺志與夫尊重國家元勳之道。

第二，再試就陶委員來函所稱「道不行，乘桴浮於海，雖聖人亦不得不去父母之邦」的觀點說，我們覺得，也頗有商酌餘地。要知監察委員職司言責，究非負有行政決策責任的政務官所可比。政務官應以政策之行否斷然決去留，監察委員則祇須做到知無不言，言無不盡的程度，就已盡了職責，問心無愧。因此，以陶委員過去這多年在監察委員崗位工作上的貢獻，陶委員本人可以自謙爲「力不從心，愧乏績效」，在國人心目中，則發聾振聵，已無他求。此時而言辭，陶委員又何以慰國人殷殷之望。

至於說，陶委員在國外對國家同樣必有貢獻，我們固然毫不懷疑。不過，這種貢獻，究竟是間接的，而非直接的；究竟是著效於較遠，而非收功於當時的。而且去國之日一久，國內情況必將隔膜，是則陶委員之所可獻言於當局者，必將因隔膜日增而難切中時弊。我們相信，以陶先生對國家的熱愛，對國情的關切，當然是不願眞的一天一天和他熱愛的國家在感情上相睽違，和熱愛他的朋友以及同胞在形跡上相疏遠的。

因此，驚聞陶委員正在考慮暫留美國不卽回臺的正式消息後，我們在不勝悵悵之餘，不禁要說出我們如上的看法和想法，並且誠懇寄望遠方的陶委員，早日命駕東歸。

（附載四）促陶百川先生歸國 《自立晚報》

——五十四年四月十五日社論

監委陶百川先生自年前應邀攜眷赴美，迄今未曾言旋。以陶先生風骨嶙峋，去國後，言談笑貌，無時不在國人懷想之中。近讀其海外來鴻，字裏行間，猶存家國之思。祇是對其是否如期回國一端，未能當機立斷。我們於此，實不能無言。

陶先生身居諫壇，職司風憲，書生報國，誠未有絲毫之怠荒。所謂「力不從心」，要亦客觀形勢所使然。但所謂「院長一死，我就辭職」之說，我們實未敢苟同。竊陶先生之意，或以爲監察院之所以能糾彈檢舉，使貪頑不法之徒因而無可遁形者，乃全恃于院長一人之聲望。而院長一死，卽事無可爲。此實爲一過於消極的想法。須知，監察權爲 國父手創五權之一，行憲後經憲法明定爲國家制度。絕不能因一院長之死，而對整個監察權的行使遽失信心。與此相反，唯其于院長死去，所有監委諸公始更有其不可諉卸的責任。此所謂國家永在而人事無常，一制度的維繫，必持有無數之後來者。陶先生存此一念，匪獨爲其個人之自我非薄，抑且對國人付托之重，未能始終一貫，堅持到底，要非如陶先生者所宜有。

陶先生來信謂「今後將以有限之餘生，爲國家做最有益之事。」而其所謂有益之事不過在美辦一英文刊物；或加入一華僑報紙任主筆；或接洽臺港一二家報紙，爲其寫外交通訊；或找一書局寫書；或找一學校教書。此等事誠各有其重要。然而若謂其重要性猶超過陶先生現任之職務，則將無人能輕予置信。陶先生現任監察委員。監察委員之責任爲何？曰：維護憲法的尊嚴，貫徹憲政的實施，促進政治的清明，團結反共的人心。此時此地，最有益於國家之事，寧有逾於此者乎？國家今日求一辦英文刊物、求一任主筆或寫外交通訊者大有人在，若求一監察委員而直言敢諫如陶先生者能有幾人？陶先生捨此最有效的報國之途而欲辦刊物、任主筆、寫通訊、寫書或教書，正所謂捨本逐末，意存逃避而已。陶先生說：「『道不行，乘桴浮於海』，雖聖人亦不得不去父母之邦」。斯何言歟！聖人志在匡扶天下，不得已而獨善其身，乃指國家無敵國外患時之進退出處而言，今日何地，此地何時，國勢方危如纍卵，而朝野幾盡失法守，愛國如陶先生者，能安於作一海外寓公嗎？

我們深知陶先生爲一愛國主義者，其服膺眞理、爲眞理而奮鬥的精神，放眼當世，殊少有人能及。倘陶先生久滯海外不歸，至少將發生兩宗影響：使國際人士誤以爲中國國是已無可爲，愛國如陶百川者尚且心灰意懶，遑論其他；此其一。使年輕一代因而對國家失望，無復有攘臂而起的豪氣與擇善固執的志節；此其二。陶先生一人的行止而發生如此巨大的影響，質之陶先生，又何以能自安？

陶先生來信末尾有這樣的話：「其實弟之計畫，目前尚未確定，如期回國，亦未可知」。短短數語，盡道出一愛國者內心之洶湧翻騰。我們於此敢遙爲致意：今日在臺北，在整個臺灣，有無數顆赤忱的心熱望你歸來，熱望重親你的風範，再聆你的高論言談！歸來吧，百川先生，爲此多難的祖國，爲此擾攘的世界，也爲你千古的令名！我們等著歡迎你！

（附載五）論兩個中國——給陶委員的信

曹德宣

百川兄鑒：分手二年，未得晤教，遙望雲天，悵惘奚如，頃由友人處轉達我兄慰問之意，至爲銘感，一切托庇，尚告平安，幸勿以爲念！前在報端閱我兄答覆此間記者諸先生之函，曾表示「力不從心」有倦勤不歸之意。對此不但弟與同寅皆不以爲然，即輿論亦多不贊同。此非個人私情，實出於大衆公意。蓋値世局動盪，國家多難之際，正國人加緊團結、同舟共濟之時，方共赴國難之不遑，豈可長期逗留國外，逃避責任？吾兄明達，諒早及此。至遭遇困難，和內心痛苦，所謂「愛國有心，救國無力」者；不但弟深有同感，即國人亦皆同情，切不可稍存灰心，頓萌退念，有違吾人報國初衷，更負選民委託之希望。諺云「兒不嫌母醜，狗不嫌家貧」。又云「狐死首坵，落葉歸根」。吾輩職司風憲，身爲「看家狗」。就應忠於主人到底。所謂「宵旰從公，晝夜看門」，以防盜賊之來臨。至於主人對你如何，理睬與否，總要盡其在我，問心無愧而已。臺北市火車站，前年有個義犬故事：當其主人在抗戰時期，被日軍征調出國作戰，迄戰爭結束未歸，該義犬每日都往車站守候，經十餘年未曾中斷，以至於最後一次死在車站前面了事。吾輩應該向牠看齊。既然要做忠實的義犬，就應始終不懈，百折不撓，所謂「威武不屈，富貴不淫，貧賤不移，鞠躬盡瘁，死而後已」者是。自古御史和言官，爲忠於職守而遭遇禍害者，史不勝書，吾兄本院健者，工作成績輝煌，已起領導作用。不但院內同寅欽佩，而社會方面，亦有口皆碑。故自于右老逝世後，大家對於繼任人選，方期我兄出來一試。能否成功，固不敢一定，但總能代表監察院尚有正氣，和眞是非，爲國家民族前途，保留一線生機。國人方引領西望，切盼臺駕早日來歸！孰料竟萌退志，擬暫留美、以度殘年。所持理由之不正確，已由此間《聯合報》、《自立晚報》（四月十五日）社論詳爲說明，諒邀洞察，固勿須詞費。弟今日處境，頗與吾兄相似，遭遇苦惱，或尤過之。惟自問心無愧，毀譽在所不計。當前年出國伊始，有許多人都認爲一去不歸了。及去年返國，臨行和留美兒女告別時，她們都勸我留美以度殘年（已七十了）。我則堅拒，向她們說：「在美國並不需要我，有我不多，無我不少」。在臺灣，似乎尚有點用處，頂少尚能給國家民衆做些事。雖有時亦感到「力不從心」，多找痲煩，使人討厭，然能做一分是一分，縱不能完全合乎理想也算部分盡了職責，總比不做好些。所謂盡其在我而已。弟因去年十一月在《自立晚報》發表〈建黨七十週年紀念〉一文，和年終監察院五十三年度檢討會上，發表政治檢討意見，由東京各報轉載，斷章取義，誤解爲贊成「兩個中國」之主張，中央亦未詳查，以訛傳訛，遂開除黨籍。「曾參殺人，衆口鑠金」，聖賢尚且不免，況在常人？惟自問完全出於善意，想要克盡職責，有益於黨國，不幸誤會滋生，竟遭意外。開除黨籍甘願接受，至對於三民主義之信仰，革命精神之貫徹，決不因此而稍變，相處甚久，諒爲吾兄所深信。記得弟向在紐約，曾接尊信，囑弟早歸，助汝一臂之力，以分擔各方之困擾。今則設身處地，爲弟著想，切盼吾兄之言旋言歸，早日就道，重整旗鼓，繼續前進，本著　國父孫中山先生的冒險犯難，革命大無畏之精神，再接再厲，奮鬥到底。語云「臨難勿苟免」。弟雖遭誤解，仍未灰心，一本初衷，「我行我素」。若苟有補於國家民族，縱焚身碎骨，亦所不惜。「見危受命」，更不能臨陣脫逃。曾文正公有言，「爲人臣者最怕『貳』字」，又曰「君子之道，莫大乎以忠誠爲天下倡，世之亂也，上下縱於亡等之欲，姦僞相吞，變詐相角，自圖其安，而予人以至危，畏難避害，曾不肯捐絲毫之力，以拯天下。得忠誠者起而矯之，克己而愛人，去僞而崇拙，躬履諸艱，而不責人以同患，浩然捐生，如遠遊之還鄉，而無所顧悸，由是衆人效其所爲，亦皆以苟活爲羞，以避事爲恥」。吾兄向日既常以此勉弟，並能正躬率物，領導羣倫，今豈可放棄多年主張，而自蹈之？在兄固迫於不得已而出此，或係一時的衝動和憤慨而然歟？請三思而熟慮之！

吾兄最關切者厥爲外界誤解弟「贊成兩個中國問題」。所謂「倡言放棄堅持反對兩個中國的國策……迎合共匪統戰策略」云云，確屬「斷章取義，妄事揣測」，與事實太不相符。弟旣堅決反對中共入聯合國，更反對我們將來退出聯合國。同時也不贊成輕於和他國絕交，蓋絕交是自絕。設中共一旦入聯合國以後，我們仍然固執成見，卽和他國輕言絕交，則必陷於孤立，故有「今日反對兩個中國，將來恐有求之而不得」的話。這是專爲中共將來入聯合國以後的打算。我們現在固應堅持「反對兩個中國」的主張。可是若是中共將來加入聯合國以後，我們若仍堅持「反對兩個中國主張」，豈不是中了中共的詭計，上了它的大當嗎？所以中共若果眞能入聯合國的話，它最盼望我們趕快退出聯合國，以符合它的宿願。同時也最恨我們不退出聯合國的主張。所以誰是迎合中共統戰政策，可以不言而喻了。怎麼把那些歪曲事實的頭銜，硬加諸我的頭上，未免寃枉吧！況此篇乃係五十三年度年終檢討會的政治檢討意見，《自立晚報》與各報逕自轉載，不是弟自行發表者（依法院內有自由發言權，對外不負任何責任）。此項檢討意見之當否，全由院會決定後才送行政院參考，非個人所可左右，此爲吾兄所熟知者。惟弟回國不及一年，社會繁榮，經濟進步，固然是好現象，而人才外流，人心外向，動盪不安的危機，亦復可慮！盱衡大局，萵目時艱，眞不勝其隱憂！讀梁任公「知我者謂我心憂，不知我者謂我何求，悠悠蒼天，其共鑒諸！」的文深有同感呀！拉雜寫來，書不盡意，切盼爲國珍重！肅候旅安

弟曹德宣　拜啓

中華民國五十四年四月十九日　臺北寓次

（附載六）于右老與陶百川的去留

李子堅

陶百川委員曾私下向監院同仁表示，如果于右老一旦去世，他也不再有意繼續幹監察委員了。他這段話說得很認眞的，他也眞正的決定這麼做了，因而才有「回國不回國」這件事。記者在與陶氏訪談中，特別問他爲何對「人的因素」看得這麼重？換句話說，依陶氏的眼光，于院長與監察院之間的關係，究竟重要到甚麼程度？

百川先生嚴肅地說：「我不以于右老在黨國的元老及聲望地位，來估計他對監察院的重要關係。但是于右老主持監院，有他的原則和標準，這是非常重要的，也是過去院內許多案件能夠推動的原因。」

陶氏進一步說，根據他的看法，做監察院長並不困難，但是必須具備「九個字的標準」。

他說：第一是「不忮求」：不忮者，就是不忌妬。他認爲監察院長應不以委員們的作爲與表現，而有所忌妬。不求者，就是不圖求名利。他說，監察院長，應不利用職權地位，而求取私人的名位與利益。

第二是「有擔當」：陶氏說，對「有擔當」最簡單的說法，就是監察院長應不爲權勢壓力而嚇退，也不應爲人情攻勢而妥協。

第三是「能合作」：陶氏說，監察院長對於委員執行職務的正當行爲，應該予以全力協助，而使之貫徹，這才是「合作」，絕對不能以職權去妨害或限制委員們的作爲。

百川先生說到這裏，特別向記者表示，他和于右老並沒有深厚的私交，因此談不上以右老之存歿爲去留的標準。但他認爲，于右老之能知大體，並能具有上述的九字標準，乃是過去許多案件得能通過的主要動力。他說：于院長並不一定有力量能使許多案件通過，但是「不忮求，有擔當，能合作」卻是不可缺少的基本條件。

陶氏舉出監院辦案的經驗，表示如照一般通常的程序，糾彈案件可在監院秘書處擱上一個禮拜，但他說，事實上，過去許多案件，多在十餘小時內卽行處理，這樣迅速的行動，則風聲不易外洩，使外面的人情和壓力難以施展，對委員行使職權的困難，自然也就減少。陶委員說：秘書處是在院長統轄之下，如果院長不能具備上述九個字的條件，則重要糾彈就談不上了。

自于院長去世後，監院新院長人選懸擱已久，陶氏對記者說，院長的選舉，將在八月中旬舉行，他認爲現在監察院內，不乏具有上述九字標準之人士，但是他說，限於種種條件，是否能在此次選舉中產生，則難逆料。

陶委員在被詢及監院前途時，表示得並不樂觀。他認爲，監察權在過去祇能收取間接警惕的作用，但是新的院長如不能具備九個字的標準，則今後連這點作用也將難以保持。

百川先生說，要做好一個監察委員，已經是很難的一件事。爲了不徇私情，他形容自己已經是「六親斷，故友絕」。他說，他在臺灣的時候，事實上是「非常孤獨的」。但是，百川先生說，他也有他不寂寞之處，那就是他經常收到許許多多的信件，而這許多信件，又是他精神上很大的負擔。

陶氏的責任心以及他那赤子之心，是他打消留在美國念頭的主要因素。記者問他：「您這次回臺灣以後，準備做甚麼呢？」他說：「除非不回去，回去仍將繼續監察委員的身分。」他仍能爲老百姓做點事，他仍能伸張一些正氣。這也是國內外許多人士同意的看法。

百川先生對監察制度仍抱著信心，人爲的因素雖然也屬重要，但是制度則是根本。陶氏相信，有這個制度存在一天，至少還有人有努力的可能。他很希望監院在改選新院長時，能注意到他所提出的九字標準。陶氏雖然不曾以新院長人選之是否理想，作爲返國與否之必要條件，但他至少已表明出他所信服的原則。他打算再以幾年的時間，盡心盡力地做他的本位工作，他說，祇要有人做，效用總是有的。

五十四年六月十九日　紐約

關於老友和僑胞

雞蛋野火和《四書道貫》

一

七年前我應美國國務院邀請訪美，到紐約時就往鄉間去看陳立夫先生。那時他尚以養鷄爲業，規模雖已縮小，但還養着二千五百隻母鷄。他的養鷄工作很勤很苦。一切飼鷄、收蛋、送貨、收帳等等無不躬與其事。而且飼料要親自搬運，他曾爲此扭傷了腰筋。

立夫先生早年留學美國，學的是工程，楚材晉用，不愁找不到一個比較輕鬆的職業。但他不求聞達於美國，所以寧願默默的做一個農夫。久而久之，他對鷄似乎發生了感情。但我總覺得他是大才小用。當我勸他改行時，他說：「鷄沒有負我，它們養大了我的子女。」

二

我回國後不久，聽說附近森林的大火延燒到他的鷄舍，把三座鷄舍都燒光了。眞像柳宗元〈賀進士王參元失火書〉所說：「僕始聞而駭，中而疑，終乃大喜，蓋將弔而更以賀也。道遠言略，猶未能究知其狀；若果蕩焉泯焉而悉無有，乃吾所以尤賀者也」。

我何以「始聞而駭」呢？柳函加以說明：「足下勤奉養，樂朝夕，惟恬安無事是望也；今乃有焚煬赫烈之虞，以震駭左右，而脂膏滫瀡之具，或以不給，吾是以始而駭也」。

何以又「繼而疑」？因爲：「凡人之言皆曰：『盈虛倚伏，去來之不可常』。或將大有爲也，乃始厄困震悸，於是有水火之孽，有羣小之慍，勞苦變動，而後能光明，古之人皆然。斯道遼濶誕漫，雖聖人不能以是必信，是故中而疑也。」

何以「終乃大喜」呢？我的原因與柳的不同。我是認爲立夫先生以後可以不再養鷄，不再費心力於農事，而能多做一些文教工作，「服千萬人之務，造千萬人之福」。

三

三年前我再去美國，到紐約時又再去看他。鷄舍不見了。問到他的生活，他說正在整理舊稿，其中一部《四書道貫》已經完成三分之一。他說：「《時代週刊》曾用我的照片登在封面，而以孔子和農村爲背景，於是許多美國人都以爲我對孔子之道必有研究，常有許多人找我質疑問難。因此想起我這《四書道貫》如果譯成英文在美出版，或可供他們參考，也算爲中國文化稍盡宣揚之責」。

我問他該書怎麼編法。他說全書分八篇：「一、格物篇，二、致知篇，三、誠意篇，四、正心篇，五、修身篇，六、齊家篇，七、治國篇，八、平天下篇」。並有一篇總論和一篇結論。他把四書全部分解開來，然後依其性質編入八篇之內，沒有一句遺漏。他說，他用他所學的採礦方法來寫那部書：「採之選之，治之製之」。例如修身篇中把全部四書中的修身之道，分爲一、綱要，再分爲①好學，②力行，③知恥；二、目標，再分爲①聖人，②君子，③善人，④有恆者；三、方法，再分爲①立志，②好善，③求諸己，④愼獨，⑤自省，⑥自反，⑦自責，⑧改過，⑨自勉，⑩自強，⑪自信，⑫自得，⑬克己，⑭律己，⑮節操，⑯守分，⑰安貧樂道，⑱愼出處，明去留，⑲愼交際，謹取與，⑳環境之選擇與改造，㉑時勢之創造與等待，㉒技藝與嗜好之選擇，㉓愼言，㉔謹行，㉕尊師，㉖信友，㉗忠恕。

但他並非「述而不作」，他寫入了他的解釋和看法。

四

我對立夫先生的話很感興趣，對他憂時之切和治學之勤，更深欽佩。我建議先把中文本在臺灣出版。他因我曾任上海大東書局總經理，對出版事業不是門外漢，要我替他計畫一下。

不久，立夫先生陸續把他整理好的稿件送給我「校閱」。所以我是該書第一個讀者。不獨獲益很多，而且「先睹爲快」。

全部稿件整理以後，立夫先生兩次來信要我寫一篇序，我猛憶顧亭林先生的話：「人之患在好爲序」。所以我兩次婉謝。但這次終因張鐵君先生的函電（話）交催而寫出這篇〈雜說〉，不知是否也犯了「人之患」。

五十五年十月　臺北

梁和鈞與潘公展

一

一月二十二日上午，紐約還在飛雪。下午雪花雖停，但路上積雪三寸，氣溫很低，小女的汽車在路旁不能轉動。前一天約好要來看我的兩位年逾七十的老先生，梁和鈞（敬錞）和潘公展，我想未必能來了。那知不到四點鐘，門鈴大響，他們都來了，而且梁先生居然還是自己開車。

梁潘二先生多年來都住在紐約長島的林山，二家相距很近，成爲通家之好。而且二人都從事著述。潘先生辦紐約《華美日報》，梁先生的中國近代史著作常登在華美上，所以二人又由鄰居而進爲文章道義之交。我之獲交梁先生，也是由於潘先生的介紹。至於潘先生，我們相識很久，我與他的關係，一向是在師友之間。

二

梁先生那天帶來他一本近著《九一八事變史述》送給我。潘先生在該書序言中盛讚梁先生的治學精神。他說：「和鈞先生治法律經濟，官法曹，理財賦，學驗俱豐，卓著聲譽，固不待公展之喋喋；而其近十餘年來，旅居紐約，則以研討中國現代史事爲樂，興趣所趨，昕夕不懈，發爲演說，著爲文章，往往震撼中西學術界之耳目。蓋以法學家鞫案推事之精神，爲史學家秉筆直書之創作，事必求其有證，言必期其合情，遠之可以補將來國史之不足，近之可以導今日學人之深研，宜其影響所及，引起不少青年之嚮慕。往昔，其所講述之〈戊戌政變〉〈辛亥革命〉〈護國之役〉，及〈開羅會議與中國〉，每當一編脫稿，先付紐約《華美日報》刊載，然後整理之而印爲專書，既皆風行一時矣。自去歲而還，《華美日報》更排日登載其新著《九一八事變史述》，讀者爭相傳誦。」

潘先生用梁先生寫《九一八事變史述》的認眞辛苦的經過來作證。潘先生說：「以故兩三年間，關於九一八事變之中外資料，經其披覽摘錄作爲考證者，計中文者四十四種，日文者六十三種，英文者四十三種，如併檔案供詞等而合計之，不下二百萬頁。但求過目，殆已難能，況欲淘沙揀金，貴有靈心慧眼，苟非專志篤學，好而樂之者，莫不中道而盡，廢然返矣。乃先生竟能渾忘其老，視爲常課，孳孳不倦，成此偉著。此種治學之精神，足爲青年之模楷。」

三

九一八事變所以値得研究，乃是因爲無論對日本、對中國、甚至對國際方面，都有重大的教訓。

以日本而論，梁先生指出：日本是興於滿洲，衰於滿洲，而九一八事變直接引出一九三七年的蘆溝橋事變後的中日戰爭，間接引出一九四一年珍珠港事變後的美日戰爭以及一九四五年的日本投降。因果不爽，眞是活該。

在中國方面，梁先生在第一章〈九一八事變之世局背景〉一節中慨乎言之：「中國自寧漢分裂以後，內戰迭起。一九三一年中，江西見朱毛共產黨之內亂，長江見一千餘里之水災，四川有劉文輝、劉湘之交訌，山東有韓復榘、劉珍年之私鬥。是年三月，胡漢民湯山事起，粵籍中委即赴廣州，自組國府與南京相抗衡。日本軍人既喜中國之分裂，又恐蘇聯之坐大，遠見歐洲經濟之方在恐慌，近察美國西太平洋海軍之尚乏戰備。於是利用其雙重政府之統帥權，倡『武力解決滿蒙』之說以壓內閣。九一八事變前之世局背景，其錯綜蓋如此！」

關於中國的外交，梁著第八章指出：「九一八事起時，吾國駐美公使、駐法公使、駐日公使，皆尚無人。華盛頓祇一代辦容揆，支應艱鉅。容揆遲至十月一日（距九一八近兩星期），始與史汀生第一次見面，以視出淵日使隨時出入國務卿副國務卿之門者，相形見絀。」

四

梁著第五章論及「革命外交之魯莽」時，又說：「一九二九至一九三一之間，黨中政爭，演爲內戰；民衆信仰執政黨之程度，已不如北伐初期之熱烈。中蘇睽離之後，西方國家已不必以爭取中國爲孤弱蘇聯之急務。在此內外情勢皆轉低潮之時，似正革命外交應用『當屈』『柔道』之候（用「敵乎友乎」文中語）。然而片面宣言，旣屢躓而屢試；國家法令，又朝發而夕棄。……日本謀我滿蒙，在一九二八至一九三二之四年中，業已全盤透露，中國在軍事財政，兩乏對日作戰充分準備之前，對外交縱未能作曲意之協調，亦必當避無謂之刺激。然而小幡酉吉使華之拒絕，重光葵對談之誇大，皆係不生實益，徒啓紛糾之事，而竟出之，擬諸革命外交變動不居可柔可屈之精義，又將何以自解！」

梁先生指出國際共黨陰謀的來龍去脈，說明它與九一八事變的關係。該書第五章說：「國民黨黨治之分裂，由於共產黨之離間者半，由於黨中同志之內鬨者亦半。」

梁著第八章又說：「其時山東有韓復榘與劉珍年之交戰（一九三二、九、二十一），四川有劉湘與劉文輝之內訌（一九三二、十、六），廣東則西南政委會，作變相之獨立。贛閩則瑞金蘇維埃標榜政權之建制。內爭不息，而外患加深，政府旣乏內外同時作戰之實力，社會遂起『同族不妨相讓』之暗流，隱與『安內而後攘外』之國策相盪擊。一方嚴『肅奸』『除赤』之組織，一方展『獨裁』『民主』之抗爭。兩相逆襲，莫斯科『聯合陣線』之方略，遂能在我憂時志士熱血青年之思路中暗樹基礎，長爲中國與東亞之大患。」

五

至於國際方面所受的教訓，也很慘重。梁著於國際聯盟和英美等國處理九一八事變的經過敍述很詳，檢討得失也很有見地。這裏不能詳引，祇抄其中一段如下：「國際聯盟自日本毀約脫退，從事戰爭而不遭懲處之後，此制度遂不受世界之敬重。一九三三年十月，德國踵日本之後，申請退盟，一九三七年十二月，義大利復踵德國之後，亦請出會。三國軸心之勢既成，二次世界大戰旋起。英人痛定思痛，檢討禍始，乃以九一八事件，英在國聯未盡忠實義務，咎其執政。湯恩比一九三一年之史鑑，薛錫爾之經驗談，皆有長文，指摘其事。薛錫爾書中指出英國當時樞要，短視於現實，苟安於避戰，計較小己之貿易利益，而昧於大局轉變之危機。使用武力，祇以本國領土人民曾否受害爲根據之觀念，與集體安全制度下急公尚義之基本前提，全相枘鑿。所論皆深切而有所指。今日重讀，猶覺足供時下現實主義之鍼砭。」

梁著係由紐約聖若望大學亞洲學院出版，售價港幣五元八角。香港亞洲書店總經售（臺北有分店）。

六

去年十月十一日是潘公展先生伉儷七秩雙壽，陳立夫先生等在美老友十人送一頌詞，由梁先生撰文，薛光前先生繕寫。其詞如下：

奕奕潘公　吳興望族　秋水凝神　玉山濯目　春申報壇　初張論牘　壘展齊名　馬工枚速
潯江泝舟　元戎禮卜　前席蒼生　一笑辭祿　市府建制　遨翔政軸　旣掌社會　亦長教育
休休有容　悠悠有幅　江南夫子　譽滿樵牧　強鄰構兵　神州幾覆　公持椽筆　夸父日逐
赤燄蔽天　中原骨暴　公草危言　鞭策匡復　名騰白宮　身安白屋　文追三上　坐兼三獨
夫人陶唐　荆荢柔淑　能詩善畫　相莊郁穆　階前二代　子肖孫讀　封鮓含飴　家聲清謖
甲辰之年　九月初六　履道載歌　西征載福　吾儕十人　景行能熟　敢進巴辭　同伸嵩祝

右二十四韻奉祝

公展先生
德配唐夫人　七秩雙慶

陳立夫　錢邢蕊芬　趙李崇祜　程其保　梁敬錞　陳慶雲　董霖
沈士華　項定榮　薛光前　同頌

頌詞中所說：「名騰白宮」，是說公展先生爲《華美日報》所寫的社論很受美國總統的重視。現在報社壁上尚懸有詹森總統與潘先生晤談的照片。「坐兼三獨」是用《唐書》典故，指潘先生在華美身兼三職：董事、社長和主筆。

「夫人陶唐……能詩善畫」是指潘夫人唐冠玉女士詩畫俱佳。這裏我抄她的一首近作〈暮秋》：「蘆花似雪滿前溪，黃菊籬邊蟋蟀啼。霜着楓林紅勝錦，秋光美景夕陽西。」

五十四年三月二日　紐約

我欠胡佛總統一筆債

一

本年八月九日芝加哥報載次日是美國前總統胡佛先生的九十華誕。我和他在六年前訪美時，曾有一面之雅。這時突然想起臺灣友人要我留心物色封面人物，於是決定就胡佛先生寫一篇夾敍夾議的人物評介；第二天我就寫信請他寄張照片給我。

我在信中告訴他：因爲他與中國的關係（他曾在中國開礦），因爲他對人道主義的努力，因爲他的勤勉奮鬥可作青年的模範，因爲他的九十高齡值得大家慶祝，因爲他的九十誕辰感言值得大家傳誦，我準備寫一篇〈一位偉大的人道主義者——胡佛〉，寄到臺灣去發表。我信中問他能否寄我一張他的近照，俾與文章一起登出。

信去了一個多月，沒有回信。等我到了紐約，他的照片方才轉到。我正想着手蒐集資料，並想到他紐約寓所去拜訪他、請敎他，突然驚悉他已病危，第三天（十月二十日）就逝世了。近來我正忙於他事，不能爲他寫評傳；我欠他的這筆文債，正愁永遠不能淸償，前天看到《時與潮》

登載〈偉大的人道主義者——胡佛〉一文，內容雖與我想寫的不同，但題目竟不謀而合。於是我找出他的九十誕辰感言，略綴數語，譯登於後，庶幾了我心願。

胡佛先生著作等身，他的第三十二本新著不久以前也已出版。但我特別欣賞他這篇感言。因爲它指出美國的立國之本，富強之道，可供我國借鑑。古人說：「太上立德，其次立功，其次立言」；胡佛先生「三立」俱備，可以不朽矣。

以下我請讀者諸君讀讀他的那篇感言。

二

我們美國式的文化，正被國內和國外的批評所困惑。這些批評家認爲，我們的情形很糟糕，文化看來是在衰落中。

批評固然有益於「靈魂」，但我們必須留意，不要因此失去自信。所以，現在美國人應該審度一下自己的優點。

我們可以指出我們健康的進步和生命的延長。

在政府方面，我們可以說，我們這些被指爲所謂「墮落」的人民，仍靠投票和立法機關來解決異見，而不靠秘密警察。

在文化方面，我們可以指出，我們在中學和中學以上的學生，比任何一個國家爲多。我們的音樂和文學組織，文章和談話的傳佈，也都多於他國。

在道德和精神方面，我們可以說，在所有國家中，祇有我國爲人類的自由參加了兩次世界大戰而不要求任何賠償，不佔據任何土地，不控制任何其他國家的人民。我們可以指出：我們發揮了世界從未見過的基督精神——我們以無數噸的食糧和衣服，以千萬億的金錢去救助國外千千萬萬人民的饑荒，以及挽救許多國家的崩潰。

在有些地方，我雖深感落後的情形使我們的黑人不能享受與白人同等的機會；但我們得說，我們一千九百萬黑人所擁有的汽車，可能比二億二千萬俄國人加上二億非洲黑人的還要多。

我們的犯罪和少年犯的情形很驚人。但這主要得歸咎於法律處理罪犯的失敗。

希望是寄託在繼續不斷擴充像美國男孩俱樂部之類的組織，使窮人子弟不致在長成期間流浪街頭，幫助他們建立健康的思想和身體，而尤其重要的是品格。

我們可以指出，我們的美國制度造成了最高的生產率和最高的生活水準。我們的確有豐富的天然資源，但是其他的國家也有豐富的資源，足見另有原因。然則促成我們優越情形的因素是甚麼呢？

我享受過多種的生活和廣泛的機會，以發現此中關鍵。我見過美國和其他國家民族的不同情形。我的職務把我帶到許多不同政府的國家。我和他們的文化人士和政治領袖在一起工作。我見過自由的消滅和奴隸的興起。我曾在自由的、專制的，社會黨或共產黨的政府中服務。

我在這些旅行中找尋，並在書本中，從外國領袖中，發掘使美國優裕的因素。關鍵是甚麼呢？

我相信關鍵是我們的個人自由比其他任何國家多。憲法和權利法典列舉各種自由。還有些自由是不在法律規定之內的，例如選擇職業的自由，辭職和找工作的自由，買和不買的自由，冒險投機和保持所得成果的自由。但均不得妨害他人的自由。簡言之，我們有選擇的自由。這些自由的產物，使我們的精力、進取精神、才智和創造力得到了鼓舞。

自由好比窗戶，人類精神和尊嚴所發出的陽光賴以流入。這些道德和精神的保持，再加上帝的恩賜，將使我們的國家更偉大。

留學生與饅頭、受戒及其他

一

我國有這樣一句老話：「但見和尚吃饅頭，不見和尚受戒」。現在很多人對中國留學生的看法也是如此：但見他們享福，不見他們受罪。

中國留美學生吃饅頭是不成問題的。第一是因爲美國大部分食物，較臺灣的便宜。每月二十餘美元的伙食費，天天可以吃鷄蛋牛奶麵包作早餐，一肉一湯作晚餐，午餐則吃自製三明治。第二是因爲祇要有勞動的意旨和體力，賺點生活費，並不困難。

但所謂饅頭，並不僅指食物，留學生的精神生活也相當充實。主要是因他們讀書都很用功，考試常列前茅。在資本主義的社會，勞力和報酬必成正比例，眞有如所謂「讀讀讀，書中自有黃金屋」，「讀讀讀，書中自有顏如玉」。尤其是在今日的美國，即使讀文法科的，祇要成績好，英雄也有用武之地。

老一輩的華僑是靠燒菜和洗衣賺錢謀生。這兩項生意是美國人所需要，而不能與華僑競爭的。現在華僑的經濟活動範圍已經擴充，但成敗的主要因素，仍看是否爲美國人所需要和是否爲美國人所不能競爭。

中國留學生所學的多半是實科而不是文科，其中最吃香的是物理和數學。原因便是它們爲美國人所急需，而美國青年因爲「近水樓臺先得月」，「行行出狀元」，犯不着在最艱難的實科中去鑽牛角尖，所以實科範圍中的競爭不很劇烈，而中國留學生乃塡補其空缺。

二

在這環境中，很多留學生不得不捨易就難，學工程的改學物理或數學，甚至學文法的也改學理工。試想一個攻讀經濟學博士學位的學生，改行讀物理，從研究院退回大學一年級，而後再慢慢的讀上去，其用心之苦，用力之勤，耐性之大，折磨之烈，淚汗之多，豈是達摩老和尚面壁九年的苦修所能比擬。

照這幾年的統計，美國讀得博士學位的學生，每年大約一萬人，其中竟有二百多人患着神經病或胃潰瘍。原因是壓力太重，寢食不安。中國人耐性較大，韌性較強，忍得起苦痛，受得起打擊，然而在這裏的故人子弟中，神經不正常的，就我所知已有五人之多。

十年寒窗，一旦畢業，理工科的碩士博士就業很容易，受薪也較多，宜可心安理得，快活逍遙矣。可是不然。「優勝劣敗，物競天擇」，教書的必須做研究，工程師必須有貢獻，沒有研究報告，雖榮爲博士，也未必能安於其位。Paper or peril 壓力還是很重，生活還是不快樂。

留學生沒有一人不想回祖國，以其所學爲桑梓造福，這較爲外國人工作自有更大的意義和快樂。可是因爲種種原因，他們不願回臺灣，更不願回大陸，他們多在「望洋興歎」。

三

近來祖國的政治問題，在留學生心理上增加了矛盾，精神上增加了負擔。留學生託足異邦，見聞較多，所受的刺激較大，因而反應也較敏銳和沉重。

他們眼看毛澤東、林彪等黷武好戰，既反美，又反蘇，大言炎炎，到處樹敵，總有一天要觸發大戰。那時核彈投向大陸，中華民族勢必萬刼不復。

然而他們無能爲力。他們寄希望於臺灣，因爲臺灣如能推倒毛共，祖國可免浩刼。可是他們總擔憂臺灣目前的實力似尚不夠。

〈前赤壁賦〉中的八個字：「如怨、如慕、如泣、如訴」，頗能道出他們的心境。

怨是怨的大陸的錦繡河山竟那麼輕易的失陷！

慕是慕的「江山信美非吾土兮，曾何足以稍留！」葉落歸根，他們不能不思慕祖國。

泣是泣的國恨家仇，何日能報。

訴是訴的臺灣要更求進步，更求團結，更求民主，更求法治，更求富強。

四

現在讓我再抄一段〈前赤壁賦〉以慰遠人。句曰：「客亦知夫水與月乎？逝者如斯，而未嘗往也，盈虛者如彼，而卒莫消長也。蓋將自其變者而觀之，則天地曾不能以一瞬，自其不變者而觀之，則物與我皆無盡也，而又何羨乎！」

這是說：「留得青山在，不怕無柴燒」。我們以至大至剛的無盡的力量，等候最有利的變化，那時不難以雷霆萬鈞的一擊，使天地變色，河山重光。

美西對我民情一斑

——在美國致臺北友人書之一

一

因事於本月十日來西岸，乘的是噴射機，在紐約時間下午四點起飛，直飛五小時半，於紐約時間九點半抵達洛杉磯。然因時差關係，在洛杉磯還是六點半。這是美國第三大城，僑胞據說已有二萬人之多。

第一天第一件大事，就是找《紐約時報》；問了兩個報攤，都沒有該報，但有當天的《基督教科學箴言報》。到附近圖書館去問，據答祇有星期日的《紐約時報》，遲五天方寄到。一位館員告訴我，該報本有西岸版，現在已經停刊了。

在報攤上買了一份《洛杉磯時報》和《前鋒考驗報》，回寓細看，十分過癮。原來《洛杉磯時報》蓄意模仿《紐約時報》，不僅是名稱，它的內容也力爭上游。銷數平日八十萬份，星期日約一百十萬份，與《紐約時報》不相上下。頁數也不少於《紐約時報》。星期日有 Opinion 特輯，相當於《紐約時報》的每週時事述評版。該報在莫斯科等大都會都派駐記者，但遠東則僅採用通訊社稿件，幸報導相當詳細，祇是深度稍嫌不夠。該報採用李普曼、艾索普、和皮爾遜諸先生的專欄，前共和黨總統候選人高華德先生也有一專欄，所以評論的範圍還廣於《紐約時報》。西岸有這一大報，所以《紐約時報》不能插足了。（《洛杉磯時報》近來在香港也派有特派員，他的通訊有時勝過《紐約時報》。百川補註）

二

到西岸後最令人興奮的，就是發現這兩家大報都很同情自由中國。《洛杉磯時報》十一日讚揚美國參議院共和黨領袖賈克遜參議員以一億美援加強自由中國部隊攻勢裝備的提案。該報說，自由中國的軍隊訓練有素，其裝備足敷防禦之用，但因美國一向限制它的反攻，所以攻勢裝備猶嫌不夠，但對中共已是很大的威脅。該報透露，臺灣已有一部分陸軍改編爲兩棲作戰部隊，其二萬六千名海軍陸戰隊更隨時可以渡海作戰。該報認爲如果照賈克遜的提案把它加強裝備，便足嚇阻中共進一步冒險。該報說，即使爲美國本身利益打算，也值得投下這筆資本。

但可惜消息傳來，賈克遜參議員已在十四日撤回他的提案了。他的理由是說總統府、國防部、和國務院都已向他保證：如果時機到來，政府不獨可能而且即將把自由中國的裝備加強起來。他說美國政府不獨有這構想而且有這權力，所以毋需現在立法云云。

三

另一家大報，《前鋒考驗報》，據說是全美銷數最大的晚報，它的廣度和深度都很夠標準。該報十日呼籲美國政府解除對自由中國軍隊的拘束，讓它反攻中共，並以第七艦隊阻止中共對臺灣的攻擊。該報說：「我們不低估中共的力量，但是我們何必怕它呢！」

提到自由中國，我就聯想到副總統的候選人，從而想到同在洛杉磯的孫哲生先生，我準備去看他。

前據報載，副總統的候選人可能有四人，就是張岳軍（羣）、何敬之（應欽）、孫哲生（科）、和陳立夫諸先生。但另有一說，副總統和副總裁將由兩人分任，而副總統的候選人則以嚴家淦先生的可能性最大。

四

美國副總統韓福瑞，最近來西岸，參加西部十七省的市長會議。他在演說中警告五百餘位聽衆：世界的領導者，不是美國，就是共產黨。有人以爲可有折衷的道路，但那是不現實的想法。所以他說美國不應放棄領導和責任。

前副總統尼克森也爲參加一所大學的畢業典禮，來到洛杉磯。他認爲美國應擴大對北越的轟炸並參加南越的實際戰爭，但他反對宣戰，因爲他說對北越宣戰將會引起北越與中共同盟條約的適用。

綜觀最近情勢，共黨集團顯在南越展開雨季攻勢，美軍亦已被逼應戰，但奠邊府的慘史不致重演，美軍也不致攻入北越。臺灣海峽的第二戰場，恐怕也不是短期內可能開闢。

五十四年六月十一日　洛杉磯

臺灣的慶幸焦慮和期望

——在美國致監察院同人書之一

院長暨各位委員：

院長病重，殊深焦慮，但願吉人天相，早日康復。百川於本月雙十節應本黨紐約黨部之邀，演講：〈臺灣現狀與僑胞貢獻〉。茲撮陳要旨，並候明教。原文如下：

今天我們慶祝國慶，慶祝　蔣總統誕辰，慶祝華僑節，我們不要忘了臺灣。因爲有臺灣才有國慶，有臺灣才有　蔣總統，有臺灣才有華僑節。假使臺灣完了，今天我們還有這個慶祝會麼！

我知道各位都很關注臺灣。我新從臺灣來，今天報告一些臺灣的情況：

第一、經濟方面的進步和繁榮，乃是有目共睹。所以現在美國經援雖在削減，但我們的國際收支，不獨平衡，且有盈餘。

第二、我們軍事力量的進步和強大，也是鐵的事實，而且美國的軍援並未停止，中美仍負共同防禦的責任，這使臺灣安如泰山。

第三、臺灣的民主自由，近年也有進步。臺北、臺南、基隆三市市長，由黨外人當選，在本黨雖有損失，但確是民主自由的眞憑實據。陳副總統和蔣經國先生曾來美國訪問，他們在這裏所表現的民主風度不下於前幾天在華埠遊行的羅伯甘廼廸，一般僑胞迄今還留有深刻的印象，可見中國的確進步了。

第四、在一片動亂的亞洲，大家很關心臺灣的安定和團結。我敢說：政府與人民的關係，本黨與友黨的關係，臺灣省與外省人的關係，軍隊與政府當局和人民的關係，一般都很良好。總統今年七十八歲，但很健康，堪以告慰。

可是臺灣不是沒有缺點和憂患。第一、我們遲遲不能反攻，我們還要等候時機，包括國際形勢和大陸情形，而這兩個條件，現在還未發展到最有利的階段。但是人心思漢，時不我待。

第二、人口的壓力很大。臺灣每年增加人口三十五萬，但是臺灣的資源並不豐富，農業發展已到邊際，工業發展在資金和市場方面也有許多困難。國計民生的負擔因而愈來愈重。

第三、軍公教人員的待遇太差，生活太苦。臺灣一家四口的開支，每月平均需要一千四百元臺幣，但一般中小級職員的收入祇在八百和一千元之間。政治風氣和行政效率不免要受不良的影響。政府當局雖很關切，然因國防負擔過重（我國佔全預算支出的百分之七十八，而日本僅佔百分之十幾），一時難望徹底改善。

臺灣這條救生船，不獨是臺灣一千一百多萬人所託命，也是中華民國命根之所在，與僑胞自有血肉關係。臺灣興盛，僑胞之光，臺灣衰亡，僑胞之災。所以僑胞要幫助臺灣。我提供二點意見：

第一、僑胞要在經濟上幫助臺灣，例如推銷和購用臺灣的貨物以及購買臺灣的公債或股票。全世界有一千多萬僑胞，平均每人每月購買一元美金的臺灣貨，購買一元美金的臺灣公債或股票，臺灣每月就可收入美金二千萬元，全年就是二億四千萬元，約佔去年臺灣整個外滙收入的三分之二，這樣臺灣就更有辦法了。

第二，僑胞要在輿論上鼓勵臺灣向上，督促臺灣做好。在漫漫長夜中，臺灣常會感到苦悶，而需要僑胞的安慰或鼓勵。臺灣也許做得不夠好，有時且會做錯，這就需要僑胞的批評指教和督促。我建議僑胞要經常對臺灣寫信，寫給 蔣總統，寫給立法院，寫給監察院，寫給省議會，寫給臺北三個大報社，發表僑胞的意見，一定能收很好的效果。

反共建國聯盟一些問題

——在美國致臺北友人書之一

一

近據臺北消息，一般人認爲不會召開的反共建國聯盟似乎又有召開的可能了。主要的跡象，是該聯盟的籌備處本在多眠狀態，現在春雷一響，已經開始蠕動了。

這個消息，對海外人士並不出於意外。因爲倡導該聯盟的，不是別人，正是蔣總統。自他登高一呼之後，執政黨和政府就接着熱烈保證召開。現在時逾兩載，樓梯雖常響，可是人跡終是杳然。無論從國家的需要來看，或從政策的貫徹來看，或從國民的希望來看，或從黨和政府對總統或對國民的交代來看，這個會議似乎究竟非開不可。而且現在世變日亟，但形勢看好，人心較前振奮，但危機也到處潛伏。「時乎時乎不再來！」這個會議還不應該快開麼？

二

據說過去所以遲遲不開的原因，主要是民社黨和青年黨在海外的一部分領導人士不很踴躍。他們幾次非正式表示，政府應在召開會議前多做些國民所希望的事情，例如在雷震坐牢過半的時候（五年）把他假釋，又如開放報紙登記，讓人民可以自由辦報，又如把高等法院和地方法院從行政院改隸於司法院，以期符合憲法規定和大法官會議的解釋。這些措施的能否實現，據說將是他們是否參加反共建國聯盟的先決條件。最近有一位領袖人物而且抱怨執政黨幹部中有些人士「以強硬爲忠貞」、「好鬥爭以爲功」，使他們在野人士望而卻步。其實在兩黨競爭或鬥爭的過程中，小黨難免受挫折，有損害。不過這究竟是君子之爭，而非仇人相見；大黨要講究風度，小黨要忍受閒氣。如果執政黨和政府現爲團結建國而邀請大家去參加反共建國聯盟，我們以爲在野人士應該相忍爲國，應邀前去，而且許多問題或者可在會內或會外商量解決。

三

關於聯盟的形式，一般人認爲關係很大。過去的陽明山會談，雖也邀請了不少人去參加，可是爲日不多，言不盡意，而且閉幕之後，大家不能再問，所以作用不大。我們以爲反共建國聯盟如果能開成，閉幕後一定還應有一個常設機構，例如駐會委員會或常務委員會，以便敦促政府執行會議的決議案，就突發事件備政府諮詢，並在必要時召開臨時大會。

聯盟的會員應有一定的任期，例如兩年或三年，每年開大會一次。其駐會委員或常務委員每月開會一次，所以他們最好能長住臺灣，於是臺灣的政治陣營也能因此格外充實。

聯盟的職權和任務，可參考抗日時期的國民參政會而酌予規定。大概不外聽取政府的施政報告，向政府提出質詢或建議改善意見。參政會有審議國家預算之權，但試行結果，成效不大，因爲另有立法院負責，參政會不便作硬性決議，以免造成僵局。我們認爲反共建國聯盟可視爲各黨派及無黨派人士的統一戰線，一切事情都可以談，政府也要派有代表性的人員去參加，一經大家協議，政府人員必須負責實施。他日執行如果確有困難，則以參政會的經驗而論，祇要政府出於至誠，終可得到大家的諒解。

四

聯盟的會員人數不可過少。以海內外反共愛國人士之多，二百人也許不夠分配。

關於聯盟會員的遴選有數項意見可供參考：

(甲) 儘先遴選下列兩種人：㈠臺灣省籍人士，但在臺灣各大中學校畢業的外省人也包括在內；因爲他們與臺灣省已有很深的關係，與臺灣省籍人士無異。㈡海外僑胞，特別是在美國、非律賓、和日本三地的僑胞；因爲那三處的地位特別重要。

（乙）現在在大陸的人士暫時不必多邀，因為出入困難，易遭敵人破壞；過去曾有因此而犧牲者，得不償失。

（丙）各黨各派的代表人物都得邀請，因為他們已經造成或取得一部分民意象徵的地位。政府儘管對他們或感到不痛快，他們也儘管沒有政權和軍隊，但為團結而召開的聯盟如果沒有他們的份，總是不可思議的。

五

於此，政府當局這時應該，而且尚可，鄭重考慮一下：反共建國聯盟究竟要不要開？兩年前，為甚麼有這打算？現在來開是否尚有價值？如果認為有價值，那就應該寬其度量，誠其心意，快快進行，好好表演。

紐約中國學術界座談會的四項建議

去年五月，晚因與美國友人共同撰寫〈各國國會監察制度〉，來美工作。行前曾以蕪函報告鈞座，諒登記室。本月十七日晚在紐約參加中國學術界座談會，該會召集人以爲晚不日回國，面囑將該次座談結論向政府有關當局口頭報告。但晚因研究工作尚未全竣，一時不能離美，特將該項結論，先行函陳如次：

一、此次聯合國設置維持和平行動特別委員會，會員雖多至三十三國，然我國竟被擯於會外，縱非喪權，究屬辱國。美國支持不力，固爲原因之一，而我外交當局事前徒知乞援於美國，對聯合國既不力爭，亦不抗議。(三月二日劉大使之抗議，係在三十三國名單發表四日之後，已成馬後砲矣)。且在大會主席沙基明白表示擯除我國之後，我國竟仍同意授權彼一人全權決定名單，逕予公布，是直自取其辱。此較以前數次競選之失敗，其意義及影響遠爲嚴重。足徵我外交當局膽識不足，方略不妥，而報喜埋憂，尤爲不當。亟應檢討改進，以免再誤。

二、我國爲保持聯合國之代表權，不惜一再屈辱，迄今投鼠忌器，我代表團在聯合國不敢發言，不敢有所主張。而聯合國本身亦復威信掃地，名存實亡。吾國今後在聯合國是否尚應長此忍辱，事關國權與國格，亟須廣徵民意，重訂對策。

三、美國對我關係重大，然自毛共原子試爆以後，美國朝野對我已不若以前之重視，左傾份子及自由派對匪之妥協傾向更日益顯露。吾政府亟應革除忽視國民外交及國際宣傳之傳統觀念，增加經費，改善方法。甚至爭取僑胞及留學生之向心及愛國，亦較前更難，但自更急需。

四、反共建國聯盟為團結之象徵，為進步之動力，亦為集思廣益之智囊團，且為政府誠信所繫，自須早日召開。成員應以社會新進、積極分子及青年為主。且應為一常設機構，庶幾可望產生真實力量。

上陳僅其大意，該座談會曾推人整理文字，將來與此容有出入。因受該會囑託，先此奉陳。

華美協進社國是座談會記要

《美國留學生》季刊

時間：一九六四年十二月十三日下午二時。

地點：紐約華美協進社。

出席者：程其保、陶百川、潘公展、賴景瑚、梁和鈞、陳世材、陳裕清、毛樹清、陳近審、林徵祁、方定一、林琛、孔德諟、沈士俊、劉本芬、黄莉莉、范又陵、姜敬寬、范光陵等本社（《留學生》季刊社）諸同仁。

座談會開始，首先由主席程其保博士闡明此次座談之目的，主在促進我國留美前後輩知識分子間的認識與了解；並藉此共對當前之世界局勢及我國前途，交換意見。但同時又宣布座談的兩大原則——必須反共，必須維護中華民國。其實主席此兩大原則之提出，並非必要，因爲所有與會諸君，幾乎全來自自由中國臺灣，儘管有一兩位係早年自大陸直接來美，但與臺灣仍有深厚淵源。因此，大家當然都是反共的，都是維護中華民國的。不過「愛之深，責之嚴。」所以即使對政府某些不當措施，或有客觀而善意的評論與建議，想必也是能爲政府所容納的。因爲我們的政府本是個民主的政府。

會談係在高度謙遜的氣氛中展開，以致一時誰也不肯首先發言，幾經禮讓，最後還是本社發行人范光陵君，基於我國敬老尊長的立場，恭請諸前輩首先賜教。於是梁老先生和鈞，最先針對着當前世局，提出了三大討論主題：

（一）中共試爆核子武器成功後，對世界局勢的影響。

（二）中俄共間的衝突，是否將造成中共孤立？

（三）所謂「臺灣獨立」問題。

依梁先生的看法：（一）無論中共係用壓榨民脂或任何其他手段，總之核爆成功係一項事實。再者這次核爆，儘管在軍事上尚不足構成對西方的實體威脅，但在國際外交上是具有相當影響的。（二）中俄共間之理論爭執其實亦即毛赫兩者間之權力鬥爭。此項鬥爭，雖遲至六一年才公開化，實則早在五九年，彼此即已決裂。當時赫唆使彭德懷陰謀倒毛，而事爲毛所識破，接着彭就遭受了整肅。也就在這時開始，毛改變了以往一貫一面倒的政策，且更集中全力對赫予以反擊。經此數年的相互詆咀，結果奸狡的赫魯雪夫，竟然栽在毛澤東的手下。隨着赫某的垮臺，無形中不但提高了毛某在其共產集團中之身價，同時也增加了西方國家對毛的恐懼感。不過蘇聯的新貴們，雖然趕走赫某，但一再宣稱：仍將繼續推行赫某既定的政策。易言之，對中共並無即此讓步的意思。以致自赫倒後，緊跟着就有周恩來之率團訪俄，然中俄共間之衝突形勢，及至目前（六十四年十二月中旬）並無顯著的和緩現象。因此足見克里姆林宮之易主，並不意味着中俄共的復合，相反的，中共今後在外交上，很可能因其過分偏激，而致陷於孤立，亦未可知也。

(三)至於所謂「臺灣獨立」問題，在表面上，雖係由幾個短見忘本的分子在活動，而骨子裏，這是一個複雜的國際陰謀。爲衆所週知，幕後主謀者，係少數愚昧的美國官員，及部分無恥的日本浪人，然這畢竟僅是一個國際幻夢，因爲此一無恥之叛國行爲，同爲國共雙方所痛恨。

在與會的留美前輩諸公中，卽使有幾位曾在政府任職，但現在也都是「在野之身」。其中唯有陶百川先生，係現任監察委員。筆者記得於去國之前，在國內報章上拜識其名，今日有幸能在海外一瞻風采，垂聆卓見，果然先生有當年魏丞相之風。

陶先生說：

「中共此次核爆成功，固然會提高其國際地位，但在其外交上，或反將益增困難。蓋早在其核爆前，因理論爭執，失和於蘇聯，因邊境問題開罪於印度。在其四週之強鄰中，唯有與日本尚無直接衝突，然中國之強大向爲日本所忌畏，而今日中共核爆成功，能不引起日本的恐懼！日人這種疑懼的心理，至少也將影響或甚至延展彼此間的『官方接觸』。同時，美國更正好利用國際間此類忌妒疑懼心理，加強對蘇聯的拉攏，對日本的支持及對印度的援助。在這般情勢下，儘管有戴高樂代爲吶喊奔走，恐怕亦難免陷中共於外交孤立之勢。」

接着陶先生又對我政府之反攻問題發表意見：

「我們常有反攻機會。例如韓戰、金門砲戰、以及大陸饑荒等都是我們大好的反攻良機，但都輕輕的失去了。當然這也難完全歸咎於政府，像美國的阻力，就是我們反攻很大的阻礙，因為美政府如不以攻擊裝備助我們，百萬雄師一時尚難挾山超海？好在我們反攻係一長期鬥爭，我雖不敢說明那年能在南京相見，但假以時日，反攻的勝利仍是可能的。」陶先生言下仍很樂觀。

陶先生對所謂「臺灣獨立」問題也頗重視，他說：

「無論所謂『臺灣獨立』問題，是否係一國際陰謀，或係少數野心分子之思亂，總之，事情既發生，政府當局應作檢討。治本之道，在於政府之更勵精圖治，以恢復及加強臺胞對政府之向心力。的確，據個人所知，政府方面亟待檢討與改進之處尚多，例如各級法院是否為人民所信服？警政稅政是否做得得當？公教人員待遇是否過於微薄？」

姜敬寬君，是屬於年輕一輩，現在聖約翰修讀博士，並兼季刊總編輯。姜君服務於國內外新聞界，文章多以英文發表，是位忠實的文化工作者，他認為：「一般而言，很多留學生，對國家並不關心。當然我無意強調，留學生就該對國家有多大貢獻，但至少我身為知識分子，應在文化崗位上，對國家稍盡能力。在今日美國僑界所出版的報章雜誌，多不能配合時代而改進，且其對象亦太偏重於中國城內的僑胞。所以我認為我們留學生當前的要務之一，乃在積極展開知識分子與僑界的文化事業。唯有如此才能增加彼此的了解，溝通各界的感情。再者，大家能有機會各抒所見，集思廣益，或甚至探討出一種新的政治理論與制度，也未可知。因此我們留學生不必太悲觀消極，應充分發揮我們的潛力，為國家民族，創出一番事業。當然創業維艱，願在坐諸老前輩，不吝將寶貴的經驗賜教，俾我追隨。」

姜君言論，曾引起我們所有青年輩者之共鳴，於是林琛君亦起立而言：「我們後輩留學生，有時確感前程茫茫，願諸前輩示我們以具體意見，俾我們能準此以探尋正確的方向。」

（中略）

一直沉默的聯合國中文科科長賴璉先生，亦發言了：

「我們的確意識到前後輩知識分子間的隔閡，若長此以往，彼此之間可能完全脫節，因此個人非常贊成，諸如此類座談會之召開，至少大家可見見面，在一起談談。至於留學生的苦悶悲觀，其實非自今日始。數十年前的清末時代已然。可是那時卻有孫中山先生出現。所以這一代的留學生，何不也效法孫先生！想孫先生當年艱苦卓絕，創造民國，但我們守成無力，致淪爲今日。對此，我們中年輩豈可卸責任。然逝者已矣，願年輕輩，能繼往開來，重新發出新的光和熱。」

潘公展先生，銀鬚鶴髮，但寶刀未老，對梁先生所提三大主題發表具體意見：

「㈠中共核爆成功，構成對自由世界的威脅。爲了防衛西太平洋，吾人主張一如北大西洋公約，亦在東亞地區組成一個以自由中國、日本、印度及美國等爲主幹的核子防衛力量。

㈡中俄共儘管相互衝突，但其征服世界之目標仍一致，故其分合與我們無太大關係。

㈢『臺灣獨立』問題之解決，應自治本着手，若外省與臺胞間之隔閡不消除，前車之鑑，終又將釀成大患。因此吾人主張解除臺灣省籍立監委之凍結，臺省長亦應開放民選。」

陳世材先生係於抗戰後由大陸直接來美，以其年齡論，正是介乎老少兩輩間之「中堅分子」(自稱)。陳先生因有見於這次座談之成功，故亦贊成將此一座談會永久化。

范光陵君，係一位青年教授，現兼任本刊發行人，范君云：「我們晚輩留學生，無論在身家背景，思想教育各方面均淵源於中國。所以我們立場至爲明確而客觀。身爲中國人，祇願自由民主與平等，早日普行於中國。我並願提出一點看法，這就是『中國第一，黨派其次，個人最末』！希望淺見能供大家參考。」

座談會進行至此，因大家發言極爲踴躍，以致超過預定的時間。最後主席才開始作一結論：

「今日世界局勢混亂，赤流之猖獗，美國實應負最大責任，但及至目前，美國仍執迷不悟，一意孤行，一錯再錯，如此下去，終將不可收拾。至於中共核爆成功，並不值得我們中國人驕傲，中國眞正可貴的，仍是那五千年的文化及其文化精髓——〈禮運大同篇〉。美國人過去一點不了解中國，直到他們讀了〈大同篇〉後，才發現中國的偉大，所以我們應將其發揚光大。」

這原是主席所作的一個圓滿的結論，不料話猶未了，會場一隅，又有人發言了，那是素以文章著稱海外，並數度應邀出任海外僑報總編輯的李忠熙君。李君很同意主席的結論，但謂：

「〈禮運大同篇〉確是我國文化的精髓，世界政治理想之最高準則，當然值得我們驕傲。但無可諱言的，核爆成功，也將是中國歷史上之一件大事，所以我們反共人士當前之急務，並不在故意低貶其意義，而是在力求自己也如何去發展更強大的國防力量。因爲在近百年來，我們的〈禮運大同篇〉，並沒有救中國於危難，更不曾使中國百姓免遭列強的屠殺。因此，痛定思痛，我們不能再妄自陶醉在那縹緲的空中樓閣裏，相反的，應將這座美麗的樓臺，建築在以核彈爲基石的地基上。所以，我願在此大聲疾呼：「自由中國無論爲防衛或反攻也都該積極發展核子力量。」

最後發言的是孔聖人第若干世嫡系孫孔德諟君：「青年人不應因孔子的遺訓而故步自封」。

（五十六年三月五日百川補註：在那次座談會中，有人說毛共與蘇聯反目，對印度開火以及最近核子試爆的成功，大大提高了華僑在美國人心目中的地位。我曾卽席發言，表示反對。我說中國人地位的提高，第一要歸功於我國對日本的八年孤軍抗戰，第二是因各位在美學人在學術上的成就，特別如楊振寧先生等的榮獲諾貝爾獎金，第三是因各位留學生的勤勉好學和出人頭地。至於毛共的外交和軍事作風祇能引起美國對中國人的反感和恐懼。如果今天沒有在臺灣的中國政府反共親美，我們在美僑胞的處境也許已很困難，尚何提高之有！）

外交當局自取其辱

——在美國致監察院外交委員書

別後殊念賢勞。此次吾國被擯於聯合國三十三國委員會之外，其嚴重性有如下列：

一、此委員會係研討維持世界和平工作問題（包括聯合國出兵問題），任務重大。

二、五強僅我國被擯，而我國不獨被擯於五強之外，且不在三十三國排行之內，而我國係常任理事，負擔大會經費年約五百萬美金，高列一百十五個會員國之第五位，顏面何在！

三、此委員會係前二十一國委員會之擴大，我國向在其內，而今竟被摒斥。

四、事前我國僅向美國請求幫忙，並僅向大會主席請求一次，並未力爭！而美國事前已明白表示因蘇聯反對，希望甚小。大會主席係親共人士，且早已公開反對我國參加，但我國竟猶自動同意授權該主席決定三十三國名單逕予公布（毫無保留），可謂自作自受。

五、以前選舉亦有失敗者，然係經過競選失敗，而此次則明知主席反對我國參加，然猶同意其決定名單。劉鍇大使三月二日之抗議，應在二月十八日大會決定授權主席之前卽行公開提出，然卽此馬後砲，亦在紐約僑胞表示憤怒之後而方爲之。

國際宣傳一建議

——在美國致臺北友人書之一

日前為《徵信新聞》寫〈請為聯合國作一獅子吼〉，並請該社剪呈　先生，諒登記室。

報載蔣夫人已抵美國，即將訪晤詹森總統，所談問題，自以如何消滅毛共政權為首要。但此間形勢與臺北所想像者大不相同。如何求其有利於吾國，似非僅靠一、二次晤談所能奏效。民主政治為輿論政治或民意政治，而詹森總統對輿論及民意尤甚重視及敏感。如何培養及發動美國輿論或民意，從事外線「作戰」，以影響其政府及政策，此較官式外交或更重要及迫切。

蔣夫人在美既有數月逗留，不知能否就吾國對美宣傳工作稍加檢查並圖改進。百對此事向甚關切，且甚焦急，年來迭次呼籲，但迄無成效。茲因蔣夫人親善訪問之機會，特向　先生提供建議，如以為尚有價值，擬乞轉陳　總統採納為荷。

一、有一美國記者見告：詹森總統前因《紐約時報》對越南政策常有譏評，曾派副總統及駐越大使專訪該報主筆奧克斯疏通，果然生效，該報態度現已大好。以詹森現在聲望之隆，對宣傳尚須如此注意及努力，吾國在此逆勢之中，自更非出大力不可。

但吾國在美宣傳機構，人力、財力俱感不足，難有作爲。百曾因友人回臺之便向其建議並請其轉陳 先生：在紐約設置宣傳設計委員會，邀請留美文化界人士參加，多方設法展開工作。百曾以此譬作參謀團及後勤部，蓋宣傳亦係作戰，而以美國知識界及毛共對吾國宣傳逆勢之大，絕非吾國目前之虛應故事所能挽回頹勢也。

二、斯諾訪吾大陸回美，現撰一書，爲毛吹捧，不久出版。又……百以爲亟應物色專人對該兩書加以研討，撰爲書評或以其他方式加以駁辯，以正視聽。然照過去情形，不獨無人能做，抑且無處發表。此間友人曾擬辦一英文刊物，請一美國作家出面發行，作理論鬥爭，但因困於財力，迄未如願。

其實吾國並非無錢。例如中國銀行紐約分行冗員充斥，排場濶綽，幾使僑胞側目而視，不能謂爲無錢。又如紐約博覽會中國館耗費美金二百餘萬元，然成效殊可懷疑，以視正常外交活動及國際宣傳之寒酸拮据，不可謂非幾近浪費。至於國內可省之錢自更多。惜吾政府猶未認識國際宣傳之急要而不肯多投一些資金耳！

中國人在美國的地位

一

駐洛杉磯總領事館的孫總領事給我看一份資料，上記中國人在美國各大學教書的有一千二百多人。他認爲這是很光榮的。因爲一般人認爲中國人在美國過去不是開飯店，就是洗衣服，現在居然有這麼多人做美國人的老師，的確是中國人地位提高的象徵。

美國在一八二〇年才有人口統計，就是說距今一百四十餘年前才有人口統計，那時中國人在美國的祇有四十人。到了一百十一餘年以前統計數字竟有一萬二千多人。因爲那一年舊金山一帶發現了金鑛，很多中國人前去淘金，去掘黃金。因爲金鑛很多，所以去的人也就多。那時沒有移民法的限制，因此一年之後增加了一萬多人，兩年後增加到兩萬八千人，三年後增加到二十五萬人。一八八二年是最高峯，有二十五萬人之多。

但也就在那一年，美國發生排華運動。聯邦政府訂了一個移民律，專爲對付中國人，不准中國勞工再移去美國。因此那一年的二十五萬人逐漸降下去，祇准出去，不准進來，五十年之後，跌到九萬人，七十年之後跌到五萬多人，那是最少的一年。一直到第二次世界大戰時，中國的國際地位提高了中國人獲准去美國的又漸多，現在大概有十四萬人，也有人說有十七萬多人，也有說二十多萬人，大概是在十四、五萬人左右。

二

我查證了另一本書，看看美國有史以來究竟共有多少中國人到美國去。那本書有一統計，說在一百三十八年中（從一八二〇年至一九五七年爲止）中國人一起移居美國的共有四十萬四千三百十四人。世界各國人民移居美國的國家有八十多個，而我們中國的人數在這許多國家中是名列第十五位。我現在把前十四個國家的移民人數報告一遍，可以知道美國民族構成分子的比例：第一是德國，六百六十三萬五千三百零五人；第二是義大利，四百九十萬九千零八十七人；第三是愛爾蘭，他們和北愛爾蘭合計一起，共有四百六十五萬三千七百六十人；第四是奧地利和匈牙利，共有四百二十三萬六千九百六十二人；第五是英國，三百七十二萬二千一百二十六人，這僅以英國本土爲計算範圍；第六是加拿大和紐芬蘭，三百四十二萬八千九百八十八人；第七是蘇聯，三百三十四萬四千零九十七人；第八是瑞典，一百二十四萬二千七百九十二人；第九是墨西哥，一百零五萬六千二百六十四人；第十是挪威，八十三萬零九百八十八人；第十一是法國，六十六萬七千九百八十八人；第十二是西印度羣島，五十七萬七千零九十五人；第十三是希臘，四十七萬六千二百十八人；第十四是波蘭，四十二萬三千八百三十五人；第十五位就是我們中國，多於日本印度或菲律賓人。

三

上文已說過中國人去美國的動機，是去淘金，是到美國西海岸去開金鑛。但是十五年以後金鑛就淘光了。到了十六年，在工人面臨失業的時候，正好趕上美國資本家競爭建築東西橫貫鐵路。那時有兩家公司爭取建築橫貫鐵路的權利。因爲那時美國地廣人稀，祇要把鐵路築好，沿路的地方都屬於鐵路公司。由於互相約定一家從東向西築，一家由西向東築，競爭因而更加激烈。由東向西築的公司是雇用愛爾蘭人。由西向東築的公司找了很多天的工人，結果仍是不多，最後想到用中國人，先試用五十人，都是廣東人，體格短小，很不中看，和外國人的體格比較起來，相差懸殊，但試用結果成績都非常之好，後來專門用中國人，最多時達到一萬四千人。五年時間替承包的公司賺了一百多萬美金。這批中國人在零下三十度，仍能照常做工和愛爾蘭人競爭。本來每天築五英里，逐漸增加到十英里，而且工資又便宜（那時華工洗一襯衫，取費二角，美國人則取費一元），美國工人沒有辦法和中國人競爭。於是加州的議會就率先立法，排斥華工。因此那批華人築完鐵路之後，出路便發生問題。鐵路公司連站上小工都不讓華人擔任。後來他們有的到芝加哥，有的到紐約，有的去中南美。聯邦政府的國會更在一八八二年制定一個排華的法律，規定十年之內，不准中國人到美國去。同時連亞洲其他國家的人民也併予限制，不准亞洲人歸化美國做公民。十年滿後繼續延長。

四

到了一九二四年，美國又定了一個移民法，那個法案先規定一個總數，然後照一九二〇年人口統計中各國移入的數字來作比例的分配，大致每百分之一的六分之一可以有一個新的移民。中國人算起來應是一百零五人，日本應是一百八十五人。但別的國家可以照上述標準來計算，而東方人則不得超過一百人。有一日本青年因此在東京美國大使館前切腹自殺，表示抗議。一直到一九五二年才修正規定，日本是一百八十三人，中國是一百零五人。但仍有兩點不公平：一是專門對付亞洲國家的，就是不問亞洲各國應得人數如何多，但每年不得超過二萬人。二是一個人如生在中國，他的父母之中卽使祇有一人是中國籍，他仍須算在中國的限額內。前杜魯門總統和以後的兩任總統都曾爲此事要求國會覆議，他們的意見書列舉數字認爲美國不應如此小氣。但國會都予以打消。

現在每年的移民額是一百零五人，這一百零五人是由美國移民局加以分配，大約百分之五十是須合於美國所需要的，百分之三十分配給現在美國取得居留權人的父母，其他百分之二十是他們的妻子。美國現在每年准許十五萬人的移民，但實際上每年移民都不足此數。因爲有些國家雖然配額很多，而因他們本國生活水準也很高，不願移住美國。但美國卻不准東方人士塡補缺額。現在好了，感謝詹森總統的大力，國會通過廢除對東方人和中國人的不公平的移民限制。我們以後每年可有很多的配額。

五

我在三十年前去美國讀書，那時中國人的地位很低，七年前重去美國，看到中國人的地位比以前已高出好多，現在則更高了。

美國國務院中有職員八千多人，中國人有七十多人，多半是在國務院新聞處工作。最近競選連任的參議員鄺友良是在美的第二代中國人。我在旅行時看到許多僑領知識能力和氣度都很不差。以前中國人有許多不良的習慣，職業低下，差不多聚居在一起，現在則散居四方，經營各式各樣的事業。

請舉一個例子：

早年一位居住三藩市的齊姓華僑，在當地開設一家皮鞋店，他看到華工晚上睡覺時每一個人的腰帶裏都是美金，他就問他們爲甚麼不把美金存入銀行。他們說，因爲不懂英語。於是這位華僑就帶他們到銀行去存款，並充任翻譯，那家銀行立刻就有幾千美金的存款。銀行老闆就請他做中國部的主任，主持業務，並放款給華工去造房子。後來唐人街的房子被燒，本來市長要叫他們移到很偏僻的地方去建屋，但終於准許在原來的地方重建，那家銀行也就在新建的唐人街上成立分行，主持人也就是這位齊姓父子。

自從李政道、楊振寧得到諾貝爾奬金以後，中國人的地位更提高。我曾經參觀楊振寧的研究所，附設在普林斯敦大學，很簡單樸素的房子，大致有二十八個房間。一面叫做數學研究所，一面是人文研究所。那個高深的學術研究所，是由美國的一個富翁，一個猶太人，爲了愛因斯坦特別設立的。研究員的待遇非常好，研究工作不受限制，一年之後沒有研究成果也沒關係，有些像中國從前的書院制。楊振寧是研究所七個董事之一。

六

美國現在很富庶，國民平均收入有二千三百多元。臺灣的國民收入，假使以美金滙兌公價來算，是一百五十美元。如以所得的貨幣數來說，美國人和中國人的收入數目相差不多，但是貨幣的購買力卻相差很多了。因爲他們的一元美金和我們的一元臺幣相較，要多到四十倍。而且他們很多日常生活的必需品多比我們便宜，如鷄、鴨、魚、肉和牛奶等都比我們便宜。這是說收入比我們高四十倍，而支出卻和我們一樣。但房子是貴的，如一廳兩房的房子，要一百多元美金，這就是四千多臺幣，我們臺灣這樣的屋子是不需要這樣多的錢。

現在好多留學生畢業後不回來，我很原諒他們。我一同學之子在美得碩士學位後就有兩個工作機會：一個是年薪八千五百元，一個是年薪八千元。我曾計算他每月衣食住行（美國很多東西都可以分期付款）約需三百元，每月可節餘四百元，換成臺幣就要有一萬六千元的儲蓄，因此這些中國人在美國都很舒服。美國政府對體力勞動訂有最低工資率，一個鐘頭至少一元二角五分，不得少於此數，所以窮人每月也可賺二百多元。現在僑胞的生活都很安定，在社會上也慢慢很有面子了。

我在紐約訪晤一位老法官，他說做了三十年法官，還未審判過一個中國人。他說犯罪紀錄較高的，第一是黑人，第二是愛爾蘭人，第三是義大利人，第四是波多黎哥人。他說中國人很少，特別是少年犯更是絕無僅有。我前在丹佛參觀一所少年感化院，關着八百多人，其中有一中國人，訓導長帶他來和我見面。我問他爲甚麼到那裏去。他說因交了一位女友，遊玩時在路旁見有汽車空着，就開了汽車送女友回家，回來後就被警察逮捕了。訓導長說他本性很善良，他已經住滿一年，現在調到訓導長的辦公室作辦事員。這個中國少年雖犯了罪，但在感化院中仍不失爲一個好人。那位訓導長說是因中國家庭的指導有方。

中國華僑在美國甚麼都變了，唯有家庭教育和倫理觀念沒有變。有一中國人接受新聞記者訪問，問他何以能把子女教養得這麼好。他說子女在小的時候，父母就切實的加以管教，到他們大的時候，父母就要勉勵他們榮宗耀祖。這樣對子女從小管到大，所以犯罪就少了。他說：中國道德中第一是勤，第二是儉，第三是誠實，第四就是孝順。中國人有這四種美德，勤、儉、誠、

中美的新聞事業

《中華日報》創刊已屆二十週年了。二十年並不算長，可是艱難歲月，得此已很不易，而且有這個基礎，以後可望漸入蔗境，所以還是值得慶賀。

報紙難辦，中外同然。以美國人口的衆多，產業的發達，辦報當然比較容易，可是在我來此二十個月中，合併和歇業的報紙，已有七家，而新辦的祇有兩家。

原因之一，是受廣播和電視的影響。試想一想：美國現在使用的收音機共計一億八千三百餘萬具，使用的電視機共計七千餘萬具。又請想一想：這些傳播工具每天十餘次播送新聞，例如洛杉磯一家廣播電臺，每日下午四點到七點半，以三小時半的時間連續播送新聞和評論，眞可說是應有盡有。因此，一般人似無購閱報紙的必要。所以全美一千七百多家報紙的總銷數不過六千餘萬份。

臺灣全省的收音機和電視機當在一百萬具以上，而報紙的總銷數恐僅七十餘萬份，以美爲例，臺灣報紙的銷數尙能增加，可是所受廣播和電視的影響也很可觀。

除美國共產黨的工人報紙外，美國政黨的黨部並不直接辦報。但因絕大多數的主持人不是共和黨人就是民主黨人，所以報紙並非沒有黨見，但有一點非常可貴，就是它的黨見經常表現在評論中，而不在新聞中。

美國新聞事業規約第五條規定：「健全的新聞處理，應把報導新聞和發表意見分別得清清楚楚。新聞報導不應讓任何意見或偏見和它纏夾在一起」。但上項規律不適用於所謂特別稿件，後者如果顯然是爲某些事物作辯護，或由作者具名表明乃是作者自己的結論和見解。可是它的第三條仍諄諄告誡：「評論中逞其黨見，違背眞理，無異是對美國新聞事業的偉大精神加以摧殘，新聞欄中也不許如此，那是對新聞職業的破壞。」

我們的黨報，年來正力求企業化，對於新聞的處理，可望益臻客觀和公正，因而取得更多讀者的信任和愛護，於是銷數必能增加，宣傳收效更大。敬此預祝！

論蔣夫人的〈不要說它〉

爲蔣夫人近作添一些註脚

很久沒有看到很好的政論文章了。蔣夫人最近那篇〈「不要說它」，但是我們要說〉的大作，乃是「空谷足音」，我連看兩遍，不勝欣慕，因此決定寫這「註腳」。

一

我所欣賞的所謂好文章，必須奔騰像韓愈，汪洋像蘇軾，雄辯像邱吉爾，典雅像陳布雷。我把這些特色，名之曰「四美」。

我又嘗以「三有」論衡文章。那「三有」，一是「言之有物」，二是「言之有序」，三是「言之有趣」。

文章尚有「二難」。因爲氣盛則容易失之於粗，情信則容易失之於拙。難是「氣盛而言宜」，「情信而辭巧」。（語出《禮記》，孔子說：「情欲信而辭欲巧。」）

文章不可僅以文勝，政論尤須具備一個根本要求：要如白居易所說的「文章皆爲時而作」，也就是：「爲君爲臣爲民爲事爲物而作，不爲文而作也。」

蔣夫人這篇大作，具備這「四美」、「三有」、「二難」和「一本」，所以冗長而人不煩厭，沉重而人不疲倦，嚴正而人不慍怒。而且足以引人入勝，得人同情，發人深省。

二

她的題目便是一例。「不要說它」，活現出一派「無可奈何」的神情，但是溫、良、恭、讓，「怨而不恨」。而「但是我們要說」，則又表示「愛之深不覺望之切」，因而不得不忠告善道，用蔣夫人的話：「祇有堅強有爲的人，才能自我檢討。」

蔣夫人這兩萬多字，都是對美國人的叮嚀。誠如她所說：「美國是我幼年時代第二個居留長久的國家。因爲在此度過多年的愉快童年生活，我愛之異常深切，所以當我經常聽到它墮落和受責難的時候，就深感痛心。」

這使我想到一個動人的故事：山林大火，一鳥往返海邊，以其小嘴含水救火。山神詫問：「火勢這樣的大，離海這樣的遠，水量這樣的小，你的辛苦能有多少作用呢？」鳥說：「我曾在這山中住過，不忍見其燬滅而已！」

蔣夫人這篇文章，我想也是出於這種動機。但她不僅盡了她愛護惻怛的一片好心，而且必能引起美國朝野人士的重視和深思，所以意義重大。

三

蔣夫人對於美國感到困擾的若干當前內在的經濟和社會問題，備感關切。她所例舉的許多事實，有的令人難以置信，但卻都是千眞萬確。我的見聞，可以爲她作證。

四十多年前，我在美國求學，親眼看到一幕動人的義舉。那年冬天河水初凍，冰層尙薄，一個小孩破冰落水，一位路人立刻入水去救，另一路人奔往警局求援，又一路人邀來一位游泳冠軍參加搜救。但我上次再來時，就很少聽到那種急公好義的故事了。相反的，一個路人被刺傷，倒地呻吟，附近人家開門出視，立刻關門置之不理，因爲怕受牽累。

我不很重視那些長髮披肩短褲拖鞋的怪模樣，那是個人的好惡，他日習以爲常，可望見怪不怪。但是以上兩例，代表豪俠好義風氣的消長，而今天國際間見利忘義豪刧勢奪的悲局，就是以此爲轉移，這是最可關心和憂慮的。

四

預定本月十七日出版的《時代》週刊，發表該刊二月份所作一次民意測驗的結果，百分之八十二的美國人主張削減援外經費，百分之七十二主張削減軍費，而百分之八十二主張放鬆銀根，使美國人享受更多的福利。對於燃眉之急的南越和高棉的五億二千二百萬美元的臨時軍援，贊成的竟少到百分之七。

反映在實際政治上，本月六日美國衆議院通過了本年度的對外援助撥款，總額祇有三十五億美元，較去年減少了二十三億美元，較政府所要求的數額減少了二十五億美元。這是美國對外援助史上爲數最少的一次。而且在這三十五億美元中，經援佔二十億美元，軍援僅四億九千萬美元，軍事借款也僅三億美元。其中高棉未有分文。而一九四八年開始對外援助以來，美國支出的美援款項，包括利息在內，共計二千七百億美元之多。

預定本月十七日出版的《新聞》週刊，載有美國國防部長斯勒辛格的談話，承認美國是在走向新孤立主義。但是他同時指出，如果美國再遇像珍珠港的類似事件，美國人還是不會反對使用武力的。

凡此都足說明，美國人仗義疏財和拔刀相助的豪俠精神是在江河日下了。

五

「冰凍三尺非一日之寒」，厲階是越南戰爭。不僅美國損失慘重，尤其使它傷心的，那幾乎成爲它一國的戰爭。不像韓戰，那是以聯合國的名義作戰，十足是堂堂之陣，整整之旗。美國未始沒有爲越戰而力求聯合國和它的盟友與它共同行動，但是不獨聯合國坐觀成敗，而歐洲盟國且竭力反對，甚至亞洲盟友也多半就半推。這使美國人非常傷心和失望。尼克森對北平的「磕頭外交」，就在要求毛共讓他結束越戰。於是對美國人民從此「莫管他家瓦上霜」，我們也就未便加以深責了。

美國年來的通貨膨脹和經濟蕭條，雖說是受國際油價的影響，但也是越戰的後遺症之一。越戰的噩夢，加上經濟的壓力，美國人於是祇好「各人自掃門前雪」。

但是曠觀全球，美國還是最念友情和最重正義的民族。迄今美援雖大幅削減，然今年的實支數，還有三十五億美元，平均每一美國人的負擔，每年尚須十五元二角。西德呢？日本呢？它們同樣的富有，但是一毛不拔。而日本且見利忘義，落井下石。

六

領導也成問題。我五次來美國，第一次是在富蘭克林羅斯福總統時代，第二次是在艾森豪總統時代，第三次和第四次是在詹森總統時代，第五次是在尼克森時代。以政治領導的功能成果而論，可說是「一代不如一代」。有如蔣夫人的了解，美國民族具有「自強、堅毅、機敏、智謀、尚禮等美德」，所以過去能夠大有作爲，前途仍光明在望。現在那些「前後矛盾，似是而非，舉止懦怯和猶豫不決的複雜而分歧的政策」，有如蔣夫人所痛心的，祇是領導不善，或缺乏領導而已。

病根是在水門案件，對尼克森的濫用職權，違法瀆職，全國人民留下極惡劣的深刻印象，於是對政治人物不再信任，對政治也減少參與的興趣。

去年十一月的期中選舉，投票率低到百分之四十，就是明證。若非國會及時發動彈劾以及最高法院逼他交出全部錄音帶，從而促他辭職，則後果將更不堪問。

七

水門案件一個最大的後果，乃是國會的覺醒和擡頭。在這以前，在美式三權分立政制中，尤其從羅斯福總統以來，總統的權力顯然大於其他兩權。但這兩年中，由於尼克森總統被逼改取守勢，而福特總統則以副總統受命於危難之秋，地位較弱，國會乃乘機崛起，事事要管，以致立法與行政兩部門，往往形成對抗和僵局。

在經濟戰場上，福特總統去年十月費了九牛二虎之力，提出了徵收百分之五超額稅的法案，卻被國會置之高閣。最近他乃反其道而行，改提減稅計畫，但是國會人多口雜，迄今議論未定。

在外交戰場上，美國的表現更是政出多門，而且政府與國會往往背道而馳。季辛吉善與蘇毛二共搞「低盪」，而對國會卻毫無辦法，幾乎不安於位。

這樣激盪的結果，依照本期《時代》週刊的民意測驗，很信任福特總統的人祇有百分之二十一，很信任國會的人祇有百分之二十，多數人表示祇是勉強信任。

八

蔣夫人大作最能開人眼界和心扉的，乃是關於毛共邪惡本質和詭譎戰略的揭發。原文已詳，不必「添足」。但《聊齋》有個「畫皮」的故事，足以振聾發聵，我覺得應該把它當作貂尾譯綴於後：

話說太原有一王生，早出散步，遇一女子踽踽獨行，二八年華，貌極秀麗。生問何往。女答：「父母貪財，把我賣作妾侍。因大婦兇狠，備受楚辱，祇得遠遁。」生說：「我家不遠，請去屈住。」女郎請求不可洩漏秘密。生乃把她藏在密室，朝晚歡樂。

王生上街遇一道士，道士對生說：「我看你妖氣縈繞，生命危在旦夕。」生雖不信，然頗疑女。回到密室門外，在門縫中看見一個青面獠牙的惡鬼，正在把一張人皮舖在床上，用彩筆繪畫。畫畢，把它披在身上，厲鬼就又變成那個美女。

王生大懼，追問道士何法對付。道士給他一個塵拂，要他掛在門上。到了一更時候，女郎從外面歸來。看見塵拂，不敢進門，咬牙切齒，憤憤而去。不久再來。罵道：「可惡的道士想以此嚇我。但我怎麼能把入口的肉吐而捨之呢！」就把那個塵拂拉下來，破門而入，直到王生所睡的床上，把他的心挖出來吃了就走。

寫到這裏，我不禁要以悲憫的心追隨蔣夫人希望和祝禱：「當今之世沒有愚笨的猿人存在了。」阿門！

六十四年三月十三日　美國客寓

美國何所恃而無懼而有望？

蔣夫人發表〈「不要說它」，但是我們要說〉後四天，《紐約時報》登出一篇社論，它的結論：「英儒懷德海（Alfied Whitehead）曾說：『在精力充沛的社會，停泊着多采多姿的目標。』美國就是這樣一個社會。隨着越南戰爭、政治醜聞和經濟蕭條（的打擊），美國仍是一個富於希望的民族。」

這篇社論是否看了蔣夫人的文章而有感而發，抑或適逢其會，我不能臆斷。但它與蔣夫人大作可說是異曲同工。

我曾爲蔣夫人大作添過一些註腳，我的論據，不免稍嫌灰暗。實則我也和蔣夫人那樣「向來是樂觀的，對前途我並不懷有悲觀的心理。」而且美國仍有許多可恃和可法的事物，以爲美國人希望之所恃或所寄。蔣夫人曾舉數例，我今天也舉出一些近事爲證。

一

《紐約時報》指出，美國人在做許多種的夢。他們夢想把黑白電視機換成彩色，使子女完成高等教育，購買自己的住宅，永遠掃除貧民窟，十年中消滅貧窮。可是這些夢多半爲經濟蕭條所打消了。

但他們並不灰心。大家雖在渴望政府湧現健全的領導和高明的政策，但他們並非空想呆等，而是同時發揮自己的精神和心力，運用自己的勇氣和常識，以克服或渡過乃祖乃父也曾遭遇的，也許更大的困難。

我想《紐約時報》這些話都是眞的，而且也是可想而知的。因爲美國具有許多優越的條件，使美國人可以，並能夠，神遊於夢境，而夢境也竟往往變成眞實。

首先是美國的自由，人民能恃之以做夢。如果在中國大陸，有人敢作電視機的夢，就會被共幹視爲小資產階級而加以淸算鬥爭。毛澤東最近且在大力促成更嚴格的無產階級專政，以限工資制度、貨幣制度和商品制度，以期根本廢除工資、貨幣和商品，使人民的勞力和貢獻，祇能換回一些配給票，以此領取定量的必需品。那時自更沒有甚麼夢可做了。

二

但自由可恃而未必一定能恃，它須附麗於民主而生；因爲政治如不民主，自由便被扼殺。我最欣賞林肯總統的「三民」學說：「爲民所有」，「爲民所治」，和「爲民所享」。我以爲關鍵是爲民所治。惟有爲民所治，民有和民享方能落實；否則政治如果專制或獨裁，它們都必成爲「烏托邦」，甚至連做烏托邦的夢也將成爲罪名了。

曠觀全球，「民主」何止幾十種，而以美國式的民主最爲可貴。因爲它在平時固能保護自由，卽使在國家危難時期也能集結力量和統一行動。

例如去年入夏以後，水門案件陷入僵局。參議院專案委員會要調閱總統的錄音帶，而尼克森以「總統特權」和「國家機密」爲理由，拒不交出。衆議院想彈劾總統，而因憲法規定祇對犯罪行爲方可彈劾，尼克森便堅持失職不在彈劾之列；而且彈劾案須經三分之二參議員的同意方可懲戒，而這個數額不易湊足。於是很多政治學者乃嚮往於英國的政制，因爲它的下議院祇要二分之一就可罷黜首相。

但是美國最高法院終於以全體一致的判決，要尼克森交出全部錄音帶。衆議院司法委員會也提案彈劾，送請衆議院移送參議院將其免職。尼克森見大勢已去，不得不於八月九日宣布辭職。

三

但是論者認爲美制的特點之一，就是國會對總統沒有不信任權，它祇有使用彈劾程序方能使其去職，而彈劾之難又如上述。同時，總統也不能解散國會。因而兩者都可安於其位，直到任滿。依照英制，反對黨在國會既佔多數，福特總統早被國會罷免了。

反對黨雖不能逼總統去職，但因國會有立法權並掌握荷包，總統似乎祇有聽命於國會。但是不然。因爲總統對國會的決議享有否決權，而對總統否決案的反否決，須經國會兩院各有三分之二議員的通過，而這是不很容易的。

然則這樣相持不下，是否會形成僵局，以致雙方都無所作爲呢？可是這就不能見諒於輿論，而在改選時也不能見容於選民。於是雙方祇好互相忍讓，謀求妥協。而折衷和執中的結果，往往較好於原案，使國家和人民能因而獲益。

四

這是一個很微妙的問題，玆舉近例加以說明。

福特總統的經濟急救措施之一，是對外國輸入汽油徵收進口稅三元，以及撤銷對國內原油的限價，以鼓勵節約，減少輸入和促進生產。但國會卻認爲徵稅足以刺激通貨膨脹和物價上漲，且爲人民所不願，於是紛紛反對。福特乃先下手爲強，運用他固有的加稅授權，提前宣布自二月、三月和四月起各加一元，合成三元。但國會不爲所動，立即反擊，提案要求福特延期九十日，以待國會從容研討。衆議院以三百零九票對一百十四票，參議院以六十六票對二十八票先後通過。兩院的票數都已超過三分之二，總統即使否決，也必遭受失敗。但是福特仍予否決，衆議院表示一定將其擊敗。

於是福特祇得妥協了，兩院也不願逼人太甚，暫時不反擊。雙方妥協的方案是福特宣布原於三月和四月要加的稅，延期六十天執行，原定將予撤銷的國內原油限價，也經延緩；參衆兩院則將否決案分交所屬有關委員會審查，以待立法行政作進一步的協商。

五

近來國會最受指摘的，是它對外交事務的干涉，以致季辛吉不能得心應手；例如國會切斷對土耳其的美援，土國因此大起反感，聲言要撤銷美國在土的基地。但這也給季辛吉增加一些籌碼，而土國也在這個壓力下，終於同意與希臘談判塞浦路斯問題。

一位專欄作家指出，福特的外交政策乃是尼克森外交政策的延長；福特不可能丟掉尼克森的包袱，祇有國會能夠把它割除。但這話祇對了一半，因爲尼克森外交不是全部不好，而國會如果蓄意立異，那是「爲反對而反對」了。

英國是內閣制，內閣代表多數黨，而反對黨是少數黨，祇居監察地位，不負實際責任，所以儘管事事反對，不致貽誤國事，而對人民反能發生敎育作用，也可供政府參考和反省。

但美國反對黨的牽制力則特別重大，可使政府陷於無能，並使政治鬧成僵局。而從第二次世界大戰結束後，總統與國會同屬一黨者祇有十六年，而分屬兩黨者也是十六年。所幸美國的政治人物都能相忍爲國，並不一味黨同伐異。所以杜魯門總統與共和黨國會，艾森豪總統、尼克森總統與民主黨國會，都能相剋相生，相反相成。這種政治風度和風氣，是很多東方國家和落後國家所不能想像也不敢想望的。

六

但是美國的月亮究竟並不眞的比他國的亮，政客也一樣以功利爲重。然則他們的表演（我故意用「表演」二字）何能這樣較好於他人呢？答案很簡單。他們較能尊重民意，能夠做向「民之所好好之，民之所惡惡之」。

然則他們何以能這樣尊重和服從民意呢？答案也很簡單，因爲美國的民意的確很有力量，能夠支配他們的政治命運。他們都是人民直接選舉所產生，而選舉辦得的確公正和公平。有寃報寃，有恩報恩，在此一舉。他們要想連任，平時自須尊重民意。

二個月前，福特總統面對事事掣肘的國會，簡直一籌莫展。衆家謀士建議他祇有運用一件法寶——訴之於人民。於是他乃到處奔馳和演講，呼籲人民予以支持。而人民也隨着紛紛寫信給國會議員，表示好惡。現在國會氣焰果然較前降低，福特聲望也已升高。民意已經發生作用了。

作爲表達民意的大衆傳播工具，反應更快，功能更大。水門醜聞，便是《華盛頓郵報》所揭發，目前國會和白宮對中央情報局和聯邦調查局是否濫用職權的調查，便是《紐約時報》一文所引起。前者已對，後者也將對，美國政治發生重大影響。哲斐遜總統早曾說過：「如果問我：是應該有政府而無報紙呢？或是有報紙而無政府？我絕不猶豫，寧可選擇後者。但每人都應有報紙，且有閱讀能力。」我還要加上一點——而報紙要有新聞自由和新聞道德。

七

美國武力強大，物產豐富，科技進步，實業發達，土地廣大，人物俊秀……有說不完的特色。但我特別重視政治制度及其現象，這不僅是因爲我學的是政治，「三句不離本行」，而實在是因爲政治具有主導作用和關鍵作用。許多國家的破滅，非兵不利，非戰不善，非地不廣，非民不好，而是病在領導不善，或政策錯誤。所以美國雖強大，但尚須對政治三注意焉。

六十四年四月二日　美國客寓

美國對毛四原則的形成和落空

一

在回國以前，根據我的觀感，我把美國對毛共的政策濃縮成為四個原則，有如左列：

一、以流血購和平，而不求勝利；

二、以圍堵杜擴張，而不使孤立；

三、以開門增諒解，而不予承認；

四、以忍耐待變化，而不背盟友。

上列第一項是美國在越作戰的最高指導原則。美國對毛共也準備採用這個矛盾的戰略。

上列第二項是美國今後對付毛共政策的骨幹。美國過去對蘇聯行之有效，可是現因法國的搗亂而發生破綻，但美國還想「如法泡製」，以對付中共。

上列第三項的開門政策，是指開美國的門，包括人員交換和貿易開放等措施。但毛共的門不獨緊閉，而且還套上一道鐵幕。因此，美國對它的政權一時不致予以承認。

上列第四項是以忍耐爭取時間，希望對方的下一代會變得和善一些，俾得和平共存。但美國不致因此「出賣盟友」以爲交換。

二

這套原則是以下列認識和理論爲基礎：

第一、美國在越作戰的目標，不僅爲南越爭自由，而更爲遏阻毛共的擴張。國務卿魯斯克在參議院說：「我們在越南的鬥爭涉及甚麼世界安全利益，這不能在東南亞問題上也不能在過去幾個月所發生的事情上看得清楚。……我們必須認清楚，我們在東南亞正在力圖完成的任務，乃是很久以來所繼續在做的步驟的一部分——遏阻共產黨使用武力對弱國之控制的擴張和延伸。……共產黨本身也認爲這不是一個孤立的問題，他們也認爲東南亞鬥爭乃是共產黨用武力和威脅逐漸擴大它的強權計畫的一部分。」

韓福瑞副總統在一次電視問答中說得更露骨：「我們在越作戰的目標是圍堵中共」；「我們的圍堵政策曾對蘇聯行之有效，應該也能遏阻中共的擴張。」

三

第二、美國的外交政策一向重歐輕亞，儘管世界利害的重心已轉移到亞洲，儘管越戰的反共意義如何重大，儘管亞洲的情勢如何危急，但美國一部分知識分子還是重歐輕亞，大力反對「打勝越戰和嚇阻中共」。

於是詹森總統加以呵責。他在檀香山說：「在本世紀四十年或五十年代，我們在歐洲站出來保衛爲侵略所威脅的自由，現在注意的中心已經轉移到世界另一部分，侵略正在對着它進行。我們的立場必須像從前那樣的堅決。」後來他又在大西洋城更具體的指出：「美國不可對世界有雙重標準（作兩面人），我們不可認爲亞洲的自由不及歐洲自由的尊貴，我們也不可因爲膚色不同於我們，而就不肯爲他們犧牲。」

四

第三、美毛戰爭能否避免？美國當局認爲可能。詹森在紐約「自由之家」的演說中說：「我們的目的是抵抗侵略，我們將以武力答覆任何武裝攻擊。我們估計了對方的力量和弱點，我們更深知我們自己的情況。我們自己注意，並歡迎對方，對於採取軍事行動的謹愼小心。祇要對方的行動不像文字的激烈，我們是能容忍的。」至於毛共方面，毛澤東的「兵法」，據林彪在去年九月二日〈人民戰爭勝利萬歲〉中指出：「毛澤東同志把人民戰爭的戰略戰術用四句話加以高度的概括，叫做：你打你的，我打我的；打得贏就打，打不贏就走。」老毛縱有「延安感」，但是不難知道打不贏美國。「打不贏就走」，於是美國當局認爲毛共不會蹈韓戰的覆轍。

而且由於毛共二年來在外交方面的全面失敗，美國認爲毛共畢竟祇是一條「紙龍」，雖有嚇詐之心，並無吞噬之力，所以不必冒險犯難，與它死拚。

五

至於美毛關係的發展，美國寄望於毛共的下一代。他們認爲毛澤東已經七十三歲而且多病，周恩來也已六十八歲，其他位居要津的「長征同志」都達六十多歲的高齡。如果對越侵略失敗之日正當北京下一代人物登臺之時，美國期待展開一頁有趣的歷史。毛本人曾對中共青年的缺乏革命精神，坦白表示其憂慮。美國希望他們會與西方國家設法解決重要的懸案，以求和平共存。

這是今年三、四月間美國姑息毛共的各種言論和措施一齊出籠的原因。因那時毛澤東久不露面，有的說他正患着重病，有的甚至猜他已經死亡。於是美國乃爲對毛的繼承者和下一代「求愛」，不得不大門俏媚眼。

但是美國隨卽發現那套「求愛」姿態沒有得到和善的反應，於是開始發覺毛澤東不獨尚在人間，而且尚掌大權，後來證實毛確未死，因此美國不再「自作多情」，而姑息風雲也就突然退去了。

六

但是美國人是狂熱的「多情種子」，「不到黃河心不死」，所以姑息主張還是「陰魂不散」。近據友人告知，有些姑息分子面對大陸紅衛兵的亂嚷亂幹，竟仍「振振有辭」，說他們的姑息主張已經生效。他們說：紅衛兵的崛起，反映毛澤東的共產黨、共產主義青年團和少年先鋒隊都靠不住，都在反對毛澤東的思想、政策和領導，以致他不得不拖出槍桿子來，拖出小孩子來，以期苟全殘命，這豈非反證毛澤東下一代是修正主義者，可望像與蘇聯那樣能與美國和平共存麼！

但是美國那些姑息分子忘了一種情勢，就是毛共內部如果眞有修正主義者（我相信是眞有的），他們一定是蘇聯派的修正主義者，並不反對越戰，而是要與蘇聯言歸於好，共同戮力壓迫美國對共黨讓步，最後還是想埋葬美國和自由世界的。

美國參議院的自清運動

——憲法研究會和憲政論壇社聯合憲政座談會紀錄

一

時　間：民國五十五年八月二十三日
地　點：西寧南路一二二號
出席人：陶百川　黃恒浩　姬鎮魁　劉德成　李士賢　郭　垣　趙炳坤　楊君勱　李桂庭
陳鑑波　葉祖灝　王泰興　劉宜廷　水祥雲　李蔭國　高長柱　田桂林　劉振鎧
張錦富　彭慶修　崔震權
主　席：趙炳坤
主講人：陶百川
紀　錄：劉昭晴

主　席：各位先生：今天憲政論壇社與憲法研究會，會同舉行憲政座談，特請陶百川先生主講，我們不限題目，就憲政有關問題自由發言。大家都知道，陶先生是衆所推崇的一位監察委員，亦是一位名政論家，去美國考察兩年多，最近才由國外回來，相信必有很多的珍貴見聞和很多的寶貴高論，來爲我們指教。

陶先生對憲政論壇，向極愛護與支持，並時賜宏文，以增光彩，雖在出國期間，也不斷寫文章，在本刊發表，以饗讀者，今天我們應向陶先生表示感謝！今後仍希陶先生，一本過去熱忱，多多指教。

今天參加座談的，除憲法研究會常務幹事外，並邀請爲本刊寫稿的各位先生，擬請陶先生先行指教，再請各位先生發表高論。

今天座談的時間，預定自九點到十二點，並準備兩桌酒席，表示歡迎陶先生，酬謝各位寫稿先生，敬請賞光勿卻爲幸。

二

陶委員講演：趙社長、田代表數日前約我參加今日的座談會，我非常願意接受。因我與貴刊頗有淵源，過去不祇數次參加貴社舉行的座談會，而且也是一個長期讀者。尤其有這個機會可與各位見面，更覺可貴。日昨收到通知，囑談談有關憲政問題，我遵命先作一點報告。除此之外，各位如有詢問，我也願盡量答覆。

先談談「美國參議員的自清運動」這個案子，牽涉到參議員陶德。陶德是很有名的參議員，資歷很深，而且是詹森總統的好友。他與我國也有很深的友誼關係，因爲他是百萬人委員會最重要的負責人之一。他並堅決反共。現在由參議院紀律委員會（由共和黨和民主黨各三人所組成），調查陶德涉嫌違紀案件。

目前有兩件事牽涉到陶德：一、陶德爲外國遊說團體作「公共關係」，代爲解除困難。據說有些有利於西德的評論，他在參議院提議列入國會紀錄。並說他受到西德遊說人克來恩的金錢和禮物。二、因競選而收受的捐款，如用之於競選方面，可以免所得稅。但據說他有一部分移作私人用途，而不繳所得稅。

這事所以發生，是因美國一位專欄作家皮爾遜和他的助手安德生，自今年春天起，有三十餘篇專欄攻擊陶德，上面所提兩點，都是他們專欄所揭發的。原來陶德有一位秘書（美國參議員可用二十多個助手，由國家供給費用）把陶德檔案數千件偷出，有的拍照，有的抄寫，交與皮爾遜。到今年五月間，陶德不能再忍受了，採取三項行動：一、請求稅捐稽徵處調查他有無漏稅；二、自動要求參議院予以調查；三、向法院控告，要皮爾遜賠償三百元。稅捐稽徵處至今尚未採取行動。法院要在二、三年後方能開始審理。但參議院紀律委員會已採取行動，先調查他與西德遊說團的關係。陶德那位秘書已到院作證，克來恩也被詢問。據一般人士觀察，參議院對此不會加以制裁，因他僅接受克來恩二次捐款共一千元。

至捐款使用問題，美國人民對競選捐款的數目不僅限制其最高額，而且收入和支出都要有詳細帳目，報告選舉事務所，後者須保管十五個月，並准人查閱。目前使陶德最感困擾的致命傷，乃是三百三十餘元由華盛頓至洛杉磯的來回飛機票，因他兩面出帳。他應洛杉磯青年商會的邀請去演講，由該商會擔負飛機票，但陶德是參議院問題少年小組召集人，又以這票根作公款支出，這樣就浮報了三百三十餘元，被參議院查出來。

三

美國議員所以比較兢兢業業和奉公守法，並不因爲他們都是天生的聖人，而是因爲受着人民和輿論的監察，例如皮爾遜和安德生的對付陶德。而美國所以能有皮爾遜和安德生，乃是因爲法律對言論新聞自由予以充分保障。美國最高法院判例規定：公務員擔任公職，所言所行影響人民和國家很大，應該容忍人民的批評，後者可以不構成誹謗罪。最近一位警察局長控告《紐約時報》誹謗，卽因這個理由而敗訴。還有一位原子學家包齡控告《國家》週刊誹謗，他雖不是公職人員，但法院以其就公衆問題寫文章，已涉及公衆利害，如果因而受到批評，便不能控人誹謗。陶德既是爲國家服務的人，人民當然可對他批評。況且批評還有相當證據。這是美國保障新聞自由的可貴之處。我們的法律則不如此開明，因之新聞記者對公衆事務就不敢多所批評了。

還有一點，這次參議院調查陶德案是陶德自己請求的，因爲他還要參加下屆的競選。他們爲了自己的前途，對一切不名譽之事，也會自我謹愼。

四

而且美國的官員和議員所以不易做壞事，是因爲有反對黨在監視。同黨的人也許官官相護，但反對黨則眈眈虎視，不肯放過。因而執政黨和黨員，便不能不小心翼翼，謹愼從事。美國衆議員任期二年，最近詹森總統主張延長爲四年，但遭人反對。參議員任期雖爲六年，但每二年要改選三分之一，這樣就有三分之一的新陳代謝。於是黨部都要推出好的黨員去競選，並得整頓內部，免給反對黨有藉口。這是政治的防腐劑。我們今天的自清，因有若干條件的限制，不易做得徹底。

五

陳鑑波先生問：不知一般美國人對我們看法如何？我國旅美人士很多，他們對臺灣之期望又是甚麼？請陶先生予以指教。

陶委員答：美國在二年前，中共試驗核子爆炸時，又恰逢蘇俄赫魯雪夫下臺，他們對中共有一矛盾心理，既怕中共而又重視。怕是怕中共有原子武器，但既有了，便不能不重視它。至於赫的下臺，證明中共與蘇共確有矛盾。美國切盼中共與蘇共裂痕加大，因之對匪有時表示好感。但是去年二、三月間越戰日趨激烈，共匪的猙獰面目日益露出來。首先反對和談的，不是北越或蘇俄，而是中共。而南北越共黨所用的武器又多由中共供給。所以美國對中共在怕和重視的心情外，又加上恨的成分。以毛匪侵略野心之大，對美仇恨之深，一旦美國不能忍受，兩國將來可能打起來。那時美國如不用臺灣做號召，不用臺灣作主力，怎能打敗共匪，即使獲得勝利，但絕不能成功。美國有這認識，所以對臺灣格外重視。又自美援停止後，臺灣的經濟成長，並未衰退，人民的生活程度也未降低，因而爲美國人所津津樂道。至於今年三月間姑息氣氛的高張，乃是由於美國知道毛酋病況很重，對於繼承毛匪的人有一幻想，故又向匪表示溫和姿態，企圖加以勾引。現在證明毛酋仍然存在，而且不會倒臺，他們的幻想已落空了，所以姑息言論也平息了。

六

李桂庭先生問：詹森就任總統時，其國情咨文中曾說到要向貧窮進攻，現在到了甚麼程度？美國窮人比例數字佔全國人口若干？美國教授倡導圍堵而不孤立政策，但不知靑年學生之思想又如何？美國黑人繁殖很多，他們種族觀念很深，是否黑人有取代白人地位之可能？請陶先生予以解答。

陶委員答：美國「貧窮」的定義，是指一人每年收入不足三千元者。而普通人的收入，每人每年約在六千元左右。詹森的計畫是要救濟這些三千元以下收入的人，有人估計約佔十分之一，約二千萬人。至於黑人共有三千萬人，每月收入不足三千元者當然很多，而全國失業者尚有四百萬人。所以貧窮問題很可重視。詹森大社會計畫，與我們〈禮運大同篇〉的理想已很接近。例如窮人住房子也有津貼，老年人的醫藥也由政府負擔。

關於青年思想問題：如加州大學（其名聲已與哈佛大學並駕齊驅）時鬧風潮，但主要理由是反對當兵，不願作戰。美國是募兵制與徵兵制並行，如募足兵額便不再徵兵。由於士兵待遇高，故平時很多人願意當兵。自越戰發生，每月徵兵五萬人，加以戰爭結束無期，所以反戰心理很強。又加原規定共黨組織須至政府登記，現在最高法院以其侵犯人民自由，決定不必登記，於是可以公開徵求黨員，所以共黨逐漸猖獗，民衆運動中難免有共黨參加。所幸作用不大。

黑人在美國遭受之歧視有時大於黃種人。例如，我國移民美國者年僅一〇五人，但詹森反對歧視黃種人，所以這個限額已經取消。現在詹森在竭力取消對黑人的不平等待遇。過去有些黑人無選舉權，現已不然。有些地方黑人的確多於白人，例如首都華盛頓的黑人與白人成六與四之比。以後黑人勢力還會增加，但因知識較差，所以實力不大。

七

葉祖灝先生：美國之民主制度，有兩點可供我們取法。個人在美國時，曾參觀他們的國會，他們不論通過一個甚麼案子，始終不脫離羣衆，在一個議案通過前，議員先要寫信問問選民之意見，如不問時，也有選民給議員寫信告訴他是支持或反對。所以他們在表決時，常說我是代表若干人民的。現在我們之民意代表，則祇以個人之意見爲意見，並不徵求人民意見。其次是研究興趣，每一議員對一重大問題，多從事研究，倘自己不知道，便去請教專家，他們確能腳踏實地的針對實際問題來研究。反觀我們之立法院，對於一個法案，多是由政府做好，祇提出討論通過而已。以上兩點是我們民意代表所缺乏的。

再者自由中國月前有一千餘位的教授簽名，對美國「圍堵而不孤立政策」發表意見，且對費正清之流，加以駁斥。不知美國人對此事之反應如何。其自命爲中國問題東方問題或漢學專家之意見，均很膚淺，不知陶先生有何高見？美國詹森總統提倡大社會主義，主張對黑人生育子女要加以補助，是否與國家政策有矛盾？因黑人繁殖率很強，如再獎勵，豈不人口更多？美國種族歧視，南方各州極爲強烈。

陶委員答：我國一千多位教授所發表的公開信，已列入美國國會紀錄自是很好。可惜執筆的人沒有看了費正清等的原文就下筆，未免有如「隔靴搔癢」。（下略）

美國總統競選觀感

水門案怎樣鍛鍊尼克森？

水門事件發生在一九七二年六月十七日，經過美國東部幾家報紙的發掘渲染和傳播，引起國會的重視和攻訐以及總統的補救和防禦。一年半來，相激相盪，難解難分，不明不白，現在方始柳暗花明，展開一個新境界。

一

在國會方面，參議院組織了一個七人委員會，就立法問題加以調查，以期提供預防的方法。衆議院則交給它的司法委員會就彈劾問題加以調查，以決定尼克森總統有無違法失職甚至刑事責任。

司法方面的職責和工作也很繁重。不獨在刑事方面，涉嫌侵入竊聽、隱瞞和賄賂等罪行的，已有四十餘人，有的已經宣判，有的正在偵查，而且因爲參議院和總統以及司法部特別檢察官和總統二者之間關於調閱總統府錄音帶等證件之爭，官司也打上法院，後者且從一審直到三審，而又涉及三權分立和行政權完整等歷史性問題，更增加了法院的負擔和重要性。

總統方面的痲煩當然更多。他一方面須為自己的地位和清白而掙扎，同時要為保護總統在三權分立中應有的特權，和總統府的國家機密或公務機密，以及總統對司法部僚屬的完整管轄權而奮鬥。他的戰線遍及多方面，包括行政、立法、司法、黨派和大衆傳播。他所受的鍛鍊縱非絕後，但確空前。

二

所謂「柳暗花明」，展開於七月二十六日。那天上午最高法院判決總統應將他的特別檢察官所要調閱的六十四卷錄音帶全部交與首都聯邦地方法院，由法官審閱決定何者涉及國家機密以及何者為刑事訴訟所必需，分別保留或轉送特別檢察官應用。判決書說，因為司法部在總統指導之下曾以特權授予該特別檢察官，後者在授權範圍內自可與總統抗爭。判決書又說，爭執既發生，而且又經該特別檢察官訴請法院予以裁決，而法院乃是解決法律問題的最後場所，因而享有該案的管轄權。

判決宣告後八小時，尼克森總統發表聲明，服從法院的判決，儘快將該項錄音帶全部送交首都聯邦地方法院。

由於這個判決，不獨在總統與他的特別檢察官之間的爭執，總統敗下陣來，而且他所長期抗拒國會兩院要求調閱的那些錄音帶最後也將為國會所取得。

三

在尼克森總統宣布服從敗訴判決的半小時後，衆議院司法委員會舉行公開會議，並准電視轉播，審查彈劾條款。從全體委員三十八人的發言，一般預料該會將以二對一的多數通過彈劾案調查報告，建議衆議院對尼克森予以彈劾，送請參議院予以免職。

果如預測，第二天（二十七日），該委員會以二十七票對十一票通過彈劾草案第一條，指摘尼克森妨害司法。第四天（星期一），以二十八票對十票通過第二條，指摘尼克森濫用職權。第五天，以二十一票對十七票，通過第三條，指摘尼克森拒絕對衆議院提供證件。

尚有兩條，一是指摘尼克森瞞着國會轟炸高棉，二是指摘他漏報所得稅，表決結果，沒有通過。

衆議院司法委員會委員共三十八人，屬於民主黨的是二十一人，共和黨十七人，相差四票。尼克森總統的希望，本來是在獲得共和黨十七票的支持，並爭取民主黨南方保守議員的四票，如此可免於彈劾。但結果則南方票僅得一張，而共和黨票卻走了七張至八張。這對尼克森自有嚴重的影響，而多少有些出人意外。依此類推，將來衆議院全體會議表決彈劾案和參議院表決懲戒案，結果都難樂觀。

這是彈劾案的第一關，尼克森總統是失敗了。

四

在第二關上，守關的是四百三十四位衆議員（本爲四百三十五人，現有一人出缺），尼克森要能獲得二百十八人的支持，方能過關。而在這總數中，屬於民主黨的是二百四十七人，共和黨的是一百八十七人，民主黨人已過半數。但南方籍民主黨人中有人可能支持尼克森，而共和黨的自由派則可能反對尼克森。據較樂觀的估計，反對他的民主黨人是一百六十五人至一百七十人，共和黨是二十五人，合起來未過半數；支持他的，共和黨是一百人，民主黨是二十五人，也未過半數。此外乃是中間派，雙方都可爭取。這是尼克森總統的希望所在。

可是基於第一關的戰果，上項展望似須修正。卽使白宮人士也沒有從前那樣的樂觀了。所以昨日盛傳白宮戰略家正在研究如何過關。其中之一是請總統公開要求衆議院不經辯論，無異議通過彈劾案，迅送參議院作最後裁判。這項戰術，是基於這兩項理由：一、卽使經過激烈的辯論和掙扎，尼克森也不能勝利過關，所以不如「君子」一點，以節省一個多月的討論時間，俾塵埃早日落地；二、如此不獨可以表示尼克森總統的「君子風度」，而且可使許多共和黨衆議員免喝左右爲難的「苦杯」，因爲他們都在改選的前夕，無論冒犯總統或選民，都會妨害他們的前程。

五

但是參議員則看來難免要喝這兩難的苦杯了。依照參議院的現勢，在總數一百席中，民主黨佔五十七席，共和黨四十一席，前者已過半數。可是通過彈劾案的法定人數不是過半數而是三分之二，六十七票，民主黨現在尚差十票，所以尼克森總統祇要能夠爭取三十四票，就可勉強過關，而估計他現在尚有這個力量，所以抱有相當程度的信心。

但是仍有許多人希望甚至勸他自動辭職，而多半是出於善意。但據他與考爾夫的談話，他大概不會一走了之。考爾夫是支持總統的一個團體的主席，在最近發表的一篇訪問記中，他問尼克森總統：

「你怎樣能夠屹立於誹謗、攻擊和橫逆之下而不屈不撓？」

總統答道：

「一部分是由於遺傳——堅強的母親，堅強的父親，他們二人都工作辛勤，有時達到堅決不移的程度。

「第二是因有一個堅強的家庭，我的妻、我的兩女和兩婿（以上的排列，並不意指何爲優先），他們面對攻擊都能屹立如磐石。

「第三、白宮幕僚的積極支持。……

「但就人的因素來說，最重要的是教友派所說的要有中心的寧靜。……而（寧靜的）最重要因素，是一個人必須在內心，在內心深處，知道他是對的。他必須有這信心。舉一個例，假使有關水門事件及其隱瞞等指摘是眞實的，毋需人們來要我辭職（我早已辭職了）。

「假使那些指摘是眞實的，我不會再留任一分鐘。但我知道它們是不眞實的，所以我繼續在這裏做我被人民選舉來做和我所能做的工作，並信任美國憲法程序作最後判決。」

六十三年八月一日　海外客寓

福特雷根競選戰略及其影響

前加州州長雷根，一年前提前引退，就是爲了問鼎白宮，所以昨日他正式宣佈要與福特爭取共和黨總統候選人的提名，早在大家意料之中。大家也預料它對華府的政策和政局將會發生很大的影響。

一位現任總統掌握着競選所必需的很多便利和機會，當選連任應無多大困難，尤其是爭取本黨提名，更應毫無問題。但是福特總統卻並不那樣順利。他在十個月前就對雷根懷有戒心，所以提前半年宣佈競選，奔走四方，積極佈置。甚至九個月來許多立法和行政措施，多半以此爲出發點。本月二日的華府人事大調整，所謂「星期日屠殺」，以及第二日洛克斐勒宣佈不做福特明年的副總統候選人，更把競選運動推向高潮，這些都可認爲是以雷根爲敵手的戰略部署。

一

雷根擔任州長不滿八年，而以前祇是一位電影明星，對福特總統何以竟有那樣大的威脅呢？原因當然不僅一端，但最大的乃是他是共和黨保守派的寵兒。

所謂「意的牢結」，本來不是美國黨派的特色，所以前哈佛大學校長羅渭爾誹稱美國民主共和兩黨乃是兩祇招牌不同的空酒瓶。但是我們畢竟不能否認民主黨比較前進，而共和黨則比較保守。所以前者能夠推出麥高文做一九七二年的總統候選人，而高華德能夠擊敗洛克斐勒而任共和黨一九六四年的總統候選人。雷根的政治見解，乃是高華德的嫡派眞傳，他比福特更爲保守派所寵愛。

他常說：「我們已面臨一條分水線，政府必須掉轉頭來採取不同於現在施行的指導原則。」昨天他更提出一個口號：「把政府還給人民。」

他指出美國的病根是在華府的領導。他說：「我看不到華府上下曾作多大認眞的努力，以推進國家所急需的大改革。這也許因爲他們本身也是『華府體系』的一部分。」

他一向指摘福特總統不應選任自由派的洛克斐勒做副總統。但在昨天的記者會他表示對他們不願有所批評。

他主張廢止幾種主要的社會福利措施，它們每年消耗國庫高達九百億美元，包括食物津貼、老人疾病保險、教育補助和房屋貼補。

他主張把這些福利以及其他一部分措施畫歸各州或地方政府去處理，後者可以決定是否續辦和如何增稅以應開支。他說，這樣不獨減少聯邦政府對地方自治的干涉（保守派的信條是：有限中央、地方自治、民營企業和個人自由），而且能夠平衡聯邦政府的預算，並有餘力清償國債每年五十億美元，人民的稅負也能減輕百分之二十三。

二

雷根常引他在加州任內的政績，以證明保守的共和黨政策是可行和有效的。在他一九六六年當選州長時，加州財政赤字龐大，但去年離職時卻有五億美元的盈餘，並爲人民減輕了五十七億美元的稅負。

提到社會福利措施，雷根一向眉飛色舞。因爲他說，在他就職時，那些享受社會福利的人數平均每月增加四萬人，但經他整理後，減少了四十萬人，包括一個銀行副經理的一個兒子。

鑑於紐約市的瀕於破產，雷根的治績的確可以自豪。因爲紐約的市債已高達一百二十億美元。本年度的預算赤字高達七億餘美元。平均每二十二個市民中就有一人是市政府的職工，薪津支出高達四十五億美元。社會福利支出高達三十億美元，約佔預算總額四分之一。

於是雷根以加州和紐約市爲例，認爲那就是共和黨政府和民主黨政府的雲泥之判之所在，它是整個美國趨於破產或免於破產的關鍵和明鏡。

在外交方面，雷根指責美國幾年來怯於反共。他舉例說，對蘇聯的低盪已經變成單行道，蘇聯於是從中取利，以推進它征服世界和消滅自由民主的陰謀。他對我國頗有好感，曾經代表美國來臺慶祝國慶。

雷根競選的勝算，寄託在對福特的快攻。第一仗將在明年二月二十四日新罕普什州的預選會（選舉出席共和黨大會的代表），第二仗將在明年三月九日的佛羅里達州的預選會。他希望囊括這兩個戰場的代表，以此打擊福特的聲望和士氣。

三

新罕普什是一個小州，出席代表大會的代表名額祇有二十一個（加州則有一百四十四個），可是它在總統選舉年乃是第一個舉行預選會，「春江水暖鴨先知」，競選人常以它的選舉結果預卜前途休咎，所以影響頗大。杜魯門在一九五二年，詹森在一九六八年，穆士基在一九七二年，都因在新州預選會出師不利而放棄競選。因此，本月九日的《紐約時報》推測，如果雷根在新州、痲州、佛州和北卡州接連敗北，他也可能放棄。有人更進一步推測那時兩派可能妥協，由雷根充任福特的副總統候選人。高華德可能扮演紅娘，從中撮合。

這是後事，姑且不談，現在言歸正傳，評述福特方面的戰略。

福特在提名競爭中既僅雷根一個對手，而雷根乃是保守派的寵兒，所以福特就以爭取保守派作爲他的戰略目標。

保守派不喜歡洛克斐勒，他祇得知難而退，而福特也就不予慰留。新聞記者以此相詢，福特祇說他應尊重洛克斐勒的決定。

在重要施政上，福特對保守派的號召也是如響斯應。爲了取悅保守派，他使出渾身解數，拯救馬雅古茲號及其船員，接連否決國會的社會福利措施案，痛斥聯邦政府繁瑣複雜的法令規章，拒絕爲紐約市的借貸作保證，以致市公債無人問津，銀行不肯墊借，該市逼近破產。

四

可是這樣仍沒有提高福特總統的聲望。於是他在上月十六日問計於他的五人智囊團（賴德是其中的佼佼者）。後者一致指陳，「好好先生」的美名已不能爭取更多的人心，福特必須做得更像一個總統，——更果斷，更堅強，更有作爲，更具遠見。現在外界尚不知最近那次人事調整是否出於智囊的建議，但都認爲與那次集議不無關連。

那次調整，如果祇以洛克斐勒放棄副總統候選人而論，對福特的爭取保守派自有很大幫助。高華德和雷根都持這樣看法。但在與民主黨候選人角逐的全盤戰略上，我以爲這是福特的重大損失。因爲共和黨較諸民主黨究竟是少數派（百分之二十七對百分之四十）。共和黨總統候選人的獲勝，一須取決於他本身的資望，二須取決於能否打開困難局面，三須取決於能否爭取民主黨和中立的羣衆。艾森豪是三者兼有，尼克森在第二第三兩項上較佔優勢（第二項在艾森豪是號召結束韓戰，在尼克森是號召結束越戰）。福特總統的機會和優勢都差於他的前輩，但洛克斐勒則在第一和第三兩項上能夠予以補給。洛氏一去，紐約州的共和黨就宣佈撤消原已提供於福特的支持承諾。他日福特總統如果更與雷根搭擋，一般人認爲高華德的失敗便是覆轍和殷鑑。而且福特總統同時又開革了素爲保守派所推崇的國防部長斯勒辛格，而讓千夫所指的季辛吉仍掌外交大權。這不獨使親痛仇快，而因福特解釋的矛盾，更損害了他一向被人稱道的坦白開明的美德。如果人們從此把他與詹森和尼克森等量齊觀，則他在第一項（資望）上的損失，對他的政治前途將起決定性的反作用。

五

在競選的作用上，人事之外，政策也很重要。而執政黨的政績尤被重視。福特競選成敗的關鍵，大家認爲是在經濟繁榮能否恢復，但這與最近的人事調整並無關連，而與它有關連的乃是美蘇限制戰略核子武器談判的成敗及其所表現的低盪外交的程度。斯勒辛格的去職，預示福特和季辛吉蓄意要低盪下去，蘇聯因而頗感欣慰。如果他們過分讓步，以期促成新的限核條約，勢必增加反對派的火力，對福特競選自將不利。我看季辛吉是急於求功，以期早日功成身退，但福特當不致行險僥倖。所以最近的調整，人事動機似乎多於政策因素。

此外，福特雷根的競選，可能導致另一新形勢。因爲如果在明年四月前，福特總統受挫於四或五州的預選會，競選形勢自必大有利於雷根，則洛克斐勒極可能在自由派和溫和派的支持下，爭取提名，那時他尚可參加十餘個預選會，而福特雷根如果相持不下，以致選票分散，他極可能收漁翁之利。

四天前，一位記者在芝加哥郊外詢問洛克斐勒：「你認爲客觀環境會促使你也出馬競選麼？」洛氏答：「我認爲如此。」

六

洛克斐勒現年六十七歲，許多人認爲他是逼近黃昏的夕陽，但他上月對《美國新聞與世界報導》週刊記者強調他身心都尚未老。他說，他近在南部工作三天，星期六深夜一點半回到華府，第二天就飛倫敦，第三天在倫敦主持一個展覽會，當夜飛回華府，次日十點他已到達辦公室了。

如果洛克斐勒參加競選，他的好友季辛吉或將辭去現職，爲他助選，則美國外交勢將呈現另一種氣象了。

六十四年十一月二十一日 美國客寓

刮目管窺卡特

這個題目引用兩句成語或兩個故事：「刮目相看」出於《三國志》，「管中窺豹」出於《晉書》。用以評述卡特，似尚適當。

按《三國志》〈呂蒙傳〉(註)：「(魯)肅拊(呂)蒙背曰：『吾謂大弟但有武略耳，至於今者學識英博，非復吳下阿蒙。』蒙曰：『士別三日，卽更刮目相(看)待。』」又《晉書》〈王羲之傳〉：羲之的兒子「獻之，字子敬，少有盛名……年數歲，嘗觀(羲之)門生樗蒲，曰：『南風不競。』門生曰：『此郎亦管中窺豹，時見一斑。』獻之怒……遂拂衣而去。」

一

本文的主角卡特，那位南方佬，雖曾就讀於專科學校而未畢業，雖曾任喬治亞洲的州長而僅一屆，但他卻雄心萬丈，想做總統，而居然在人才濟濟的民主黨陣容中，經過五州預選會的激烈競爭而四次領先，自不能不叫人「刮目相看」。

可是總統寶座遠在天邊，關口重重，前途茫茫，現在來卜休咎，未免有如「管中窺豹」。但在我寫本文時，蓋洛普民意測驗報導，他是民主黨人士中連韓福瑞在內最能擊敗福特總統的首要人物，所以我們應當格外刮目把他看個眞切了。

卡特現年五十一歲，生長於美國南部喬治亞州一農村。父親是種花生的小農，母親是護士。中學畢業後，他曾在工業專科學校肄業，旋卽轉學海軍學校，並在核子艦隊服役。五年後，因父喪退役，回家接辦花生農場。

二

一九六二年，他當選喬州參議院的參議員。四年任滿，競選喬州州長，以第三名落選。一九七〇年捲土重來而當選。一九七四年一月任滿，形勢不利，放棄連任競選。奔走四方，準備競選總統。並在那年十二月十二日正式宣佈進軍白宮。

截至今天（三月十七日），卡特在民主黨代表選舉中已經獲得優勢，凌駕其他先進同志，比數如下：

競選人名	卡特	華萊斯	賈克遜	尤道
所獲代表	一四九	六三	二四	二四

（順便報導雷根和福特所獲代表的比數：福特已得一百六十二人，而雷根僅得五十三人）。

最可注意的，乃是上文提及的蓋洛普三月十五日發表的民意測驗：如果現在卡特與福特競選，前者竟以百分之四十七領先後者的百分之四十二。而政壇耆宿韓福瑞，那位千呼萬喚而尚不肯登場的明星，如與福特競選，祇能以百分之三十八的比數屈居於福特的百分之四十三之後。

三

卡特以何德何能何勢而能這樣突飛猛進呢？我想與下列因素很有關係：

第一、勤奮過人。前為競選州長，他演講達一千八百次，夫婦二人曾與六十萬人握手拉票，他的體重因此下跌二十二磅。年來他為爭取佛州選票，訪問該州三十五次。

第二、笑臉迎人。微笑已成為他的「商標」，所以逗人喜愛。但他是一隻「笑面虎」，虎牙還是很銳利的。

第三、政績動人。以他在州長任內的政績為基礎，他說，在財政方面，他是保守主義者；在社會政策方面，他是自由主義者。他把喬州政府的三百個機構裁併成為二十二個部。任滿留下現金五千萬元給後任。他主張聯邦政府應該裁撤一千七百個機構。但他竭力照顧窮人，他把裁節下來的行政經費用之於社會福利。所以他很受黑人、工人、老人和青年的愛戴。

第四、中庸悅人。他沒有高深的學問，對問題也沒有成熟的意見。他已請了七十三位專家做顧問，提供各項政見。他本人的思想是「居中偏右」，這是美國目前的主流，乃是中庸之道，所以頗能取悅於多數人。

四

在外交方面，他採取中間路線，這也是中庸之道。例如他說：除非遭受直接的威脅「美國不應以武力介入他國事務」。

關於低盪，他說：「與俄國和（毛共）中國的低盪，應在互利的基礎上進行。」「態度要堅強，交涉應公開。」

關於美毛關係的正常化，他主張不應從而斷絕與中華民國的外交關係。

他強調外交也應尊重道義，從而獲得人民的支持。他因此反對季辛吉的作法，認爲後者太不信任人民的判斷。他說：「外交政策的基礎應該建築在道義精神和人民支持。沒有人民而祇有中央情報局支持的虛聲恫嚇，乃是最虛弱的表現。」他指出這就是季辛吉的大失敗。

他沒有外交經驗，也沒有外交班底。好在美國濟濟多士，例如在哈佛大學，有人正待價而沽，有人且彈冠相慶。但以卡特那樣白手成家，玲瓏剔透，他勢將自任外交舵手，乾綱獨斷。

五

卡特之外，這次尚有兩位也是州長出身的總統競選人：一是前任加州州長雷根，另一位是現任加州州長布朗，（後者已在本月十二日正式宣布參加競選），我們都當刮目相看。

雷根與福特總統角逐的形勢，雖不如預料那樣佔優勢。但他以在野之身而與同黨現任元首相抗衡，以歷史爲證，本是急性自殺，可是他屢敗屢戰，而且每次得票都佔百分之四十以上，「非復吳下阿蒙」，自當「刮目相看」。所以福特現已請人與雷根謀和，而以請他做副總統爲交換條件。

至於布朗，志大而力虛，才高而氣傲，這次未必能如願以償。他的算盤不出兩項：一是爲四年後的競選舖路，二是以爭取副總統爲近程目標。他的方法是爭取加州二百八十名代表作爲表示力量和與人講價的資本。

六

民主黨的自由派似乎有一「陽謀」。他們認爲卡特不夠前進，賈克遜在內政上雖屬同道，但對蘇聯和對中東的外交主張則過分偏激，尤道是道地的同路人，可是恐非卡賈二人之敵，華萊斯當然被認爲反動分子。所以他們不得不另找適當的人，隱伏在後，待機而動，於是乃有韓福瑞的呼聲。現在有些州的預選會，所以不投現在競選人的票而改投當地不參加競選的大亨，例如伊利諾州擁戴史蒂文生，就是爲在代表大會看風轉舵，如果競選人形成僵局時，立即動員這些游離票臨時另推一個適當的意中人，例如韓福瑞或甘廼廸。於是乃有韓福瑞任總統而卡特或布朗任副總統的傳說。

但是卡特這位「吳下阿蒙」，如果能夠維持現在的優勢，繼續在幾個工業化大城市獲勝，則形勢逼人，世人對他更當「刮目相看」了。

六十五年三月十七日　美國客寓

透視卡特與孟代爾

距今四個月前，我曾爲文評介卡特，題目是〈刮目管窺卡特〉。管窺，乃因我對他不夠了解，有如「管中窺豹，時見一斑」；刮目，乃因他一鳴驚人，我必須刮目相看。

遠在前年十月，距今二十一個月前，我曾寫〈美國總統競選春雲初展〉，評述三位可能參加競選總統的參議員，其中一位是孟代爾（我譯作罔兌爾）。那時候卡特尚未亮相，孟代爾也未上場，所以我的題目是「春雲初展」，表示尚未形成氣候。

現在，卡特已由民主黨提名爲總統候選人，孟代爾爲副總統候選人，資料漸多，了解漸深，我能加以透視了。

一

本年二月，卡特參加第一次預選時尚是一個「吳下阿蒙」，何以就能被人「刮目相看」呢？我在前文中指出四種因素：「勤奮過人」，「笑臉迎人」，「政績動人」和「中庸悅人」。凡此都是他的政治資本，已爲他賺得了大批利潤。但我現在發現另一更重大的因素——「時勢逼人」。

這就是古諺所謂「時勢造英雄」。

這個道理，中外同信。我尤喜愛歐陽修的《五代史》〈伶官傳〉序，它開宗明義，就指出：「盛衰之理，雖曰天命，豈非人事哉！（推）原（後唐）莊宗之所以得天下，與其所以失之者，可以知之矣。」這是說，「時勢造英雄，英雄亦造時勢。」

卡特誠不失是一個英雄，但如果在一九六八年或一九七二年越戰困人、全國騷然的時代，他的勤奮、笑臉、（州長的）政績和中庸（之道），便起不了多大政治作用，他休想問鼎白宮！但是現當越戰之後，人心厭戰而望治，所以一般人不喜歡反對低盪的賈克遜參議員，甚至對雷根那些保護巴拿馬運河主權和維持羅德西亞秩序的言論，也會相驚以伯有。

二

尤其在水門事件之後，一般人對總統的權力和官員的操守，深表懷疑。甚至連詹森總統的「大社會」政策，因它花錢太多，促使通貨膨脹，福利太厚，誘導好逸惡勞，而也深具戒心。

對於行政機關的管制及其繁瑣的法令規章以及疊床架屋的機構和冗員，一般美國人，他們習慣於個人主義、地方自治和簡樸生活，都希望新總統能把他們從那些束縛和困擾中解救出來，使他們能夠自由自在，自發自動。說也奇怪，他們也不要政府大有作爲，因爲這將增加他們的稅負和侵越他們的藩籬。這些心理未必合理，但抱有這種想法和願望的人竟佔選民百分之五十九。

還有，自從南北戰爭以來，白宮多半是北方人的天下，威爾森總統不是純粹的南方人；詹森總統的故鄉，也祇在南部的邊緣。近來難得出了華萊士州長，名揚全國，但四年前不幸為暴徒所槍傷。可是南部現已工業化，非復吳下阿蒙，北方人不能專美於前了。

三

面對這種時勢，卡特這個南方人比較其他競選人具備更多的適應和利用的特質。例如：

他沒有在華府擔任過任何職務，可以自詡沒有受到華府的政治污染，也沒有受着華府的人事牽累或人情債務，而可望能夠清明在躬，放手改革。

當福特總統指摘他缺乏政治經驗時，他就可以這樣反唇相譏：「福特在華府二十多年，我們今天的不幸，就是他們所搞出來的。你們可把你們的苦水都吐向福特。」

又如：他在政治舞臺上乃是一個十足的新腳色，大家不認識他的廬山眞面目，也不知道他葫蘆中究竟盛的甚麼藥。有如一張白紙，他愛畫甚麼就可畫上甚麼。於是他就充分利用這個特質，儘說些大家喜歡的話。甚麼愛呀，同情呀，道德呀，「我絕對不會對你們說謊」，「我寧願不做總統，也不會欺騙你們」。至於許多具體的難題，他總是盡量迴避或閃爍其辭，使人捉不到可以攻擊他的話柄。

發揮了這些特質，並輔之以充分的準備和高明的技巧，卡特乃能在三十州的預選中制勝了十九州，並在代表大會第一次投票中就獲得提名。

四

但在代表大會中他也受到了嚴格的考驗：第一、他對民主黨政綱的態度如何？第二、他將提何人做副總統？對這二者，他不可能再迴避或再閃爍了。撥雲霧而見天日，這二者將展示出他葫蘆中的藥以及卡特（如果他當選總統）政權的廬山眞面目。

這次代表大會通過的新政綱，在內政方面承襲羅斯福總統以來各次政綱的精神，例如要把失業人數從目前的百分之七點五減爲百分之三，實施聯邦政府全面性的健康保險，保證個人都有相當的收入，減少國防預算。而其中精簡政府機構，乃是基於卡特的要求。

魯斯夫人昨撰一文，題爲〈傑美上帝！〉指出這些「你們各人都有一份」的支票，將來怎樣兌現？當然祇有增稅。如果稅不能增或增了仍感不足，那些支票就成空頭。她說：「但願卡特接受提名時的許多快樂諾言，祇是競選文章而已！否則我們大家趕緊祈禱吧！」

五

其次，卡特的競選搭檔（副總統候選人）孟代爾與卡特相反，乃是自由派的寵兒。他現年四十八歲。一九六四年韓福瑞參議員出任副總統後，他以明尼蘇達州的檢察長接任遺缺，以後連選連任，直到現在。

他的政治抱負，與韓福瑞一樣的大和熱中。一九七四年一月，他宣布要競選總統，但十個月後，知難而退。大約因爲血壓稍高，自稱過不慣競選途中「假日旅館」的勞頓生活。

也與韓福瑞一樣，甚或過之，他是十足的自由派。我曾在〈春雲初展〉中引證他一九七三年的國會投票紀錄，以與甘迺廸參議員（自由派主將）比較，保守派的ACA，給甘的分數僅四分，給他也是四分，代表工會的COPE，給甘九十一分，給他九十分，自由派的ADA給甘九十分，給他九十五分，高居參議院首席。

那年孟代爾曾在《外交》季刊強調美國必須改善人民生活方能減少孤立傾向。他說：「如果我們能重訂外交政策，使其不獨關心戰略地位和政治影響，而也重視通貨膨脹，經濟安全，工作機會和社會成長，並把這些基本問題作爲政治關鍵，我預料對於領導世界的責任，美國人可能會予以一致的同意和支持……而且願像過去那樣接受短期的犧牲，以期獲得長期的成就。所以面對經濟的危機，（美國的）外交政策必須成爲內政政策的另一手段的延長。」這是自由派的正宗理論。

六

這個相當急進的政綱和搭檔，與卡特在預選中所展示的形象和精神，當然有點格格不入。但是自由派在民主黨居於極重要的地位，卡特絕對少不了它。鑑於羅斯福、杜魯門、甘迺廸和詹森總統等的勝利，它們（那樣的政綱和搭檔）對卡特將是一個正數而非負數。可是共和黨卻因而受了鼓舞，認爲那個轉變違反時勢和民意，將爲福特或雷根的十一月大選增加勝利的公算。

民主黨開了四天大會，我也看了四天電視，我發現大會對卡特的支持並不十分熱烈。第一，中央黨部要求布朗和尤道讓賢，俾卡特可以全票當選，但爲二人所拒絕，結果各分去了三百餘票。第二，卡特和孟代爾先後登臺演說，接受提名，卡的風采言論都不如孟，所受的歡迎程度，也不及孟。二人政見差距太大，個性都很堅強，能否協和，頗難樂觀。第三，這次黑人風頭太健，惹起白人側目，因爲兩人代表全體致開幕詞，其中一人便是黑人，二人擔任提名，也有黑人，閉幕時領導祈禱的又是黑人。第四，甘迺廸參議員到會僅一次，而且不肯登臺致辭。

七

可是共和黨的情形，則更不如民主黨。該黨全部預選昨已結束，福特所得，與當選最低票額（一千一百三十票）尚差三十二票，雷根尚差六十八票，雙方正在互爭一百餘張中立票，較鷸蚌相爭尤爲激烈。但鑑於一九四八年杜魯門總統在極度失望中終於擊敗了勝算在握的杜威，共和黨現在仍抱最後勝利的信心。

六十五年七月十八日　美國客寓

洛克斐勒的英雄與時勢

假使說，而我也的確曾說，福特先生的任副總統和總統，是「時勢造英雄」，那麼洛克斐勒先生的被提名爲，看來必獲國會通過爲副總統，乃是「英雄造時勢」。

一

在去年十月尼克森前總統請福特擔任副總統以前，福特不獨從來沒有這個想法，而且由於夫人的敦促，他曾公開表示兩年後就將退休，回到故鄉密歇根做律師。在考慮副總統人選時，尼克森本早屬意於詹森故總統的老友從民主黨跳槽到共和黨而任財政部長的康納利。是尼克森的前國防部長賴德先說服了福特，後又說服尼克森，後者發現康納利不易獲得國會的同意，方始提名福特，而國會所以不願接受康納利而歡迎福特，最大原因，就是認爲康納利在下屆總選時將成爲民主黨的勁敵，而福特則被認爲「微不足道」。

可是民主黨看失了眼。康納利近被發覺涉嫌受賄一萬元經檢察官起訴，政治地位一落千丈，而福特依據國家電視公司（民營）的民意測驗，將來當選總統的可能性竟以百分之五十八對三十超過甘廼廸——在中西部（福特故鄉）福特對甘廼廸是五十五對三十一，在東部（甘廼廸故鄉）是五十八對三十一，在南部是六十四對二十五，在西部是五十二對三十七。這個測驗舉行在福特接任總統以後，蜜月方始，而世變正急，未來兩年三個月的變化尚多，所以不足爲準，但也可見福特已不是「吳下阿蒙」了。

二

一而且在尼克森提名福特時（去年十月十二日），他那舊官下臺的三把火（參看我所寫的〈第七危權的最後五日〉）尚未燃放，誰也想不到十個月後他將下臺。但是福特合該走運，尼克森如果那時採納爲他寫演說稿的白嘉南的建議把總統府的水門案秘密錄音帶付之一炬，或在十月二十日不將水門案特別檢察官考克斯免職，或將那些錄音帶提早十個月發表，他就不致被逼下臺，而福特也僅能做一任副總統而已。

歷史上有很多大事，不是出於計畫或必然，而是基於機會或偶然。福特總統就是一例。但洛克斐勒卻是例外。所以我說，福特的寶座是時勢所造成的，而洛克斐勒出任副總統的形勢，卻是他自己所締造的。

三

洛克斐勒是美國石油大王大衛（老）洛克斐勒的孫子。父親是小洛克斐勒，聯合國大厦的建地就是他所捐贈的，他仗義疏財，不下乃父。洛氏名叫納爾遜，兄弟四人，他是老二。不久以前訪問臺北的大衞洛克斐勒是第三，他的四弟，現任第二家大銀行 Chase Manhattan Bank 的董事長。

納爾遜洛克斐勒對政治很感興趣。羅斯福總統因他在拉丁美洲投資很多，熟悉拉丁美洲的國際事務，所以邀他擔任助理副國務卿。他也曾任杜魯門總統的國際事務特別顧問。在艾森豪時代，他曾任衞生教育和福利部次長。

他曾三度競選共和黨總統候選人。一九六〇年和一九六八年兩次都敗於尼克森，一九六四年則敗於高華德。尼克森曾請他，民主黨的韓福瑞也曾請他，擔任副總統，他因不願做「備用的零件」而婉辭。

但在紐約州的政壇上他卻一帆風順，連任四屆州長，去年十二方自動引退，先後任職十五年。他引退後隨卽斥資二千萬元，組織「美國人重大緊急措施委員會」（Committee on Critical Choices for Americans），延攬專家學者四十五人，包括福特和季辛吉，分成六組，爲未來十五年的美國研究各項重大緊急的問題，預定明年底脫稿。一般認爲這是洛克斐勒參加下屆總統競選的先聲。

洛府是全世界富豪之一，納爾遜個人的資產有人估計值三億至五億元，也有人說高達六億元。據艾索普報導，他們弟兄四人的家產共達一百億元。所以他們當政之後是否會與國家利益相衝突，一般人不無顧慮。

四

尼克森如果做到任滿爲止，福特那時仍是副總統，洛克斐勒與他和雷根等競選，勝算很大。現在福特做了總統，而且在共和黨內很有基礎，洛克斐勒自問很難與他爭勝，所以就同意做他的「備用的零件」了。

我相信福洛二人在決定提名前可能已有這樣的諒解：洛克斐勒表示不與福特總統競選，而福特總統表示將以大責重任加於這位副總統。如果沒有這樣的諒解，福氏不會讓洛氏做他的副座，而洛氏也不會做福氏的「備胎」。

依據《美國新聞與世界報導》的消息，福特總統曾請雷根州長做他的副座，但雷根發現福特要競選下屆總統，他就請總統另請高明。因爲雷根自己尚有問鼎中原的打算，也可見洛克斐勒已無這樣的雄心了。

洛克斐勒確是一隻好「車胎」，堅固、美觀而有彈力，而且是名廠出品，商譽卓越，可以大大的增加福特的身價。因爲：

福特總統與自由派、文化界、黑人和工會以及東部的選民，都沒有多大淵源，而洛氏十餘年來與這些方面蓄意聯絡，已有很好的關係。二人的合作可以充實黨和政府的基礎。福特總統生平祇當過兵和做過議員，沒有行政經驗，也沒有外交根底，而洛克斐勒在這兩方面已有很好的經歷，可補福特總統的不足。美國當前的大問題是通貨膨脹。如何收縮通貨和平抑物價而不致妨害經濟成長，洛氏較福氏懂得更多。一般預料，總統將以這方面的重任交與副總統。

五

但我最感興趣的，乃是洛克斐勒將來在外交方面的任務和對外交的影響，其中最可注意的，是他與國務卿季辛吉的關係很深。季辛吉在一九六九年開始擔任尼克森政府的國家安全顧問，是出於洛克斐勒的推薦，而洛季二人的相識，早在一九五六年以前，那年季辛吉被邀為洛氏一個內政外交政策研究委員會撰寫研究報告。後來洛氏競選總統時，所有關於外交的演講和文件，都是季辛吉所代寫。Graubard 在評介季辛吉的 *Kissinger, Portrait of a Mind* 一書中指出：尼克森是洛克斐勒政策的執行人，而洛克斐勒是季辛吉思想的代言人。我想這話並不過分。因為季氏在一九六八年春季為洛氏競選而寫的外交政綱，就是尼氏入主白宮初期的政策。（該書第二四二頁）

洛季二人性格本不相同：洛氏外向，季氏內向。但洛氏因為熱中於白宮寶座，求賢若渴，季氏這樣淵博明辨的學者，正合於他的需要。而且「二人都是不屈不撓的國際干涉主義者，他們深信美國須在世界每一地區顯示其實力，他們堅持美國須爲其命運而躬行實踐其所信」（參看 David Laudau 的 *Kissinger The Uses of Power* 第五四頁）。

洛克斐勒在一九六八年競選時，也談到中國問題，他說：助長一個偉大民族的「自我孤立」，美國將毫無所得。他指出接觸和溝通的需要：「我將與共產中國開始談判。」

他指出這不僅是爲對中國的和解而已，也將有助於與蘇聯的協調。這樣可使美國對這兩國增加運用的餘地，於是與蘇聯的談判可望達到新目標而獲得根本的解決。縱橫捭闔，宛如季辛吉的口吻。

關於中華民國與美國的關係，季辛吉和洛克斐勒那時的主張是這樣的：「我們基本的長期的目標是保護中華民國的聯合國會籍。……（但）我們必須準備有這麼一日，共產中國能夠和願意接受聯合國會員的責任。」他們那時對急着要承認毛共的人，譏爲「那是把車箱放在馬前」。因爲季辛吉說，有如許多國家所已經發現，外交和承認不能保證與共產中國能有友好的關係（參看 Graubard 所著第二四七——第二五五頁）。這些話雖已明日黃花，然尚可參考。

六

洛克斐勒現已創造了他的副總統時代，他尚想或尚能創造一個總統時代麼？一九七六年將是福特總統的時代，但一九八〇年呢？那時他已七十二歲了，是否尚將再向白宮問鼎呢？新聞記者最近以此相詢。洛克斐勒提出兩位七十以上高齡的老政治家說：「你知道梅爾夫人麼？知道艾德諾麼？我很知道他們。偉大的政治家。」

六十三年一月一日 加州松屋

從幾個人物看華府政情

傅爾勃賴特與美國外交

一

傅爾勃賴特（臺報譯爲傅爾布萊特）是美國參議院外交委員會的主席。他本是詹森總統的同志和老友。在甘廼廸總統考慮國務卿人選時，詹森曾力薦傅爾勃賴特擔任。但傅爾勃賴特現已失歡於詹森了。去年詹森以盛宴招待英國女皇的妹妹，白宮僅邀外交委員會第二位資深委員史巴克曼參加，而未邀傅爾勃賴特。後來白宮接着款待德國總理和英國首相，傅爾勃賴特也都未被邀請，原來他已在白宮嘉賓名單中被剔除了。

這是美國政壇一件怪事，因爲傅爾勃賴特是參議院很有地位和勢力的人物，在這國際局勢很動盪的時候，他的合作和協助對白宮很感重要，而以詹森的人情練達，應付有方，何致與他鬧得如此之僵！所以這個問題迄今仍令人惶惑和惋惜。

二

紐約兩家大報都曾加以評述。《前鋒論壇報》是由華府記者格拉斯執筆。他說：詹森總統曾送一張照片給傅爾勃賴特參議員，攝於白宮一會議。詹森立着對傅爾勃賴特講話，而後者坐着沉思，面露懷疑之狀。詹森在照片上寫着：「送給皮爾：我知道我說服不了你」。皮爾是傅爾勃賴特的小名。這樣的照片現在不能再拍攝了。因為詹森總統不再作說服傅爾勃賴特的嘗試了。自從去年九月十五日傅爾勃賴特在參議院發言攻擊詹森先生決定出兵干涉多明尼加以後，二人幾乎沒有說過話。

格拉斯指出：這次參議院外交委員會所以舉行越南戰爭公聽調查會，並洽國家廣播公司將全部實況以電視播送全國，乃是詹森和傅爾勃賴特二人交惡的結果。

詹森總統對參議院的越戰公聽會深感不滿。因為美國人民對於這次恢復轟炸雖有四分之三表示贊成，但是詹森深信公衆的情緒可能為傅爾勃賴特等反對論調所激動，以削弱人民對政府的信任和支持。

格拉斯提出這些問題：傅爾勃賴特何不早些反對越戰呢？他害怕中共會參加越戰，但這個顧慮早就存在，他何以不早在一年前舉行公聽會？而且何以在前年八月領導參議院投票贊成授權總統得以任何方法從事越戰呢？格拉斯指出這是因為詹森與傅爾勃賴特去年九月前常有晤談的機會，而傅爾勃賴特一向認為私下商談的效力大於公聽。但最近則因一部分自由派參議員的慫恿，他乃變更初衷，毅然以反對派領袖自任了。

三

《紐約時報》對這事更加重視，在社論中，在專欄中，在新聞分析中多所論列。雷斯頓專欄認爲那不是他們的個人糾紛，而是原則和政策的分歧。他說：詹森總統把他任參議院民主黨領袖時的個人態度和政治技巧帶進白宮。他在國會是以恩威並用的方法統馭同僚，行之有效。去年在內政問題方面，他的老方法也生效力。但外交問題的關係重大，不容聽任一個人操縱。詹森的批評者，對於國家和戰大計，自不能受威逼利誘而緘默。這在傅爾勃賴特尤其如此。

雷斯頓又說：而且總統依照憲法應就外交問題覓取參議院的「忠告」，但參議院對詹森在這方面的態度和作風一向不滿意。因爲詹森雖常邀請國會議員到白宮舉行會談，可是他不是要覓取忠告而反是忠告議員。傅爾勃賴特曾把詹森譬喻爲銷貨員，他說，在交易場合中，銷貨員與顧客，沒有討論問題的平等機會，這是說政府往往處於有利的地位。於是參議員祇好到他們自己的園地中去發表議論了。

可是並非人人都同情傅爾勃賴特。《新聞》週刊的專欄作家克雷福，批評他有「錯誤的勇氣」。另一專欄作家史比維克指出他是「取消派」。他把詹森和傅爾勃賴特二人比較一下，說前者是樂觀者，後者是悲觀者；前者在三思之後，勇於作爲，後者則過於謹慎；前者是能想也能做，後者祇是不斷的想着。所以傅爾勃賴特反對美國政府對付國際共黨的一切強硬政策和行動，不僅對多明尼加事件和越南戰爭而已。

四

多明尼加事件的批評乃是詹森和傅爾勃賴特交惡的原因，這個公案究竟誰是誰非，迄今尚無定論。經過情形是這樣的：

去年四月二十四日，多明尼加共和國首都爆發反對軍人統治的革命，領導人是傾向於被軍人推翻的民選總統巴許。第二日魏辛將軍進攻革命軍，後者請求美國調停，美國雖勸魏辛停止攻擊，但未生效。二十七日，革命軍領袖以大勢已去，紛紛逃亡，於是共產黨乃乘虛而入，殺人放火，形勢險惡。經當地警察首長通知美國：無力保護僑民，美國大使隨卽電請華府出兵護僑。詹森總統深恐古巴的卡斯楚革命重演於多明尼加，立卽派遣陸戰隊，在聖多明各登陸，隔離政府軍和革命軍。雙方後來經美洲國家組織的調處，停火談和。現在已由巴許任內一位部長擔任臨時總統，並定於本年秋舉行大選。但共黨勢力日益強大，示威、罷工、請願、遊行，鬧得鷄犬不寧。而重要軍人都被放逐，共黨武力且已編入政府部隊，後患正方興未艾。所以美國陸戰隊仍有九千人以美洲國家組織維持和平軍名義留駐於多明尼加。

去年九月十五日，傅爾勃賴特在參議院發表長篇演說，對詹森的干涉政策，大肆抨擊，不是說他錯誤，就是說他違法。他有這樣一段妙論：「政府當局自始就認爲（多明尼加）革命是爲或將爲共黨所控制，除非使用武力，無法阻止共黨的成功。他們深恐再來一個古巴。他們不懂得任何改革運動都能吸引共黨的支持，而共黨支持與共黨控制乃截然不同，他們不懂得在改革運動中與共黨競爭，勝於排斥他們，以致他們獨佔改革的好處。而且最重要的是他們不懂得經濟發展和社會正義乃是阻止共黨顚覆的最主要和最可靠的安全保障。」

五

當時和第二日曾有幾位參議員替詹森政策辯護。他們指出，多明尼加與美國僅有一水之隔，不容它變成古巴第二，而多國共黨爲古巴所訓練和指揮以從事叛亂，也是不爭的事實。美國出兵護僑，並阻止共黨叛亂的成功，並不錯誤，並不違法。

照傅爾勃賴特在他近著《舊神話和新現實》所表示，他慣於而且鼓勵他人，想入非非。他說：「我們必須勇於想入不可思議的事情。因爲事情如認爲不可思議，一切有關的思考自必停止，而有關的行動自必漫不經心」。他認爲如欲擺脫舊觀念而面對新現實，必須能夠想入非非。因爲他說：「如果我們矯正一切舊神話，在新現實中做得高明和成功，我們必須自由的想和自由的做。」

傅爾勃賴特自己說，這次所以舉行越戰公聽會，是怕觸發美國和中共的戰爭。他對中共也有一套想入非非的看法。他在他的那本新著中說：「我不信我們現在與中共的關係是永久不變的。

好像我們與日德兩國的關係，在很短時間內敵對會變成友好。所以我們與中共的關係也能很快的轉變。中共不久會再轉變，以致兩國卽使不能友好，但極可能在競爭中和平共存。所以我們如果採取一些彈性的措施，或在兩國關係中注入一些彈性的性能，那是極有利益的事情。」

但是他也不贊成在現狀下承認中共或讓它進聯合國。

六

自從美國恢復對北越的轟炸，傅爾勃賴特深恐美國與中共發生戰爭。於是他力主結束越戰，以期去火抽薪。在最近一次公聽會，他當面責備國務卿魯斯克未能盡力用外交方法促成和平。他指出美國不肯讓南越民族解放陣線正式參加和談，所以和談不能實現。他說美國應該告訴南越共黨：美國承認它是和談對手之一。

傅爾勃賴特認爲美國堅持南越必須保持自由，不被北越武力征服，這是美國要北越無條件投降。

傅爾勃賴特在第一次公聽會指責主管援外事務的貝爾署長何以常用「共黨侵略」字樣。他說：「如認爲北越侵略南越，就說北越侵略好了，何以要說共黨侵略！那麼如果美國侵略智利，也應說是民主侵略智利或資本家侵略智利了。」

由於傅爾勃賴特好做非非之想，他認爲美國必須從舊神話中解放出來，面對新現實，把外交政策徹底改絃更張。

其實傅爾勃賴特這樣的想入非非，乃是無視舊現實，製造新神話。詹森檀島致辭所呵責的「盲於經驗和聾於希望」的人，自係指傅爾勃賴特等而言。

五十四年三月 紐約

陶德案牽涉三個問題

《徵信新聞報》最近有一社論，「就美國參議員陶德與專欄作家皮爾遜涉訟新聞」認爲是「値得借鏡的民主紀律」。但是陶德案並不很簡單，其中牽涉到很多問題。因爲它的起因是一個外交問題，參議院紀律委員會也把它作爲外交事件在處理，所以我乃得在「外交專欄」中加以論述。

本案何以被特別重視？

陶德案所牽涉的問題，至少包括下列三項：

一、皮爾遜和他的夥伴安德生從本年一月份開始，寫了三十多篇專欄文章，揭發陶德的陰私而痛加攻擊，是否涉嫌誹謗？是否濫用言論自由？

二、陶德是否爲克賴恩中將（退休）的遊說機構所利用，而爲有利於西德和克賴恩的活動？他是否收受了克賴恩的重禮？

三、陶德以三次籌款宴會籌得的十多萬美元，如何使用？是否都用作競選費用？是否移作私人開支？如爲競選費用，依法免繳所得稅，充作私人開支則應納稅，但贈予則又可免稅，而競選費用與私人開支頗難區分，陶德究竟是否漏稅？

自從陶德自動請求參議院紀律委員會（美國人習稱爲道德委員會），就本案加以調查處理後，朝野各方對此都很注意。同時陶德又要求稅捐機關解釋他所得的捐款或贈款究竟可否免稅，這又引起一個重大的法律問題。因爲很多民選人員都收受捐款，但究應如何使用，大家都不注意，陶德案的結果可以確立標準，有所適從。

最近陶德又向法院控告皮爾遜和安德生，要求處以五百萬元的損害賠償和懲罰。被告也利用法律程序，請求法院命令陶德攜帶汗牛充棟的文件親到被告律師事務所聽候後者作「庭外調查」，法院已准如所請。陶德要求在「庭外調查」時拒絕他人旁聽，也得法官核准，但法官拒絕他的另一要求——被告不得在法院審理前公開在庭外調查所得的資料。

陶德爲人和報紙審判

依照美國的訴訟制度，審判權可以說不在法官而在陪審團（因爲有罪或無罪，是由陪審團認定的），調查的職責也不在法官而在律師。我預料本案被告律師對陶德的調查需時將很長，筆錄和證件將多至幾千頁，其中有害於陶德的，必將儘量披露，以打擊他的聲譽。且因法庭審判將在二年或三年後方能開始，陶德將痛受訟累和「報紙審判」的長期苦楚。陶德曾請法院禁止皮爾遜等繼續利用報紙予以攻擊，但被拒絕。一般人都很同情陶德。在政壇上，自由派和保守派對他都有好感。自由派所以對他有好感，是因他是詹森總統的老友，對大社會法案的投票，一向依循自由派的路線。至於在保守派的心目中，他是反共的健將。一九五九年，他反對艾森豪邀請赫魯雪夫訪美。一九六一年，他反對聯合國和甘廼廸打擊剛果的反共領袖項貝（臺報譯為卓姆貝）。

華盛頓有一反共廣播節目，是美國安全協會（民間組織）所主持的，叫做華盛頓空中報告。在周以德任衆議員時由他擔任播講，每週兩次。現在改由陶德主持。他也是美國百萬人（反對中共）委員會的常務委員。但因皮爾遜的破壞，他的聲光已經大不如前了。

其實陶德並無大錯。皮爾遜在一九五八年就開始攻擊陶德。半年前陶德的秘書兩人把他檔案中的文件偷的偷，抄的抄，共達數千件，一齊交與皮爾遜，後者更得以之大施攻擊。

與西德說客勾結問題

現在就陶德被攻擊的第一項，先加分析。

據皮爾遜指責，一位退休的陸軍中將克賴恩，替西德在美國作「說客」。陶德與他勾結，互相利用。皮爾遜指出：陶德常到紐約免費住在克賴恩的招待所，接受他的金錢和所贈的波斯地毯，作為報答陶德在參議院發言讚揚西德政府，並把有利於西德的資料要求列入國會紀錄。皮爾遜又指摘，在一九六三年參議院外交委員會調查外國遊說機構時，克賴恩遭遇困難。陶德特別親去西德爲他疏通，一切費用都由他供給。

但是陶德和克賴恩先後指責皮爾遜等說謊和曲解。克賴恩說，他的機構的任務是爲他人做好公共關係。他與西德的業務關係曾向美國政府登記有案。著名的前國務卿艾契遜也在經營同樣業務。他說，但有些人卻在濫用新聞自由和權力對他恣行譭謗。在致各報的函中，他說：「內人送給陶德夫人的一塊桌布，僅値美金二元，卻被說成波斯地毯。我寫給陶德參議員的信卻被說成『秘密的指示』。我向二十年老友提出的一個請求，卻被誣爲對全世界崇高機構一位議員的命令而把他當作我的送信人」。

《紐約時報》查悉，克賴恩所代表的西德機構，叫做美德友好合作協會，是西德一批商人律師和教授所組織的，目的在促進美德邦交。克賴恩所得的費用是每年十二萬五千至十五萬美元。

捐款移充日常開支問題

一九六三年美國參院外交委員會調查外國說客案，克賴恩曾出席作證。消息傳到德國，說他做錯了事，因而受到國會審判，這對他自很不利。陶德是外交委員，那時適因事去西德，據他的助理人員透露，他曾在西德發言讚揚克賴恩，但爲時不過兩分鐘。

陶德的助理人員又透露，克賴恩曾陸續參加陶德籌款宴會，捐助總數是一千美元。

陶德是否爲外國說客所利用？是否接受不當利益？參議院的紀律委員會就將開始調查。該會成立約一年，委員六人，民主共和兩黨各佔三人，人選係由參議院議長卽副總統韓福瑞提請大會同意產生。

陶德被指摘的第二項，是他把籌款宴會所籌得的競選經費十餘萬美元，移作私人日常開支，而不報繳所得稅。

依照法律，捐款人指定作爲競選費用的款項可以免稅，但不得移作別用，否則便須繳稅。但捐款人如果爲對對方表示尊敬把捐款作爲贈予，則對方可以自由使用，不必繳稅。

本案款項，據皮爾遜指摘，顯然是競選費用，但爲陶德移充日常開支而不報稅。陶德對此尚無聲辯，但他的助理人員說那是贈予，並說多半用以彌補三次競選所耗的經費，也有用以布置未來的選舉，總之並未移充私人日常開支。

本案金錢部分，稅捐稽徵機關正在調查，參議院紀律委員會可能也將過問。

皮爾遜等誹謗責任問題

但是卽使參議院和稅捐機關調查的結果都有利於陶德，這是說陶德與克賴恩的關係並未違反國會紀律或道德，陶德也並未漏稅和逃稅，但法院未必會科皮爾遜等以罰金或賠償。因爲美國的言論自由有着充分的保障。

去年蒙哥瑪萊市的警察局長薩律範控告《紐約時報》誹謗，要求損害賠償，經最高法院判決敗訴。理由是：原告是政府的官員，理應容忍有關職務行爲的批評。除非證明被告具有誹謗的故意，法院不能科以罰金或賠償。這個判決的意義和影響都非常重要。

最近一位曾得兩次諾貝爾獎金的生化學專家保霖博士，控告《國家評論》週刊誹謗，要求賠償一百萬元，因爲後者說他是「本國（共黨）同路人領袖之一」。經紐約聯邦法院審理結果，原告也敗訴。理由是：原告雖非政府官員，但既已捲入公衆所嚴重關切問題討論的漩渦，他就失去要求損害賠償的權力。這個判決的基礎，就是上引薩律範控告《紐約時報》的判例。

但陶德如果能夠證明皮爾遜等具有誹謗的故意，他也許能夠勝訴，但所得賠償也許祇是一元美金，而決不是五百萬元。

五十五年五月二十日　波士頓

韓福瑞和自由派

一

美國副總統韓福瑞先生將於十二月底赴非慶祝新總統就職典禮，並訪問臺北、東京和漢城。

臺北很多人對美國的自由派一向沒有好感，而韓福瑞不僅是自由派人士，而且是自由派領袖。但我以爲我們必須放棄對自由派的成見。不獨因爲我們的成見是錯誤的，而且因爲美國自由派的勢力日大，我們不宜對它忽視或輕視，而對韓福瑞先生則更應刮目相看。

對於一位副總統，因爲他不負實際責任，大家照例不很重視。但是韓福瑞這位副總統卻非比尋常，我們不獨須刮目相看，而且須另眼相待。

二

韓福瑞是一位了不起的人物。他生長在美國經濟大恐慌時代。他的父親經營一間小藥房，勉強張羅送他兒子進大學，可是兩年之後因爲無力接濟，不得不叫他輟學回家。韓福瑞在小藥房工作七年，再回學校，兩年畢業後，繼續讀碩士。那時他的零用，有時竟靠他夫人做些三明治（夾肉麵包）由他帶往學校賣給同學，每個一角。但到獲得碩士學位後，他就支持不下了，於是輟學教書。後來兩任明納波里斯的市長。一九四八年當選明尼蘇達州的參議員，以後三度連任，直到去年當選副總統。

韓福瑞在一九五六年就想競選副總統。一九六〇年索性競選總統，但在兩州的初選中就給甘廼廸擊敗，他便退出競選，並爲甘廼廸助選。

韓福瑞的成功，不是靠他的「福」氣和祥「瑞」，（他的「福」「瑞」的確也很可觀），而是靠他的天賦和努力。

三

他在學校的成績很好，做市長的政績也很好。在他當選副總統前，他是參議院五位最有勢力的參議員之一（其他四人是民主黨領袖曼斯菲特，共和黨領袖賈克遜，軍事委員會主席羅素和羅德島州參議員派斯托爾）。其中工作最著成效的兩人，第一是羅素，第二就是韓福瑞。

韓福瑞在參議院十六年，有着輝煌的成績。名垂青史的四個大案：部分核子禁試條約，糧食爭取和平計畫，和平工作團和民權法案，都是他所建議的。

甘廼廸總統在禁試條約簽字儀式舉行後對韓福瑞說：「這是你的條約。」至於民權法案，早在一九四八年就列入民主黨政綱，而提議和爲其奮鬥的，就是韓福瑞。

韓福瑞在外交方面的經歷也錚錚有聲。他從一九五三年起就做外交委員會委員，每年參議院休會後，他常奉派或自費出國訪問（但他似乎沒有到過亞洲）。一九五八年十二月，他訪問莫斯科，與赫魯雪夫圍爐長談八小時又二十五分鐘，成爲美國各報的頭條新聞。

艾森豪總統曾派他擔任聯合國出席代表，他在國際間的經驗和聲望也因而增加和提高。（美國政府每年遴派兩名國會議員代表美國出席聯大）。

四

韓福瑞是一位自幼生成的自由主義者。他的青年時代的遭遇和那時的潮流，把他「逼上梁山」。（註）他的碩士論文是《（羅斯福）新政的政治哲學》。美國自由派的大本營美國民主行動協會（ADA-Americans for Democratic Action）在一九四七年成立時，韓福瑞就參加它的成立大會。他在一九六四年八月方辭去它的副主席。

一九六〇年競選總統時，他鄭重宣稱：「開宗明義，我是一個自由主義者。民主黨必須以自由主義贏取下屆的選舉。」他要求：「民主黨必須改造成爲自由主義的政黨。」

查自由主義在美國用語中是與保守主義相對稱。在一九六一年一文中，韓福瑞說得很清楚：「自由主義不是一種很清楚的哲學。它是以彈性和適應去面對人生和社會的一種態度。」

他又說：「自由主義的一個關鍵名詞就是『變』。自由人士了解生活不是呆滯的，任何有生機的東西，從一草一木到政府，必須變化，否則就會死亡。……自由人士歡迎蛻變。……所以他必樂於從事實驗，探求眞理，發展新事物，克服不可能。」

在政治方面，韓福瑞對自由主義的了解，是：對個人表示意見和完成任務所加的限制愈少愈好。

在經濟制度方面，他發明「平衡經濟」（Balanced economy）這個新名詞。他認爲在美國式的自由主義指導之下，大工業和小企業，大農和小農，資本家和勞工，縱有衝突，然因有政府從中加以平衡，就能並存而不相害。

五

作爲一個自由主義者，韓福瑞多年來特別爲「被遺忘的美國人」的生存和福利而奮鬥，包括失業者、小農人、少數民族、青年和老人以及與他們有關係的失業問題、農業救濟、人權保障、醫藥保健和教育補助。

有些人常把自由派看作左傾分子，又把左傾分子看作共產黨。於是他們因反共而反自由派、自由人乃至自由主義。這就「差以毫釐，謬以千里」了。韓福瑞就是一個適例。

韓福瑞是老牌的自由主義者，可是他加入ADA的時候（一九四七年），正在與他家鄉的民主農工黨（DFL……Democratic Farmer-Labor Party）內的共產黨人作劇烈的鬥爭。他爲邀請ＡＤＡ和羅斯福總統夫人的聲援，特到芝加哥去參加ＡＤＡ大會。後來靠了ＡＤＡ的支持，韓福瑞和他的同志終於把共產黨逐出民主農工黨。

一九五四年八月十一日，韓福瑞在參議院提出「宣布共產黨非法」案，它第一段規定：「國家現在發現並宣布美國共產黨名爲政黨，實際是陰謀傾覆美國政府的工具。」

該案經以八十四票對零通過於參議院，迄今有效。

六

韓福瑞不獨位列第二把交椅，而且政治的影響力也很大。這不僅是因爲他是副總統，而且是因爲他的才能、前程和與詹森總統的交誼。

他的才能已如上述，他與詹森總統的歷史，對韓福瑞的現有權勢和錦繡前程很有關係。

詹森總統與韓福瑞同年當選爲參議員，二人的經歷也很相似。但詹森因爲代表南部，比較保守，所以他需要作爲自由派領袖的韓福瑞充當他與自由派的橋樑。

一九五三年，詹森競選參議院的民主黨領袖。他在電話中要求韓福瑞「惠賜一票」。韓福瑞說：「老實告訴你，自由派正在開會。我們正在支持另一人競選。」

詹森說：「你們不能獲勝。」

韓福瑞說：「我們也許不能獲勝，但是我們想表現一下我們的力量，而我將與自由派同進退。」自由派那時所支持的是牟雷。

於是詹森提供優惠的條件，可請韓福瑞做下屆的領導人。但韓福瑞非常堅定，回答：「很抱歉。我對自由派已有承諾。」

選舉的結果，牟雷本來以爲可得二十票的，結果祇得了三票。韓福瑞認爲這樣對牟雷和詹森二人都不好，所以勸牟雷和支持他的其他兩人改投詹森，於是詹森乃以全黨一致的支持擔任國會的領袖。

事後，韓福瑞正恐與黨內領袖處得不好，想不到詹森突然駕臨，要求韓福瑞推薦委員會的委員。後來詹森又使韓福瑞得任極重要的外交委員會委員。

七

在美國三十六位總統中，十一人曾做過副總統，比例不及三分之一，但在本世紀則正好是三分之一。以韓福瑞的才能、資望和與各方面（特別是與詹森總統）的關係，他做總統的可能性很大。

依照《韓福瑞傳》的作者葛里夫斯的觀察，詹森總統在一九六四年深恐他將死在總統任上。他的精力雖很好，但他總忘不掉一九五五年的心臟病。

在他提名韓福瑞作副總統候選人的時候，他極誠懇的說道：「我想在我一生所做的一切重大決定中，沒有像這次遴選韓福瑞的鄭重其事了。……我所以遴選韓福瑞，是因徵詢全國領袖的意見後，在我的判斷中，我深信如果我有不測，他將是繼我做總統的最好人選。」

一九六八年的選舉，韓福瑞仍將是詹森的競選伴侶。一九七二年，詹森依法不得連選，韓福瑞極可能是民主黨的總統候選人。我案頭正放着今天的報紙，登有杜魯門總統的談話，他預見韓福瑞將在一九七二年獲得總統提名。他說：「這不是預言，而是事實。」問以甘迺廸兄弟何如？他說：「他們也有一試的權利。」

這次詹森總統派韓福瑞訪問遠東，他將因而又增加一些做總統的政治資本，包括結識亞洲的政治家和增進關於這個世界重要地區的認識。

五十四年十二月七日　紐約

附註：我文中「逼上梁山」四字確有語病，胡汝霖先生曾寫一篇讀後感加以批評，說得有理。

林賽、尼克森和共和黨

一

經過去年十一月的大選，美國共和黨的元氣大傷，展望暗淡。因爲它的總統候選人高華德得票雖也有二千七百萬，然詹森則多至四千二百萬票。在總統選舉人方面，後者獲得四百八十六票，而前者僅得五十三票。國會議員的選舉結果也很慘，共和黨參議員從原有的三十四席減至三十二席，民主黨席位超過全院三分之二；共和黨衆議員也從原有的一百七十八席減至一百三十九席，民主黨席位也超過全院三分之二。

可是共和黨並不氣餒，準備捲土重來。目標當然是一九六八年的總統選舉，但明年的中途選舉，全體衆議員和三分之一的參議員都將改選，關係也很重大。而這次共和黨人林賽當選爲紐約市長，給共和黨帶來了新希望，因而增加了它的信心和勇氣。(註一)

林賽的勝利，有四項重大意義：

一、紐約市一向是民主黨的天下，在過去一百零三位市長中，共和黨祇佔三位，近二十年來都由民主黨包辦。民主黨的優勢是七對二。詹森大勝之後，共和黨元氣未復，原以爲絕無問鼎的可能。可是這次林賽終於當選，大家對共和黨自將刮目相看。

二、不僅紐約，在很多城市中，共和黨多處於劣勢，林賽這次的勝利，足徵該黨在大城市中並非毫無前途。這多半是因爲民主黨已因衰老而趨凋謝，共和黨乃有吸收該黨選票的機會。

三、黑人的票一般估計都將投給民主黨，然這次林賽居然獲得百分之四十二，雖未過半，然較去年高華德的僅得百分之五，共和黨已足自慰了。

四、但是林賽的勝利，不是共和黨保守派的成功，而是自由派或開明派的擡頭，對保守派不獨無益而且有害。

二

林賽現年四十三歲，紐約市人，父親是一銀行家。他本人畢業於耶魯大學法學院，先做律師，後在艾森豪時代任司法部長的助理。一九五八年當選衆議員，以後連選連任，以迄於今。他的聲望連年上升。在第二次當選時，尼克森競選總統（一九六〇年）在紐約市得票百分之五十點八，而林賽得百分之五十九點八，一九六二年上升爲百分之六十八點七。一九六四年在詹森大勝中，林賽得票竟達百分之七十一點五，是那年全國共和黨中得票最多的人。

他的自由主義的傾向也很可觀。美國自由派的大本營美國民主行動委員會每年把國會議員的投票紀錄做一統計，林賽今年的投票成績被認爲有百分之八十六合於自由主義。

他的特立獨行的作風也足驚人。他今年在衆議院所投的票，符合共和黨路線的，祇有百分之六。去年他聲明不投高華德的票。在這次競選運動中，民主黨競選人請來韓福瑞副總統和羅伯甘廼廸爲他助選，詹森總統也要求選民投民主黨的票，但林賽卻不請艾森豪和尼克森等爲他鼓吹。他說：「我是共和黨人，但紐約市必須有一個獨立的超黨派的市政府」。他請了一位民主黨人做審計長候選人，一位自由黨人做市參議會議長候選人。但這二人都落選。

三

他對中國問題的立場，也是離經叛道。一九六一年他拒絕美國百萬人委員會請求簽名在國會議員反對中共混入聯合國的文件上。他也反對中共進聯合國，但他說：「我不願簽名在這樣的文件上以束縛總統的雙手。試想我國如果突然需要改變我們的政策，而這個文件卻把我們鎖住了。」在紐約市的四位衆議員中，他是唯一不簽名的人。

用一位共和黨領袖的話，林賽是掛在檸檬樹上的橘子。這種粉紅色的人，即使屬於共和黨，也能獲得自由派的支持。《紐約時報》去年不肯用整個報社的名義出面支持詹森做總統，但這次卻全面支持林賽競選市長，鼓吹不遺餘力。

李普曼連篇累牘爲林賽捧場。他在一篇專欄中呼籲民主黨的進步派對紐約市要負起重大的責任，拋棄本黨的候選人，而另選林賽。他說：「假使他們（民主黨的進步分子）不能特立獨行，而低首下心，爲民主黨黨部牽着鼻子走（不選林賽），他們的良心上將染上一個汚點，久久不易洗清。」

在民主共和兩個大黨外，紐約還有兩個小黨：自由黨和保守黨，林賽這次遭受保守黨的反對，但獲得自由黨的支持。

四

現在林賽已是「一登龍門，身價十倍」。人們談到未來的總統候選人，一定會提到他。好多人以他比作已故總統甘廼廸。他們二人確有許多相似之處。

紐約在七年之內卽一九六八年和一九七二年兩次總統選舉時，將有很劇烈的總統候選人競爭。民主黨的羅伯甘廼廸似乎志在必得，共和黨則很複雜，洛克菲勒（現任州長）、尼克森、傑佛史（現任參議員），現又加上林賽，都有逐鹿的雄心。

羅伯在一九七二年必將脫穎而出，角逐民主黨的總統候選人。洛克菲勒最近雖聲明此生不再競選總統，但他明年如能連任州長，誰能保他不變初衷。依照最近出版的艾森豪的《白宮回憶錄》下册，洛克菲勒在一九五九年十二月也曾聲明不參加次年的總統候選人競爭，但到次年六月九日他又聲明願做候選人，以致引起與尼克森的利害衝突。去年他明知無望，但猶大力競選，並對高華德破壞甚力。但是他的當選可能性不大。

傑佛史明年頗想競選紐約州長，但洛克菲勒卻說要捧他競選副總統。如果他不能出任州長，就不能問鼎白宮，而洛克菲勒對州長一席則非爭不可。

林賽在一九六八年的大選中尚無機會，因爲那時他的市長任期尚未屆滿，他必須能在次年競選連任，方可證實他的行政能力和聲望，從而充實他參加一九七二年競選總統的政治資本。那時他的敵手將是甘廼廸兄弟（弟弟競選的可能不下於他的二哥），一場苦戰，大有可觀。

五

如此說來，一九六八年共和黨總統候選人，在紐約人中將是尼克森。在紐約人以外，可能性較大的是密西根州長龍納。然龍納的可能性有一重大條件：他必須能在明年的州長選舉中得勝連任。（註二）

尼克森有好多特點，最顯著的是下列五項：

一、他在一九六〇年與甘廼廸競選時，在六千八百八十萬票中，與甘廼廸相差僅十萬餘票。（試與高華德比較，他與詹森相差一千五百五十萬票）。他的吸引力，據蓋洛普最近幾次調查，在共和黨人中迄今仍無出其右，而且正在升高。

二、共和黨黨部迄今仍爲保守派所控制，他們多傾向於尼克森。至少在兩三年中自由派不能控制共和黨，這對尼克森非常有利。

三、尼克森被目爲中間派，有拉攏黨內保守派和自由派的較大力量。一九六〇年他與洛克非勒的合作，就是明證。

四、尼克森爲黨出力特多。去年總統選舉時，他爲高華德作助選演講一百次以上，而洛克非勒等則一次也不肯。年來尼克森對於黨內集會有請必到，有到必講，席不暇煖，這種孤臣孽子的精誠，感人頗深。

五、尼克森曾任多年的衆議員、參議員和副總統，在共和黨人中政治經驗最豐富，他的外交方面的經驗和才能，尤爲人所樂道。

但是以他與詹森總統比較，如果明日就選舉，詹森自必當選無疑。共和黨或尼克森一九六八年的機會，在外交方面是越戰，在內政方面是今年公布的一大批福利法案的執行情形。如果那時越戰尙不解決或內政效率太差，共和黨當有較好的機會。

五十四年二月十五日　紐約

（註一）：美國共和黨一九六六年的大選結果，參議員、衆議員和州長人數都有增加，該黨對一九六八年的總統選舉，展望因此較好。

（註二）：龍納巳當選連任，而且得票率很高。

詹森總統與知識分子

從學生運動說起

本期《時代》週刊的封面人物，是美國總統的國家安全事務顧問彭岱，該刊以四頁篇幅報導他最近在哈佛大學與教授和學生辯論越南政策的情形和他在華府的重要性。

該刊報導，少數學生手持標語，上寫「彭岱何時受戰爭犯罪的懲罰！」在會場外示威。但彭岱的演講和辯論是很成功的。

美國大學學生對政治運動一向不很熱心，但是去年十二月加州大學學生發動校內言論自由運動以後，不久美機又天天轟炸北越，很多學生，也有很多教授，乃紛紛舉行反對越南政策的辯論、請願、抗議和示威。五月十五日，來自全國各大學校的教師和學生五千餘人，聚集華府，舉行所謂「強教」大會。其組織之大，聲勢之盛，縱非絕後，允稱空前。

那天的強教運動中有一項很精彩的節目，是下午二時至五時的一場總辯論。正反兩組，每組各五人。支持美國對越政策的一組原由彭岱任主辯人，反對方面由康乃爾大學政治學教授凱因任主辯人。這九人都是各大學的政治學教授，彭岱也曾任哈佛大學研究院教務主任，在學術界頗著聲譽。

反應和評價

但是那天彭岱奉派赴多明尼加公幹，臨時通知不能參加，支持方面改推加州大學政治學教授史卡拉比弩爲主辯人，並要求對方也減少一人，但未被接受。於是辯論乃在四對五的弱勢下進行。這位史卡拉比弩，就是主張「中臺共和國」的所謂康隆報告的起草人。可是他反共甚力，而且辯才很好。那天頗佔上風。

近據哈律斯民意測驗報告，多數人認爲大學教師和學生公開反對越南政策（例如上述強教運動），不是一件好事。這些多數人認爲強教運動不是由於意見的分歧，而是左傾分子所蓄意製造的。

被測驗者被問兩點。第一點：你認爲強教運動和學生示威在對外作戰、國步艱難的時候是一種健康的象徵？抑或是一種不好的現象？

答爲健康的象徵的，佔百分之三十二。答爲不是好現象的，佔百分之五十三。不能決定的，佔百分之十五。

第二個問題：這一部分教師和學生對於政府的越南政策表示反對，你認爲由於眞誠的意見不同？抑或是大學（左傾）過激組織活動的結果？

答爲祇是意見的不同的，佔百分之四十。答爲過激活動的結果的，佔百分之四十六。不能決定的，佔百分之十四。

如再加以分析，則下列幾點頗可注意：

一個民意測驗的分析

一、在美國國民中，祇有百分之二十五的人注意這些強教運動。

二、贊成強教運動的人，是大學生或大學程度，年齡在二十一歲至三十四歲，住在美東，去年投票支持詹森總統。

三、反對強教運動的人，是中學程度，年齡較大，住在美西和美南，去年投票支持高華德參議員。

四、贊成強教運動的人既爲高級知識分子，而高級知識分子的人數究竟不多，所以強教運動如果延長下去和激烈起來，反對者的百分比自必大增，也許成爲二對一。

五、贊成強教運動的人雖少於反對者，然他們既是高級知識分子，力量自必較大，所以很受政府重視。

六、參議員外交委員會委員民主黨的陶德，近就亞洲之行（包括南越和臺灣）提出長達三十六頁的報告，他譴責這些知識分子說：「他們要求和談，但越南共黨深信他們在美國有很多有意和無意的盟友能夠強迫美國政府撤出越南，使他們從而獲致全面的勝利。他們既有此信念，怎樣肯與我們談判和平呢！」一個最新的證據，就是莫斯科《眞理報》六月十八日報導，胡志明因美國左派人士對越南政策的批評而很受鼓勵。胡志明說：「美帝國主義因此正日陷於孤立」。

共產黨的滲透操縱

另外一個更可注意的問題，就是這些運動是否爲共產黨所滲透。依照上引測驗，多數人深信係受共黨的操縱。現在引述加州議會一個調查報告作爲旁證。

按年來美國各大學的學潮，當以去年十二月加州大學的學潮爲嚆矢。那時加大學生爲爭取校內政治活動的所謂言論自由運動，發動罷課和示威。十二月二日，千餘學生佔領行政大樓，強迫學校當局遂其所欲。第二日加州州長勃朗派遣警察七百餘人前往彈壓，學生抗拒，六百餘人因而被捕。

這事引起加州議會的注意，參議院議決推派三位議員，由議長召集，調查那次學潮的內幕。經四個月的調查研究，六月十九日，該調查委員會發表報告書，指出加大學潮係爲共黨所控制和操縱。

共黨控制的程度

該報告書承認十一月間的幾次示威，各派學生都參加，共黨的活動並不顯得特別積極，但該報告書接着說：「我們要竭力特別強調，共黨的控制，在十二月二日佔領行政大樓時立刻加強。在十二月三日以後，領導示威運動的執行委員會和程序委員會完全爲共黨所控制。」

該報告書列舉二個左傾學生團體和十幾個共黨分子，據說都有充分的證據。這兩個學生共黨組織，一叫斯雷脫，一叫杜婆史。該報告書又指出領導學生共黨組織的是進步工黨和它的青年運動組織，社會主義青年聯盟和少年社會主義者同盟，它們專門從事學生運動。斯雷脫和杜婆史都是它們的細胞。

該報告書指責加大校長寇爾縱容共黨團體任意活動，並任用共黨分子擔任教授和職員。

美國政府的對策

詹森總統對這些反對運動，自很關切。他的較早的反應，是失望和憤懣。他曾說：美機在北越所轟炸的祇是一些道路和橋樑，都是土石或鋼鐵所造成的，不料竟引起一部分美國人的反對。但在北越恐怖分子炸毀美國大使館和殺害美國軍民的時候，那些美國人卻三緘其口，從不反對。對於華府的強教大會，政府當局本來表示反對，後來變更態度，選派總統府和各部會的專家十餘人出席該大會的各項集會，參加辯論。彭岱和國務院政策設計委員會主任委員羅斯陶等，都在其內。

在六月一日的記者招待會，有人詢問詹森總統：「總統先生，今天早晨，你說我們歡迎並尋求全國大學、雜誌、以及輿論界對外交政策的新意見。我有兩個問題：這是表示你贊許大學強教運動的方式嗎？你對反對越南以及其他外交政策的言論，反應如何？」

詹森總統答：「我先回答第二個問題。我認爲政府受益於來自各方面人士、輿論、和一般討論所提供的建議。我認爲這是美國制度的強點，而不是弱點。我希望每人都使用憲法保障的言論自由權。我當然更希望這些言論是有建設性並且是負責任的。（我認爲過去經常是如此的。）我很高興，我能生活在這一國家，縱然有分歧和牴觸，然在許多人爲保衛我們的自由而犧牲性命時，我們的人民仍不怕使用這個自由權。我可以確告你們：他們是在眞正的使用它。」

觀於這次左派分子領導的強敎運動沒有泛濫成災，足見美國知識分子的修養尙好，華府當局的應付有方，這是美國社會和政治健康的象徵。值得報導，以資觀摩。

統治者對知識分子的正確態度

本期《生活》週刊曾就知識分子和詹森總統的關係有所論列。它說：知識分子對詹森顯不信服。這有兩個原因。第一、他不是甘廼廸；第二、他沒有知識分子所欽慕的對反對派的容忍。幸而還有一部分知識分子例如彭岱在他身邊，能與那些反對派聯繫和辯論，於是政府的外交政策尙能通過有利的雄辯而訴之於社會大衆的常識，以取得廣大的支持。

該刊於是對詹森總統提一忠告。它說：「知識分子是易於得罪和難於應付的，他們不是通常政治方法所能加以籠絡或將其馴服的。執政者不必期待他們都會擁護他。而且他們的同中之異，較之異口同聲，於國家更有利益。詹森總統應讓他們和平發表其反對的意見。但是他必須努力爭取他們的尊敬，而這必須用容忍以得之。」

就民主黨總統尊重知識分子的傳統來看，詹森總統當能改進他與知識分子的關係。

五十四年七月四日　洛杉磯

福特是什麼樣的總統？

福特總統就職方五日，我現在就寫他是或將是甚麼樣的總統，似嫌過早。但是因爲中美關係的重要，我想讀者樂於也急於早日了解這位舵手的想法和做法，而基於我所蒐集的資料，一個初步的評介已有可能，我於是趕寫這篇專欄。

一

對於福特總統也是對於任何人的政治觀察，最基本的方法，是看他的爲人如何，包括他的氣質、見解和作爲。現在我就據以提供幾項綜合的了解：

一、他是一個單純、開放和誠實的人，也就是一個標準的美國人。這不是我的新發現，而是依據一位專欄作家 David Broder 的評介。他在最近一文中說：「新總統是我們中的一分子，他有單純（simplicity）、開放（openness）和誠實（honesty）的氣質，這些都是我們這個民族所共有的特性。而且有如歷史所昭示，我們這個民族所具有的智慧和遠見是有限度的，而他也是如此。」

二、他是一個習於溝通、和解、妥洽和合作的人。這是他二十五年來的國會生活以及十餘年衆議院共和黨領袖的生活所培養出來的。但這也不是我的新發現，而是依據福特總統在國會的報告：「我對國會關係的格言是溝通（communication）、和解（conciliation）、妥洽（compromise）和合作（co-operation）。」

三、他是一個節約和廉潔的人。美國有一種肥皂粉，是以一個「清潔先生」（Mr. Clean）做商標，福特總統已博得這個美名，那是經過千錘百鍊而方被人發現和稱道的。他是安格紐前副總統的繼任人，而安格紐以受賄被逼辭職，所以國會在同意福特任命前，曾請聯邦調查局蒐集他的操守資料，該局派出五百多人，「上窮碧落下黃泉」，蒐尋事證。曾有一次查到他的助理人員在人民捐給他的競選經費中動用一千一百八十二元充作他家屬的旅遊之用，但不久就被他發覺而隨即歸墊。他在接受競選捐款時，不要現款而要支票，因爲這樣可留紀錄而便檢查。他的十七歲的女兒，今年暑假尚以每小時一元五角的代價爲鄰居看小孩。所以他這次就職以後的第一關切，是怎樣削減聯邦政府的現行預算，作爲節約運動的倡導，以遏制通貨膨脹。

二

四、他是一個謙虛和安分的人。他對政治雖有興趣，但無野心。他現年六十一歲，在兩年前早已決定在一九七六年退隱，不再參加議員競選。據華府兩位名記者 Evans 和 Novak 報導，尼克森所以選他繼任副總統，就是認爲他不致在共和黨內與尼克森爭霸；參議院民主黨領袖曼斯菲特和衆議院議長艾伯特曾親訪尼克森表示支持福特，幕後原因就是認爲福特不會利用副總統的地位在未來大選時與民主黨競爭總統的寶座。福特本人那時也一再聲明無意競選。（但是現在形勢逼人，他的發言人昨答新聞記者的詢問，聲明他可能要參加競選了。）

五、他在內政上是一個中庸主義者（moderate），在財政上是一個保守主義者，在國際事務上是一個國際主義者（Internationalist）。這三者都是他去年十一月在國會作證時的「夫子自道」。可注意的是所謂國際主義者不是孤立主義者。

六、他是一個擇善固執的人。在本期《大西洋》月刊有一長文評介福特總統，篇首列着這一警句：「不要被那些維護副總統智慧的話所瞞過。牛皮中藏着一隻狐狸。」他不輕易作決定，他要多方徵求和重視有關方面的意見，但是一經決定，就很固執。我多年前一位朋友曾撰八句座右銘，我以爲可以作爲福特總統的寫照。原文如下：

事忙弗慌，事閒弗荒。
有容乃大，無慾則剛。
和如春風，嚴如秋霜。
取象於錢，外圓內方。

具有上述那些特質的福特總統，我祝福他一帆風順。

三

他對國會的關係一定會好轉。美國是三權分立的政制，立法和行政互擁大權，互相牽制。如果總統和國會不是一黨所領導，彼此互爭雄長，展開鬥爭，各不相下，不像內閣制那樣國會可以不信任票逼內閣去職，而內閣也有權解散國會，重行選舉，以探求並取決於民意。現在美國國會是民主黨所領導，它與尼克森鬧得很僵，雙方各行其是，不免耽誤國事。福特提出並可信其必能履行上文第二項的所謂四C精神，並且號召不僅有蜜月，而且要成爲好姻緣。而國會議員對他也多有好感（去年他在參議院以九十二票對三票，在衆議院以三百八十七票對三十五票的絕大多數獲得副總統職位的國會同意），預料這個蜜月期間可以延長到明年一月二日國會任期終了爲止。

尼克森先生與勞工團體勢如水火。福特總統過去的投票紀錄在一百數十次中祇有九次符合工會的要求，雙方關係也不很好。但他就職後就把全美總工會會長閔尼請到白宮懇談一小時，已經獲得工會的諒解。

衆議院有十六位黑人議員，因怨福特反對民權法案，去年投同意權時，祇有一人投票同意。日前福特總統派海格秘書長親訪他們，邀請定期與總統晤談，他們表示也已諒解。

四

福特總統是做公共關係的好手，前途一片好景。但在三權政制中，總統與國會處於對立地位，後者牽制甚至控制前者，乃是憲法賦予的職責，何況又在民主黨支配之下。尤其遇到實際問題，如果雙方不能互相讓步，蜜月就會觸礁。昨日衆議院撥款委員會議決在國防經費中削減五十億元，在援外經費中削減十億元，這使福特總統啼笑皆非。因爲節約固合他的要求，但是他一向反對削減軍費，而他所想削減的，又未必能爲多數民主黨議員所接受。但在外交領域中，雙方較易合作。

外交問題比較複雜，也較多刺激性，過去幾位美國總統，都自動的或被動的對此付出很多心血。在這方面，福特總統要做的事自必很多。但對我們所最關心的中美關係，他所能做的似乎很少。今天限於時間和篇幅，我祇舉英國人的兩項看法作爲見證：

一是本月九日出版的《經濟學人》社論所說：「（尼克森季辛吉的中國）政策（除了主觀條件外）需要其他一些（客觀條件）——它需要（毛共）中國政府的穩定，（毛共）外交政策的自我約束，以及中美關係的繼續推進。但這些現已成爲疑問。……結果是尼克森（季辛吉的）中國政策已經脫離他的手掌。假使它尚能有些發展，決定的人（不是尼克森季辛吉），而是對方。」（引號中的括弧，都是我所加的。）

此外，一位英國外交問題權威（他不欲報紙登出他的姓名），上月底在牛津大學「世界均勢問題討論會」中進一步指出：毛共與美國對立情勢的突變，完全是因毛共害怕蘇聯的軍事威脅，但是現在這種恐懼顯已減少，所以毛共不願與美國這個「超級帝國主義」締結不正常的盟約了，而美毛間因此也沒有甚麼大軸戲可唱了。

六十三年八月十三日　加州松屋

甘廼廸總統的思想和作爲

一月二十日就職的美國第三十五位總統甘廼廸先生，在去年七月十五日接受總統提名演說中曾經大聲疾呼：「現在是變的時候了。」「世界正在變，舊的時代正在沒落，舊的辦法將無能爲力。」「我們今天站在一九六〇年代新境界的邊緣。這是一個有着尚不可知的機會和危險的境界。這是一個有着尚未實現的希望和威脅的境界。」「今天沒有所謂維持現狀。」「全人類等待我們的決定。全世界仰望我們的做法。我們不能辜負他們的信託。我們不能不有所嘗試。」

甘廼廸這些號召和啓示，引起了全世界的關切。有人因而興奮，有人因而恐懼，有人因而疑慮。在甘廼廸當選總統以後，於是全世界都要問：他將做些甚麼呢？他能做些甚麼呢？

自由主義的觀點和自我節制的路線

寫甘廼廸傳記的柏恩思教授提供了一個答案。他在與《美國新聞和世界報導》記者的談話中，預料：「在未來一二年中，甘廼廸勢將放寬和延長民主黨的自由主義和國際主義的政策。」

民主黨是一個自由主義的政黨。卽使被目爲國會保守派領袖的雷朋議長，最近對新聞記者發表談話，對此也不否認。去年七月民主黨全國代表大會所通過的政綱，確較共和黨的富於自由主義的色彩。而甘廼廸在接受提名時，曾明白表示：「人的權利，那些與人類尊嚴有重要關係的民權和經濟的權利，確是我們的目標和第一個原則。我們有這樣一個政綱，我就能有熱心和信心去競選了。」

再看甘廼廸本人的政見和政績。在兩黨開始總統提名前，美國全國總工會曾在國會所表決的議案中提出四十九個議案作爲評判候選人政治立場的標準，以四十九案的表決完全符合工會要求的爲最優，而甘廼廸的投票紀錄居然有四十八案符合了工會的要求，而後者是帶有濃厚的自由主義色彩的。

在甘廼廸被提名爲民主黨的總統候選人以後，他盱衡時勢，覺得有採自由主義觀點的必要，因此他說：「假使你的理智判斷要你採自由主義的立場，你就祇有採取那樣的立場，但這不是爲自由主義而採取自由主義。在一九六〇年，這是我的立場。在一九三二年，這是羅斯福的立場。」

最近一期的《時代》週刊，曾就甘廼廸的思想和作風加以分析。它提出這樣兩個問題：「甘廼廸是一個自由主義者麼？還是一個保守主義者？」它說：「答案是介於二者之間，而與自由主義或保守主義的觀點尚有相當的距離。在對他競選中所持觀念沒有十分深刻印象的人們看來，甘廼廸雖富於思想，但他並不是一個空想的觀念論者。他有着政治的才能和技巧。幾乎從他當選之日開始，甘迺廸就表演一個令人欣慰的紀錄。他剪裁了他的觀念使其適合實際的目標。」

《時代》週刊舉出甘迺廸對閣員的任命作爲有趣的論據。它說，在國務院中，駐聯合國首席代表史蒂文生、副國務卿鮑爾斯和主管非洲事務的助理國務卿威廉都是著名的自由主義者，他們雖位居要津，但都得聽命於儀表文雅而心腸堅硬的魯斯克國務卿，後者在參議院外交委員會的證辭中明白表示新政府不會在外交上去放一把火。

其次，《時代》週刊又指出，甘迺廸雖請了自由主義的海勒爾擔任經濟顧問委員會的主席，然而他的財政部長卻是共和黨的狄倫，後者最近告訴國會議員不要希望有甚麼革命的「新境界」的經濟政策。申言之，幾乎在每一機構中，甘迺廸都安置着自由分子，但多半是在溫和派的指導之下。

《時代》週刊又透露，在過去一個月中，甘迺廸所邀請的專家小組（本文作者記得有十五個小組之多，組成分子都是一時之選）幾乎天天有漂亮的新計畫提供他採納。最先來的是參議員薛明頓主持的委員會所提徹底改組五角大厦（國防部）的計畫，接着是麻省理工學院教授薩姆遜的大量援助教育、房屋和蕭條地區的計畫。甘迺廸怎樣處理呢？他表示了微笑的謝意，可是並未採取行動。他向國會所提出的五項計畫（以聯邦經費資助房屋、教育、醫藥、和蕭條地區並將最低工資從一元提高到一元二角五分）溫和得能爲任何中庸主義者所可接受。

幾塊絆脚石

就甘迺廸的個性思想和作風而論，他在競選期中的言行，應該就是他的本來面目的表現，現在所走的路線，乃在許多人的意料之外。然則他何以會有這樣的轉變呢？《時代》週刊提供了一個解釋，它指出那是因為他在十一月八日總選時得票太少，勝得太險，（在六千八百萬票中，甘迺廸僅多得了幾十萬票）；這樣的民意表現，不能算是國民已經支持了他的政見。假使艾森豪可以再連任一次，甘迺廸無論如何也不能入主白宮。甘迺廸有這感覺，所以不得不抑低他的調兒。

我還可以補充一項理由。在與總統同時舉行的國會議員的改選，民主黨雖仍獲得勝利，然與上屆比較，參議員少了二席，衆議員少了二十四席。因此甘迺廸如果在衆議院中提出激進的法案例如有關民權或經濟政策的，反對黨（共和黨）祇要聯合二百五十九位民主黨衆議員中的四十二位，（加上共和黨的一百七十八位），就可構成過半數（二百十九人）而予以否決，而美國國會議員因為區域利害相同的原因常就特定法案作超黨派的臨時諒解和協同動作以反對本黨的決策。甘迺廸現在未始不想整肅衆議員中的保守分子，但在沒有十分把握前，他自不敢魯莽從事。

還有一個財經的因素。照上月的統計，美國黃金繼續外流，十一月份就損失了五萬萬元，失業人數繼續增高，目前快將突破五百五十萬人的大關，工業生產較去年同期減少了百分之七，其中鋼鐵業僅有半數的產量，足見經濟又到了蕭條的邊緣。財經狀況如此不如人意，甘迺廸當然不能爲所欲爲。

但是甘迺廸的施政重心，無疑將放在外交方面。他將通過外交來恢復美國的聲望。前三天我們看到的就職演說辭，全文談的都是外交方針，我們卽此可以認識他的抱負着實不小。

大概甘迺廸乃是一個英雄型的人物。他有大志，有野心，有勇氣，有辦法，有作爲。他不會安於現狀，也不能安於現狀。他在「論總統」的著名演說中引用一句中國的俗諺——「祇聽樓梯響，不見人下來」，以批評艾森豪政府做得太少。我們且看這位英雄怎樣創造時勢，把美國帶入「新境界」。

實力外交和和平戰略

就現有的資料而論，他的外交方針，大約包括下列各要點：

一、增加國防經費，擴充軍備，包括傳統的（普通的）武器和核子武器，以爲外交的後盾。

二、信守前任所作的對外諾言，決心履行條約義務，並加強自由世界的統一陣線，特別加強北大西洋公約組織，以爲對俄外交的後盾。他在就職時慷慨陳辭：「讓每一個國家知道，不論它希望我們好或希望我們壞，我們決付出任何代價，肩負任何重擔，忍受任何艱苦，支持任何朋友，或反對任何敵人，以確保自由長存和成功。」

三、但是他的戰略方針還是和平，而保持和增進和平的途徑，於加強武力和團結友邦外，就是談判和協議。他在就職辭中說：「讓我們重新開始——雙方都要記住：謙恭並非軟弱的象徵，而誠實總是須有明證。讓我們永不基於恐懼而舉行談判，但讓我們對舉行談判永不感恐懼。」外交本來離不開談判，我們不難想像甘迺廸以後會舉行更多的談判，包括與赫魯雪夫的所謂高階層會議在內。

四、我們同樣地不難想像，甘迺廸總統不致爲對方的暴力所脅迫而屈服。我們相信赫魯雪夫將會遇到一個辣手和棘手的勁敵。

最後，我要抄錄甘迺廸自己的一席話，以供印證：在〈論總統〉講辭中，他講了這樣一個故事以自勉：

「他（美國總統——百註）必須模仿林肯總統召集他的戰時內閣會商解放（黑奴）宣言那種果敢的行動。那個內閣的人選是經仔細挑選以討好及反映全國許多派系的。（甘迺廸總統這次組織他的內閣，也有林肯總統當年的氣魄——百註）然而林肯對他的內閣說：『我召集諸位來，是請聽取我已經寫下的東西。我不期望諸位對該主要問題提供意見——那個問題我已自作決定了』」。

「後來，經過數小時使他手臂酸軟的疲勞握手之後，在他前往簽署解放宣言的時候，他對在場的人說：『如果我留名青史，那將是由於這個法案的緣故。我整個靈魂都在它裏面。如果我的手在簽署這解放宣言時發抖，後世所有閱讀這個文獻的人將要說：「他遲疑不決了」』。

「但林肯的手並未發抖。他並未遲疑不決。他並未模稜兩可。因爲他是美國的總統。」

「我們在未來的歲月中應該發展的，便是這種精神。」

但願甘迺廸總統能以林肯簽署解放宣言的精神來解放全世界被奴役被壓迫的人類！

五十年一月二十四日

美我毛三角關係的和平演變

對世變的一些看法

——在美國致臺北友人書之一

一

十月十六日晚上七點，有三位老友邀我吃飯。我因車擠而遲到。客人中有一位蘇聯問題專家，一位記者，一位亞洲文化史教授，一位現代外交史專家，一位中國文化史教授，他們正在談這兩天發生的幾件大事：一、赫魯雪夫的去職；二、英國工黨的上臺；三、毛共的核子爆炸。於是我也參加漫談。

C先生說：「我看赫魯雪夫的去職，乃是一種雙簧。我們不要輕易爲共產黨所欺瞞，他們是最會要把戲的。」

S先生響應C先生。但P先生持相反的看法，他說赫某是眞的被打倒了。

我說：「我昨天的看法也同於C先生。我甚至聯想到毛澤東當年辭去主席的把戲。那時臺北專家都認爲毛是被蘇俄迫下臺的。有人甚至說劉少奇是蘇俄擡上去的。我獨以爲不然。那時我就預料毛之下臺，乃因不肯和不敢朝俄，而做了主席就不能不朝俄，所以他不幹了。他仍是大權在握。這次赫某下臺，我曾認為也許是毛事重演，庶幾繼任者可以出來收拾殘局。但方才我在汽車中聽廣播，《眞理報》已經開始攻擊赫魯雪夫了。我相信他是眞的被鬥倒了。」

C先生：「無論背景如何，赫的下臺，主要原因是為和緩對毛的鬥爭。因為赫某所要開的十二月十五日的世界共黨大會，對蘇俄的形勢已很不好，而赫如繼續在位，那就非開不可。為維持蘇俄的面子和地位，赫某祇好下臺了。」

我說：「他是被犧牲了，而且不是自動下臺。『形勢比人強』，這是赫的墓誌銘。」

「然則十二月的共黨大會是不開了。」S先生說。

「當然不開了。」C先生斷言。

在赫某統治期間，聯共黨內（我祇說黨內）的民主自由似乎已稍加強，史達林的血腥統治已起變化，所以這次赫某能夠平安下臺。一般人忽略了這個變化，認為共黨不可能有和平繼承，所以要說赫某的下臺乃是雙簧了。

S先生說：「赫某雖為打開毛共與俄共的僵局而被迫下臺，但兩國的關係不會很融洽。因為雙方的交惡，不僅是赫毛兩人的感情問題。」

我附和S的看法。我說：「俄共是帝國主義者，它要支配毛共而又不肯出相當的代價，毛赫過去就是因此而反目，所以俄毛今後的關係也不會十分好轉。」

二

我們又談到毛共的核子爆炸。P先生說：「從前L先生曾經建議臺灣爲提高國際地位，最好致力發展核子力量。我們有了核子力量，大家對我就刮目相看。美國的核子發展，也得力於客卿，多少外國人，其中也有中國人幫助美國研究發展。」

L先生說：「現在還有機會。例如××現在美國研究光的武器，我們何不以重金聘他回臺灣研究？」

我說：「這與一般科技知識和工業設備都有關係。臺灣的一般科技設備和經濟能力恐尚不足以語此。」我說這話，因我知道，據這裏的專家估計，美國在第二次世界大戰中試爆核子用去二十萬萬美元，毛共這次至少已用去二萬萬美元。

此外，爲製造原子彈，還須有一套化學設備，需款五萬萬至十萬萬美元。而且一個反應器每日祇能產生一百格蘭姆的Plutonium，而一枚原子彈需要十三點二磅，這就需時三個月。至於遠程噴射機或飛彈的製造，以輸送並投擲核子武器，更需一百萬萬美元。

可是毛共雖尚不能以原子彈轟炸西方國家，然它對亞洲的威脅卻將增加了。

三

我們也談到英國工黨的上臺。另一C先生說：「工黨這次得票並不多，它的統治壽命不會長。」

我贊成他的看法。但我現在必須補先：工黨這次在下院雖佔多數，然差額僅四席（按工黨佔三百十七席，保守黨三百零四席，自由黨九席），因此它雖滿腹經綸，但不可能放手做去。可是它也不致馬上垮臺。因爲自由黨在立法方面雖不肯全面支持工黨，例如自由黨不會贊成企業國有化，但它不會投票不信任工黨內閣。這樣臨時合作一下，工黨就佔二十二席的多數了（工黨本身超過保守黨十三席，臨時加上自由黨的九席）。

四

另一件世界大事就是美國大選。美國下屆總統的競選運動，現正如火如荼，而且劇烈空前。共和黨的總統候選人高華德先生處於攻擊地位，詹森總統的政策政績和品格，都是他攻擊的對象。詹森先生方面自然不敢怠慢，全力反攻。他本人還能保持相當風度，但他的競選夥伴副總統候選人韓福瑞參議員卻十分潑辣。

共和黨頃已決定集中火力在下列四大問題：

一、他們說：現政府政治道德墮落，全國因而蒙羞。

二、他們說：犯罪情形嚴重，打鬥日有所聞，法律和秩序爲之破壞，人民痛感威脅。這是政治道德腐敗的結果。

三、他們說：在國際政治方面，美國的力量和地位日益削弱，敵人的收穫日益豐富。民主國家的團結渙散，越南的戰事膠着，古巴的毒素泛濫，而現政權仍以國防爲政治把戲。共產集團大步前進，「詹森政府趦趄不前」。

四、他們說：領導階層對美國人民和世界已經不能發生鼓舞的作用。詹森總統是美國和世界的眞領袖呢？抑或祇是一個自私自利的政客，祇對選舉票而不對人民福利和國家前途發生興趣？至於韓福瑞乃是一個左傾團體的領袖，其目的與美國利益有妨害。

以上四點，譯自昨天的《紐約時報》，而它是支持詹森總統的。這些話雖很惡毒，但將來民主黨總有一番辯解，而人民對共和黨的攻訐是否信服，目前仍言之過早。

至於選舉的形勢，據民主黨方面的估計：詹森有把握的已有三百六十二票，高華德僅有十七票，另有七十七票傾向詹森，六十九票傾向高華德，十三票可左可右。但共和黨估計：高華德有把握的是一百十二票，詹森一票都沒有，另有一百七十票傾向高華德，一百八十八票傾向詹森，六十八票可左可右。總統當選的最低票是二百七十票（過半數）。

大選是在十一月三日舉行。不論各方的預測如何，但是我的一位朋友說得好：「選舉這個把戲是：人人有希望，個個無把握，時時起變化，刻刻要提防。」

五

順便補報陳毅最近一次談話。八月七日《紐約時報》譯載毛共高級人員（據稱爲陳毅）七月二十四日對維也納報紙的一篇談話。中有一段涉及臺灣，大意如下：「離中國大陸不遠有三島，卽臺灣、香港與澳門，屬於中國，尙待解放。此等島嶼總有解放的一日。但它們已經十五年未被解放，也許再經十五年或二十年或更長的時間，還未被解放。這些問題將因時間的進行而隨之解決，毋需戰爭。」

原因何在？陳毅坦稱：「這不僅由於吾國（毛共）缺乏作戰必須的長程飛機及大海軍，……而更因我們不能獲取人民對於侵略戰爭的支持。人民不願跟隨我們作戰。」

陳毅這個談話明稱是對美國人而發，自是外交辭令，不可深信，但毛共自一九五八年砲轟金門失敗以後已感心勞日拙，陳毅此言，似尙實在。

五十三年十月十六日　紐約

美國人的想法和我們的做法

一些新的看法

毛共原子爆炸和赫魯雪夫被斥下臺以來，美國政府對國際共黨的想法和做法，還沒有多大變更。但民間卻議論紛紛，尤其對於中國問題，包括毛共問題和臺灣問題，主張重行檢討，並提出一些新的看法。我把其中不利於我們的略舉數例：

一、紐約時報在二次社論中，主張美國應讓毛共進聯合國並享有否決權。

二、CBS在一小時電視節目中，請了蔣總統夫人、魯斯克國務卿、肯南教授和周以德先生對「兩個中國」問題發表意見，它暗示美國政府應對毛共政權作新的接觸。

三、哥倫比亞大學克拉勃教授呼籲言論界應即督促美國政府，速與毛共談判核子禁試，並讓它進聯合國。

四、哈律斯民意測驗所發表測驗結果，主張美國速與毛共談判的，佔百分之四十三，但反對的也是百分之四十三。

上述以及其他類似的想法和看法，自然都值得我們注意，但我以為最可注意的乃是肯南教授在十一月二十二日《紐約時報》雜誌所發表的一篇長文：「對華政策的一個新看法。」

肯南這文所以特別值得注意，第一、因為他在一九四七年首創「圍堵戰略」，美國政府奉為反共的指導原則。他的近著《如何與共產世界打交道》，也傳誦頗廣，見解頗高。第二、他在一九五二年任美國駐蘇大使，一九六一年至一九六三年，任駐南斯拉夫大使，現在普林斯頓大學研究所任教，在國際事務方面很有經驗，在學術界很有地位，即以本文而論，因為在美國人看來說得比較現實、中庸和入情入理，預料必將發生相當大的影響。

肯南在文中首先指斥毛共的作風。他說：一個反常的不可思議的事實，橫梗於美國在遠東所遭遇的困難之中，這就是中國這個偉大的國家和美國的友邦，現為一羣製造魔難的狂熱之徒所控制。肯南認為這些狂徒，擺出與美國勢不兩立的姿態；他們不獨把美國人當作思想方面的惡棍，而且認為美國比較任何他國，具有截斷他們財路和遏阻他們權力擴張的更大力量和勇氣。

肯南指出美國被迫反共的理由。他說：「我們沒有第二條路可走，我們祇好阻遏他們的道路。因為我們如不這樣做，我們不獨將違反過去太平洋戰事所加於我們的義務，而且立即喪失戰事勝利所得的成果。以中共這樣在觀念上固執成見，反對我們，專心一志要毀滅我們所珍視的一切事物，我們若任其統治亞洲，則我國可能遭受的禍害，將十百倍於來自太平洋戰時的日本。中共是在要求我們接受他們統治亞洲，這無異要我們把對日戰爭勝利的成果拱手讓給他們，而使對日勝利變得毫無意義。」

肯南教授認爲這是雙方利害衝突的根源。他說：「於是中共力圖把我們逐出東南亞，力圖毀滅我們的聲望，力圖迫我們處於孤立無助和蒙受恥辱。於是我們不得不力圖阻止他們權力和控制影響的更大伸展於南韓、臺灣、東南亞、印度、日本和菲律賓。」

一個重要的認識

肯南這個認識，認爲毛共的大慾不僅在臺灣不僅在東南亞，而在幾乎整個的亞洲，——這個認識是很重要的。因爲現在有一部分美國人認爲毛共的反美，祇是爲了臺灣問題，祇是爲了中華民國在聯合國的代表權問題。他們認爲祇要美國顧問團退出臺灣，第七艦隊撤出臺灣海峽，並讓毛共取代中華民國的聯合國代表權，毛共和美國就可言歸於好。但是毛共顯然志不僅止於此。這是許多美國人所不了解的，而今肯南加以指證了。

早在一九六一年，美國親共作家史諾，從中國大陸訪問回美，在他出版的那本《在河的那一邊》中就有這樣的報導。他說他向周恩來提出一個問題：「根據你所解釋的中國政策的背景，美國武裝部隊卽使撤出了臺灣地區，似乎仍不足以穩定中國和美國的和平關係，也不足以取消『美國是中國第一號敵人』的汚名。美國是否尙須撤退在南韓的美國部隊？是否尙須撤退在越南的美國部隊？是否尙須放棄美國在日本的基地？而且是否尙須解散東南亞公約組織呢？」

周恩來答道：「美國政府，從杜勒斯時期開始，直到赫特，一直有這樣一種想法，認爲美國不能撤出臺灣，因爲臺灣撤兵，必將引發一連串的反應，使美國在其他地方如南韓、日本、菲律賓、寮國和越南的部隊也將必須完全撤退。」周恩來承認：「當然有這可能。」

要美國撤出臺灣、日本、菲律賓、泰國、南韓和越南，並須解散東南亞公約組織，毛共政權自須付些代價，否則連親共的史諾也認爲是不公道的。所以他問周恩來：「這些事項祇有在普遍裁軍核定中才能實現。中國準備與美國和這一（亞洲）地區的其他國家同時逐步裁軍麼？」

但是，周恩來答非所問。他說：「假使美國採取（毛共的）同樣態度，先與中國（毛共）以外的其他亞洲國家簽訂（毛共與他們所訂的）同樣條約，尊重他們的主權、領土完整和獨立，撤退美國駐軍，結束美國的軍事基地，這些國家那時豈不眞的獲得獨立和自由麼？如果中國雖與這些亞洲國家訂了（和平）條約，然而美國仍不放心，認爲他們與中國訂了條約還是不夠，因而不肯退出亞洲和遠東，那時中國、蘇聯、日本和美國四國可以簽訂一項和平公約，連帶保證這個地區的和平和安全。」

周恩來對史諾所問的毛共政權能否與美國和亞洲各國同時裁軍一點，避不作答。他想以一紙條約片面解除美國在整個亞洲的武裝。

鑒於國際共產黨的多欲而剛，言而無信，美國當然不能從亞洲盟國輕易撤退他遏阻侵略和維持和平的武裝部隊。於是周恩來接着加以譴責：「但直到現在，美國還是不願這樣做。他顯然是要控制亞洲的國家和任何它能控制的地方，並要繼續控制下去。他不願撤退軍隊，也不願結束任何地方的軍事基地。反之，他要增加軍隊，擴大他的侵入和佔領，並在從前本來沒有的地方設置軍事基地。試舉寮國爲例，美國正在企圖通過軍事『援助』，獲得軍事基地。他自將引起當地人民的反對而無可避免。」

大約因爲史諾聽了這些讕言，頗感不滿，所以他建議周恩來把加於美國的那些汚名「侵入」和「侵略」改用「干涉」一字，他認爲這樣才容易爲人所了解。可是，史諾說：「這個建議被（周恩來）斷然拒絕。」史諾無可奈何的向讀者解釋：「在這幾次正式訪問中，他（史諾）認爲他的正當職務是紀錄而不是辯論。」所以也就由周去罵了。

周恩來進一步恫嚇美國：「綜觀全面局勢的發展，縱使美國不撤出臺灣地區，而在臺灣地區也不爆發戰爭，但祇要美國堅持他目前的侵略和戰爭的政策，嚴重事件必將爆發於其他地區，而且導致連鎖的反應。」

面對毛共這種態度，肯南教授說，美國不能不對毛共實施圍堵戰略。於是「我們不予以承認，不讓他進聯合國，不讓他享受正常國際生活的利益，直到他們的領導人收斂野心，停止擴張，使亞洲其他國家得以繼續生存。」

但在毛共野心沒有收斂以前，擴張沒有停止以前，在亞洲其他國家能夠繼續生存以前，就在毛共氣燄更高野心更大反美更烈的現在，肯南卻主張美國予以有限度的承認，並允許他進聯合國。爲甚麼會這樣矛盾呢？肯南雖說了一些很勉強的理由，但明眼人不能不認爲那是毛共原子爆炸的副產物。

全盤的構想

肯南教授認爲新階段的美國對毛共的政略，應該包括下列三項：

第一、繼續挫折毛共的野心；

第二、以忍耐的現實的和明智的理論說服毛共的人民；

第三、對毛共領袖人物和人民表示：祇要他們收歛他們的野心和改善他們的方法，美國有可能對他們大開方便之門和交涉之路。

這樣就放棄圍堵戰略了。於是肯南乃很輕鬆的提出與我們有生死關係的三個問題，並供給了一些辦法。要旨如下：

第一是對毛共的外交承認問題。肯南教授以爲兩國的外交關係，應該是爲了便利，特別是爲了把它作爲交通和消息的媒介。他說：有人認爲對一敵視及輕視美國的政府派駐大使，未免不智，那麼美國何妨派一次要的代表。這種事實的承認，有異於法律的承認。他認爲這是權宜之計，原則上並無不可。

第二是毛共進聯合國的問題。肯南承認毛共沒有參加聯合國的資格，所以美國不應投票贊成他進聯合國。但是他又建議美國不可勉強他國與美國同樣反對。因爲他認爲毛共遲早要進聯合國，美國若反對得過火，將會自貶其聲望。

第三是臺灣問題。他說：「我國對於上述兩個問題的處理，當然要受我們對臺灣的中華民國政府的感情和義務的影響。我國面對一個日益困難和微妙的問題，一時不可能有適當的和最後的解決。我們不應壓逼政府在現階段就做這樣的解決。我們有正式的義務協防臺灣，阻止中共以武力延伸他們對臺灣的統治。不用辭費，我們必須遵守這個承諾。但是臺灣在主權的技術觀點上看，究應誰屬，杜勒斯國務卿在一九五四年就認爲是一個疑問，迄今未到解決的時候。」

肯南認爲臺灣問題的解決，必須符合兩個要求：一是適合臺灣居民的感情，二是配合西太平洋地區和平穩固的需要。他呼籲有關方面都要以忍耐和克制來期待這個問題的最後解決。

肯南特別對在臺灣的中華民國政府人士呼籲下列四事：

一、減少軍費。

二、避免對中國大陸作微弱的襲擊。他說：這些行動，祇會導致中國和美國政策的混亂和懷疑。

三、集中力量發展經濟。他說：中國在這方面已有顯著的成效。

四、力求民主政治的發展。

對肯南這四項意見，今天我不想加以批評。至於他的關於承認毛共和允許毛共進聯合國等兩點意見，我們看了雖不高興，然較之美國一般現實主義者和自由派的觀念，肯南的還是屬於中庸之論。因爲他根本不贊成予毛共以法律的承認，也不同意投票贊成毛共進聯合國。但對他關於臺灣地位問題的見解，我覺得應該加以批評。現在譯載李志鐘先生本月十日在《紐約時報》的投書，藉代說明：

在一九五一年三藩市訂立對日和約以前，絕無所謂「臺灣地位」問題。但對日和約會議所簽訂的和約，卽使未把臺灣地位弄清楚，卻不能拘束中國，因中國並非簽約國。所以不管該約怎麼說，都不能改變一九四五年中國政府業已有效接收臺灣行使主權的事實。

一九四三年的開羅宣言，明定臺灣交還中國，而該宣言又重述於一九四五年的菠茨坦宣言中，該菠茨坦宣言又是日本投降時所全盤接受的。可見臺灣地位早為國際會議約章所明定。何況中日兩國和約第四條明白規定：在一九四一年十二月九日以前，中日兩國間的一切條約和協定都因戰爭而無效。則一八九五年（清光緒二十一年）之割讓臺灣於日本，當然無效，在法律上臺灣自卽恢復為中國的領土。

因此，不問中華民國政府宣稱對中國大陸有其主權，或中共政權宣布臺灣為其行省之一，總之，臺灣地位乃是中國的內政問題，必當由中國人自己解決。如果建議透過聯合國來舉行臺灣公民投票，顯係違反聯合國憲章第二條第七節，因聯合國絕對無權干涉任何國家的內政。

美對亞洲缺乏了解

來美半年，因爲見聞較多，體會也較眞切，我深感美國對我國的重要性。不獨進攻大陸，必須取得美國的同情和援助，就在敵我相持階段中，我們也少不了美國這個老朋友。鑒於英國一向標榜社會主義崖岸自高的首相威爾森，當選之後就親訪華府，移樽就教，可見「形勢比人強」。我國更應虛心努力，千方百計，做好對美國的外交工作。

而因現在美國對中國問題的輿情開始浮動，我們尤其怠忽不得。上引肯南教授的想法，還是比較忠厚的一套，可是爲患已大。走筆至此，適見美國外交協會發表的一個調查報告，更覺形勢已到燃眉之急了。那個報告是該會委託密歇根大學調查編製的。據該校調查，百分之八十六的被調查人，認爲美國應對中共密切注意，百分之七十三的人認爲應通過新聞記者和其他職業中人的訪問，與中共保持接觸，百分之七十一認爲應與中共討論雙方有關的問題，百分之五十一贊成交換大使，百分之四十三贊成把小麥之類的貨物賣給中共，百分之六十二反對支持我們反攻大陸，但是祇有百分之三十一的人贊成中共進聯合國。

美國人對亞洲之無知，也足驚人。據調查，在一千五百人中，竟有百分之二十八的人不知中國大陸有共產黨政權，百分之三十九不知中華民國政府已遷到臺灣，百分之二十六不知越南有戰爭。

面對這種錯誤和無知，我們自當設法挽救。誠如《華美日報》的社論說：「我們應該知道，美國是一個民主國家，政府領袖如果不是雄才大略具有領導人民的能力，他祇能追隨人民，做着取悅於人民的事。既然美國人民對亞洲如此無知，對中國大陸淪共後所給世界尤其美國的禍害如此模糊，我們怎能希望美國政府會不顧這些蚩蚩之氓的意見，而毅然支持我們反攻大陸？祇是道義上的支持也可望而不可卽。我們要爭取美國的政府，必先『敎育』美國一般的人民。」

我國在美工作的檢討

可是我國對美國人的官場外交、國民外交和國際宣傳做得實在太差勁了，太不注意了，於是成效也太少了。遠的不必說，小的更不必說，卽以蔣總統最近對亞盟總會的演講和對二中全會的訓示而論，我所看到的美國六家大報紙，祇有一家登了二、三十個字。而那二、三十個字，說蔣總統的勸告美國不要限制亞洲人反共，乃是廢除中美共同防禦協定的先聲。我以爲這誤解了蔣總統的意思。

又如這次亞盟大會舉行在毛共原子爆炸之後，參加的又有四十七個單位之多，意義原很重大，極有宣傳價值，可是美國報紙一字不登。它致詹森總統的電文，也沒有一字登出來。

照理，致美國總統的這個電文既有四十七個單位的代表和觀察員具名，乃是一件大事，亞盟或我國當局應該好好利用一下。美國報紙既不登，似乎可以作爲廣告登在一、二家大報紙上。若登兩家報紙的全頁，一次也不過花三千美元，而因有四十七人代表着全亞洲的人民，若把每個地區和代表姓名都登出來，聲勢何等浩大，必可引起美國總統和廣大美國讀者的重視，可惜我們沒有這樣做。

以我多年的經驗，加以這次的考察，我發現我國在官場外交、國民外交和國際宣傳方面的毛病很多，症候很重，不僅對美國如此。但因美國對我國特別重要，所以格外值得注意。有如醫生診病，我先就對美宣傳問題開列脈案：

我們的觀念和領導

第一是觀念問題。我國很多人有些過分自我尊大，以爲我國有亞洲最強大的軍隊，替美國守着西太平洋的門戶，美國還不該幫助我國和遷就我國麼！我們不必怕美國會拋棄我國！但是這些人似乎太健忘了，我們是被美國拋棄過了的。十五年前我們以五大強國的身分，美國最後尙且不理我們，我們怎麼可以六十萬大軍相誇耀，而且認爲可以高枕無憂呢！

這些先生們又認爲外交的對象是美國總統和國務院，肯南何人？一書生耳！《紐約時報》何物？一報館耳！有甚麼了不起！他們不知尼克森先生競選州長，就敗在新聞記者的筆下！他們不知高華德參議員競選總統的失敗，據他自認就因這些知識分子的不合作和反宣傳。

第二是領導問題。這些先生們的又一錯誤，是過分重視我們政府人員的力量，而輕視和忽視我們在美許多僑胞的力量。所以他們不想組織他們、指導他們去做國民外交和國際宣傳。他們會說：「我們沒有忽視對美宣傳，你看我們在紐約和華盛頓都設有新聞處，各地有外交人員，有中文報紙，他們都很努力，你們不必擔憂！」眞是天曉得！紐約新聞處連主任和打雜的在內，祇有九人，華府祇有三人，經費又少，他們能有多大作爲！使領館人員忙着送往迎來，中文僑報祇對僑胞有些宣傳作用，與國際宣傳關係很少，無怪國際宣傳做不好了！

其實，我們有國際宣傳和國民外交的大量預備隊。因爲我們有一千多人在全美各大學教書，有五千多青年在全美各大學求學，我們僑胞總數幾達二十萬人，投鞭可以斷流，呵氣可以成雲。可是政府沒有組織他們、鼓勵他們、指導他們，簡言之，沒有領導他們去做宣傳工作和國民外交。

政府中人也許會說：「天下興亡，匹夫有責，他們應該自動去做！」這話說得有理，但祇說了一小半。要知道我們政府中人是「當家婆」、是「諸葛亮」，受國民付託之重，掌全國財經之權，我們一向好言領導，好言組織，我們不能推辭組織指導鼓勵他們之責。但是我們有領導他們麼？有鼓勵他們麼？沒有！一百個沒有！

幾年前薛光前教授對《紐約時報》投書批評它左袒毛共的社論，好不容易登出來。他剪了十幾份分函報告政府負責人，但是沒有一個人給他回信。

康隆報告發表後，僑胞震動，紐約各界，推人寫了一篇駁議，並請林語堂先生等十人具名發表，但祇有香港兩家中文報紙登出來。因爲沒有錢，祇油印了一百份送給美國百萬人委員會，效果是很小的。

提起這個委員會，我聯想起那個五百萬人委員會，政府中人聽其自生自滅，不予理會，結果把一個七十老翁陳霆銳先生累病了，而五百萬人委員會也就完了。

《海外論壇》一出版就不准銷臺，因爲政府嫌它內容不妥。但它的臺柱是唐王二先生，唐是吳開先先生的女婿，王是王院長世杰的公子，與祖國關係都很密切，但我們政府當局有對王唐二君下些功夫麼？現在又有一個《留學生》季刊，主辦者有立法院范委員苑聲的公子和劉委員振東的女公子，關係也是很好的。他們正在申請內銷，我深恐要蹈《海外論壇》的覆轍。

方法也有問題

第三是方法問題。宣傳是一種綜合的高級科學和藝術。如何做好宣傳，一千頁的一本書恐尚不能畢其辭。我舉幾個最新的例子，說明我們在方法上亟須改進。

例如亞盟總會致詹森總統的電文，呼籲美國放棄圍堵和嚇阻政策。實則美國的圍堵嚇阻政策快將退化爲「異中求同」(Convergence) 的「共存互榮」(Interdependence) 政策了。我以爲我們與其要美國放棄，不如要他加強圍堵嚇阻政策，較爲現實而明智。

又如在美國國務卿魯斯克正式聲明毛共就要試爆原子彈以後，我國政府的代言人尚在聲明絕不可能。這是因爲我們的宣傳已經八股化了。

我國新聞局本有許多出版物，例如 *The Makers of Taiwan*，對外國人頗有宣傳和教育的價值。但如果接洽美國書局作爲一種商品出版和推銷，而不把它當作官方宣傳品分送，收效也許更大。

新聞局的英文《自由中國》週刊用意很好，但內容不能適合讀者需要，如不更張，頗近浪費。

以宣傳對象而論，我們不能再不注意僑胞和留學生了。在「兩個中國」甚囂塵上的地方，我政府如果不理會他們，那無異爲淵驅魚。我很驚異臺灣留美的學生，在思想方面較之我五年前所體會的，已起相當大的變化。所以我政府的宣傳對象，不僅是美國人，而且要兼及中國人。這是在臺灣的人所不能了解的。

幾個基本觀念

如果承認宣傳是一種學問，我們必須網羅許多有學問的人來充實宣傳的內容。

如果承認宣傳是一種藝術，我們必須放棄僵化的八股主義，而以萬變應萬變，以新方法代舊把戲。

宣傳要講求效果，效果要加以檢查，這就須摒斥形式主義和報銷主義。

《紐約時報》一頁廣告費是二千美元，購買全美國半小時的電視節目，需費一百五十萬美元，宣傳是要花錢的。我國雖窮，但尚有可節省的錢，我們要及早多用些在對美宣傳上。

我尚有許多話要說，千句併一句：我政府當局首先要理解宣傳的重要，並改善領導的方法。最後必須又提到政治問題。以上三項都是宣傳技術方面的討論，另有一個基本因素，與宣傳有更重大的關係，這就是政治。孔子說：「不患無位，患所以立」；「不患莫己知」，「求爲可知也。」俗諺也說：「桃李不言，下自成蹊。」我們要獲致人民的愛戴和擁護，爭取友邦的尊敬和支持，不能僅靠宣傳人員說得好聽，首先要我們政府在一般政治方面做得對，做得好。

五十三年十二月二十二日　紐約

「兩個中國」問題逼人而來

這次聯合國大會關於我國代表權問題的決議，程序案是五十六票對四十九票，支持我國的多出七票，但上次（一九六一年）的投票紀錄則多出二十七票。至實質案則竟退至四十七票對四十七票，而上次的紀錄是五十七票對四十一票，支持我國的多出十六票。

美國可能另採戰術

試想我國如果在程序案上減少四票，而中共則增加四票，則中共的參加聯合國就祇須獲得過半數投票會員國的支持。又試想上次支持中共的突尼西亞，這次如不棄權而仍支持中共，則中共得票已過半數了。

在這次鬥爭中，中美兩國當已竭盡拉票之能事，然而結果如此，足見形勢的惡劣。這個趨勢如果不變，而變好的可能性似乎不大，則明年這時聯大投票的情形自必更不利於我國。

於是中美兩國都很焦急。我國因有切膚之痛，自然惟有繼續奮鬥，義無反顧，但美國則極可能另作打算。一九六一年美國力主撤銷「免戰牌」，與中共正式對陣，就是前車之鑒。

年來比較從前重視我國的《華盛頓郵報》，在報導聯大這次投票情形時說：「在未來一年中，美國官員將考慮一種新的戰術，極可能是一種新的政策。一個極重大的可能政策，就是所謂『兩個中國』的解決方案，這就是中華民國和中共都做聯合國的會員。在這八天的辯論中，美國官員雖不公開承認，然曾幾次暗示這樣的妥協辦法。」

高德柏的話大堪玩索

該報雖不引證美國官員的暗示，但我們不難看出一些脈絡。美國首席代表高德柏十一月八日在聯大的主要政策演講，就是一例。試看他說：「第一、……北平最早的一個條件，是排斥中華民國。聯大何能考慮接受這個條件！」

他接着指出中華民國與聯合國的歷史關係，並說：「它對中國大陸的統治雖已為武力所排除，但誰能否認中華民國正在執行一個主權國家的責任！」

這是高德柏反對中共參加聯合國的三大理由或原因中的第一個，其意似謂：如果中共不排除中華民國而讓中華民國繼續留在聯合國，則美國反對中共參加聯合國的主要原因就不存在了；如果其他兩個原因也消失，美國就可讓中共參加聯合國了。

高德柏的話可否作這樣的解釋，我不敢斷言，而且我毋寧願意我看得不對。但不問其原意如何，就辭論辭，許多人會持與我相同的看法。

其實「兩個中國」論者，未必都有惡意。例如愛爾蘭這次投票支持我國，以視英國，愛爾蘭較有擔當，但是愛爾蘭早在去年就提出「兩個中國」的方案，以期解決這個困難問題。又如《紐約時報》，它在這次聯大討論本案前後，曾寫三文呼籲美國政府及早準備「兩個中國」浪潮的衝來。但它在去年評論愛爾蘭案時就扮演對臺灣很感關切的樣子；它說：「明年或後年，問題的重心可能不是北平是否進聯合國，而是能給臺灣以何項保障。」

它舉蘇聯和烏克蘭同做聯合國會員一事為例說：「蘇聯和烏克蘭雖都擁有聯合國席位，但這並不分裂蘇聯的統治。臺灣與中國的關係何以必須要在目前予以解決呢？這是沒有理由的。」

不可認為都懷惡意

我不願為《紐約時報》剖白，我也懷疑它的動機。但我們不容懷疑《基督教科學箴言報》的善意，而它的社論也說：「美國在準備遭受外交逆勢時，應該更高明一點。現在一般人都認為在再一個回合中，中共將進聯合國而中華民國將被摒於門外。所以華府當局應在困難日增之中設法拯救它能拯救的一切。」

它為美國政府借箸代籌：「華府當局也許認為這將涉及一個道德的根本問題，因此覺得與其妥協而苟全，不如堅持到底而失敗，後者較為光榮。在現狀之下，不僅許多美國人，也有許多非美國人，覺得這樣是持之有故，言之成理。但是世界的現實情形既如此，而美國又必須面對現實而與其合作，所以我們以爲美國必須在尚未觸礁之前，認眞考慮如何救其所當救。美國有負臺灣之處很多，所以至少必須竭其所能，爲它保持聯合國的席位。」

中國一位好朋友魯斯夫人，不久前曾在芝加哥演講「聯合國的危機」中，有一節論到中國代表權問題，也認爲中共在一、二年內將進聯合國。

幕後醞釀的內幕新聞

那時美國應該怎麼辦呢？魯斯夫人提供三個條件：

一、中共必須接受越南和臺灣海峽的中立化，並須放棄對東南亞、印度和臺灣的領土要求。

二、中共必須同意「臺灣中國」保有聯合國席位。

三、中共必須簽訂核子禁試條約。

魯斯夫人堅決主張昭告天下：如果中共在接受上列條件前而竟進入聯合國，美國祇有撤回它對聯合國的一切支持。

作爲中華民國一位老友，她所能爲力的，也祇是「兩個中國」而已，於此也可見問題的嚴重了。

可是卽使美國想這樣委屈求全，且慢說，我國祇能「心領謝謝」，不會接受這樣的安排，中共則自將充分利用它的優勢，竭盡譎詐之能事。試就這次經過情形加以估量。

據一般人判斷，假使沒有雙方的壓力，聯合國多數會員國將會讓中共進去，也將會讓中華民國留下去。因爲看透這種趨向，發起支持中共入會的柬埔寨一度力主在提案中祇說中共入會，不提排除臺灣。阿爾巴尼亞最初不肯讓步，並說中共不能放鬆。柬國代表告以這是中共的意思，而且是中共「外長」陳毅所親寫的。

過了一週，據《基督教科學箴言報》得自中共同路人的消息，阿爾巴尼亞代表也由該國政府證實確是如此。那時支持該一提案的人乃增至十九國。但十五日形勢大變，柬阿兩國召集緊急會議，商定恢復原提案中排除中華民國的規定（第二項），可是仍有兩國，錫蘭和茅利塔尼亞，向大會提議主張把第二項刪除。

中共多變我方一貫

據紐約一位觀察家爲我寫信分析當時情況，他說：「柬國（也可說是中共）所以前恭後倨，是因知美國等十一國要提出必須三分之二的所謂重要案，中共明知不可能獲得三分之二的支持，反正無法入會，樂得提高條件，以擡高身價。但柬國等提案如果不提排除臺灣字樣，據法國代表團估計，中共可多得三、四票，那時中華民國就更難堪了。」

由此觀察，中共是否會將計就計，不理會我們的席位問題，而待聯合國請它入會後再作計較，甚或以蘇聯和烏克蘭同作聯合國會員以解嘲，這在目前自難斷言。

但中華民國似乎將繼續反對「兩個中國」，不讓中共混入。卽使因此喪失爲我安排「兩個中國」的人的同情，也在所不惜。

這樣的政策，我國似乎已經決定，但在態度上似乎不夠鮮明。我以爲凡是可能被認爲我國同意「兩個中國」的表示和痕跡，都應仔細避免。

例如不久以前，我國曾費九牛二虎之力獲得很多人簽名並在紐約大登廣告的一個宣言，其中一段頗有語病。因爲它說：「我們深信：如果一個侵略者竟得參加聯合國，而一忠實會員國則反被逐出，這將是公道的淪亡和歷史的悲劇」（這是我的譯文）。如能改爲：「我們深信：如果一個侵略者竟得參加聯合國，而一忠實會員國卽使准其繼續參加，也將是公道的淪亡和歷史的悲劇」，這就不犯高德柏「兩個中國」的毛病了。

四種前途一條活路

中國代表權的未來命運，不出下列四種：

一、中美堅持三分之二案，並得多數會員國支持，中共因得票不足三分之二而繼續被拒絕。

二、美國軟化，不再堅持三分之二案，而我國則實力不足以維持舊案，或美國雖堅持而在聯大表決時失敗，中共乃得過半數的支持票，但仍爲我國的否決權所阻擋。

三、我國因法理爭執（例如程序或實質問題之爭）不獲行使否決權，中共乃進入聯合國，我國則或被逐出或自動退出。

四、我國退讓，中共妥協，我國留在聯合國大會，而中共則進入聯大和安理會，並享有否決權。

以上第四項乃是我們最大的失敗，不可思議，第一、第二、第三項都有可能。

五十四年十二月三日　洛杉磯

浩劫一瞬遺恨千古

原子彈擲在美軍基地

極可能有這麼一天，在南越的美軍基地——大南，靠近海邊，距離北越約一百哩，天色灰暗，從遠處海上飛來一架中型噴射轟炸機。

在附近的猴山，一座雷達站獲悉這架飛機飛向大南基地。可是它不能斷定它是美機或敵機。最後它誤以為那是一架作業歸來的美機。

大南（按卽峴港）是美軍在南越的最大基地，駐有海軍陸戰隊五千名，跑道上那天停有飛機四百架。美軍的戒備本來很嚴密，如果來的是敵機，機場上的地對空飛彈準定能夠把它打下來。可是因為雷達站的判斷不清，沒有人下發射飛彈的命令。

於是那架轟炸機居然安抵基地上空，投下一枚原子彈。五千名官兵和四百架飛機立卽同歸於盡。

在那架敵機投彈前的一刹那，一架戰鬥機起飛攔截，一枚飛彈也施放上去，那架敵機極可能被擊落了，可是這無礙於它的任務的完成。

原來那是一架俄製IL—28中型噴射轟炸機，自二百哩以外的海南島起飛來襲。

西貢與大南的交通當然因而斷絕了。幸而第七艦隊一艘驅逐艦，在附近海面發覺了這場浩刼，電告華府。

華盛頓隨卽接到了報告，先是五角大厦，後是白宮。戰略空軍司令部立卽奉命戒備，全部飛彈準備發射。

但是總統和他的幕僚們卻大感爲難。因爲越南沒有第二次被攻擊的報告，而那架飛機查明不是由蘇俄境內起飛。然則向誰報復呢？

後據各種情報，那架飛機來自中共，那是有計畫的攻擊。那也許是中共所有的唯一原子彈，可是它被使用得非常有效，其效力相等於一九四五年投向日本廣島的原子彈。

各國的反應

正當美國考慮派遣帶有原子彈的轟炸機或發射北極星潛艇上的飛彈去攻擊中國大陸的時候，莫斯科突然警告美國：如果中國遭受原子彈轟炸，世界大戰就要爆發。

卽使沒有蘇俄的警告，美國的決定本來也很感躊躇，因爲大南祇是一個基地，所死的都是軍人，他們本來是準備曝屍於沙場的。

在這種情勢下，中共不怕承認大南是它轟炸的。它的電臺播告人民要積極準備美國的轟炸。

北平廣播又說：大南的轟炸祇是對美國某種事件的報復；現在目的已經達到，目前它不擬再作第二次轟炸。

北平廣播又說：美國曾在日本廣島和長崎，以原子彈轟炸亞洲人。亞洲人現在已經復仇了。

北平又警告亞洲的「兄弟之邦」說：中共目前雖不擬再作原子轟炸，它尤其不願轟炸亞洲的弟兄，但它有的是原子彈，如果他們再以基地供給美國使用，他們必須考慮嚴重的後果。

日本對於原子問題最敏感，全國都恐慌起來。中國的四鄰也很不安。但他們的恐慌和不安，不僅是爲中共的轟炸大南，而尤其是爲美國的可能報復，因爲這將引發世界大戰。

熟悉美國外交作風的亞洲專家們，認爲美國政府的決定極可能會反對原子報復，認爲美國不會立刻作決定，因此亞洲各國的反應可能有足夠的時間以影響美國政府的決策，認爲美國政府極可能覺得一個基地的損失，不值得發動原子戰爭，以致喪失亞洲的盟邦。

美國的對策

美國的共產黨和左派的學者，專欄作家和新聞記者，還有一部分學生，紛起反對美國去報復。各校舉行所謂強教大會，白宮外的遊行吶喊和發傳單，夜以繼日，川流不息。

美國總統的幕僚分成了兩派。那些所謂亞洲問題的專家們，不贊成作原子報復。他們說，美國會以原子彈攻擊亞洲人，現在如再加攻擊，則適足證實共產黨的反美宣傳，說美國不惜在亞洲發動原子戰爭、不惜對亞洲人一再作原子彈的大屠殺。

過了不久，亞洲各國的外交部長召集他們的專家，決定要求美國撤離在各該國的基地，派遣特使向中共獻媚，他們甚或以一個亞洲國家竟能用原子彈攻擊一個西方強國，引爲光榮。

中共曾經一再聲稱中國不怕原子戰爭，因爲他們認爲原子戰爭的結果，西方文化將全部毀滅，這就是中共的勝利。不僅中共，也有很多美國專家，認爲美國的原子報復並無必要，並不一定。

於是這一瞬間的浩刼，就這樣使美國千古遺恨！

上述故事，原是虛擬，但有很多美國人認爲並非不可能。一位專欄作家水爾梯，就是其中之一。上文多半取材於他的一篇近作。

鷹？鴿？蝙蝠？駝鳥？

對於中共對美國的敵視和它的原子武器對美國的可能的報復威脅，美國現在已有深刻的印象。如何對付呢？答案可分爲二派：

一是所謂「鷹派」，主張戰鬥。請以《紐約時報》軍事評論記者飽爾溫的話作樣本。他對哥倫比亞電視記者的詢問：「你對中共怎樣想法？你要與它作戰麼？」

鮑爾溫答：「我願現在就準備面對中共，勝於一、二十年後等它有了核子武器和長程擲彈工具以危害我國。」

問：「你主張以戰止戰麼？」

答：「不。但是假使中共地面部隊投入越戰，我們祇能以擴大戰爭對付戰爭。……我不建議現在就轟炸中共，但最後我們仍將面臨這個需要。我們這一代即使苟免，我們的孩子必不可免。」

一是所謂「鴿派」，主張和談。請引羅伯甘廼廸參議員（故總統介弟）一九六五年六月二十三日在美國參議院的一篇重要演說，主張與中共談判核子武器停止散佈問題。他說最近聯合國裁軍委員會以七十票對零票通過促成核子散佈停止條約，中共也將被邀參加。他說中共如不參加，禁核難望有效。

著名的專欄作家李普曼，最近在〈美國值得在中共問題上賭一下〉的評論中提出的主張，恐怕最適合美國人的口味。他是鷹和鴿的綜合，乃是一隻蝙蝠。他說：隨着時間的發展和自然的進化，中共將會溫和化，而美國的忍耐、堅定和外交技術，可能促成它的變化。但是在它變成核子強國以前，在這短暫的幾年之內，中共如仍窮兵黷武，推行擴張主義，則自由世界祇有先發制人，訴之於先下手爲強的預防戰爭了。

爲鷹乎？爲鴿乎？爲蝙蝠乎？抑爲鴕鳥乎？美國尚在浩刼的邊緣上徘徊。

五十四年　洛杉磯

在華府觀察對華政策的風向

我這次來華盛頓，第一是爲參加華美協進社和馬里蘭大學合辦的中美文化圓桌會議；第二是爲謁見周書楷大使，交換關於中美外交問題的意見；第三是爲訪晤國務院和參議院的三位友人，蒐集資料和打聽消息。在這篇通訊中，我想報導有關美國對華政策的最近發展。

聯合國代表權問題

不久以前，一位美國專欄作家羅璜，在他的專欄中故作驚人之筆，說：「華府外交界最近流傳着一個消息，說一個對華新政策在形成中，不久就將產生重大的變革。於是北平的敵人或友人奔走相告，多方打聽重大變革究屬何事。有些外交家和新聞記者似乎相信詹森總統已經決定不再拒絕中共參加聯合國。」

這個消息現已證明不確。到目前爲止，美國對中國代表權問題的政策一仍舊貫。一種悲觀的推測，也祇是說，美國將靜觀聯合國會員國的傾向，估計中共在下次聯大究竟將獲得抑或喪失更多的支持票，然後方能決定最後的態度。

蓋洛普民意測驗最近一個報告，頗能反映美國朝野對於這個問題的傾向和趨勢。蓋洛普提出三個問題徵求答案：

第一是多年來的老問題：「你以爲中共應該或不應該獲准加入聯合國？」最新答案認爲應該的是百分之二十五，認爲不應該的是百分之五十五，不表示意見的是百分之二十。這是說，多數美國人現仍在原則上反對中共入會。

第二個問題是「假使中共的加入聯合國能夠改進美國與中共的關係，你贊成讓它入會麼？」結果，贊成者百分之五十五，反對者百分之二十八，不表示意見者百分之十七。

第三個問題是：「假使聯合國大會通過中共入會案，你以爲美國應該或不應該接受那個決議？」結果：認爲應該的是百分之四十九，認爲不應該的是百分之三十一，不表示意見的是百分之二十。

姑息份子手法老辣

上述第二和第三個問題都附有前提條件。所以第二個問題的答案是可以預料的，因爲旣認爲有利於美國，多數人自會表示贊成。但這個問題和答案都不很重要，因爲多數人應該都知道中共的加入聯合國，是不會有利於美國的。

但第三個答案則頗可注意，因爲假使美國態度一軟化，聯大多數會員頗有支持中共入會的可能。

於是美國的姑息分子乃在兩點上大下功夫：

第一、竭力為中共遊說，說甚麼毛澤東不是希特勒，中共如進聯合國可受世界輿論的約束而不走極端，不讓它進聯合國則裁軍和禁試問題就無從與它商談，越南戰事也將更惡化，而使美國重蹈韓戰覆轍。他們威脅利誘，無孔不入。

第二、姑息分子現更開始攻擊國務院，說甚麼國務院是官僚機關，魯斯克是事務主義者，詹森總統不應靠他們來制定外交政策，而應乾綱獨斷或另請高明來做總統的外交顧問，不再理會國務院那些「過時」的人物及其理論或決策。

那些姑息分子也眞有本領。例如他們明知圍堵共黨是美國的國策，不容動搖，於是就倡為「圍堵而不使孤立」，這是以不使孤立來取消圍堵，而因毒藥之外包着一層糖衣，難怪老練如詹森和韓福瑞也幾乎上鈎。

請人另訂對華政策

其實國務院也有一批很好的中國問題專家，而且都是年富力強。例如屬於情報和研究部門的遠東組主任韋頂和副主任林廼德，前者一生從事於中美外交，後者曾在臺灣大使館擔任多年的政治組主任。又如政策計畫委員會的主任委員葉格爾和新任委員高立夫，都在臺灣任大使館的參贊並代理大使職務。又如遠東局的主管傑可勝和副主管狄恩乃是中共問題專家。在外館方面，例如新任駐華大使馬康衛和代理大使事務的恆安石都是中國問題的老手，後者且生長在中國。

他們也有輝煌的表現。例如在一九六四年十月十六日中共第一次原子試爆以前，國務院的專家們早從汗牛充棟的情報和資料中獲悉中共將在「最近期間」試爆原子。魯斯克九月二十九日的聲明，距試爆僅十七日。

中共在本月九日又作第三次原子試爆，而國務院在十日前就已預發警報。誰說鐵幕無縫！但是美國的情報工作也可說是神乎其技了。

可是姑息分子因另有企圖，口口聲聲說他們誤事誤國，也誤了詹森總統。最近兩位參議員，愛德華甘迺廸（故總統的另一位介弟）和麥高文，別出心裁，在參議院發表演說，主張重訂對華政策，並由他們心目中的一批人物組織一個委員會來執筆。這兩個聲明立卽引起全美的重視，以致韓福瑞副總統也不得不隨聲附和，但他主張由國會設置這樣的委員會，這被解釋爲詹森總統的意見。

甘迺廸麥高文的藍圖

愛德華甘迺廸的演說，主張聘請不怕政府壓力的民間領袖爲委員，並請專家學者來協助。他們的任務可如左列：

一、增加政府高級人員與中共的非正式接觸，以替代長期無結果的華沙會談。
二、發展科學、教育、文化、運動和觀光的接觸。
三、修正反對中共入聯合國的政策，但不得危及中華民國在聯合國的席位。
四、中共參加國際軍備管制談判。中共卽使拒絕，也當加以邀請。
五、重行考慮現行對中共的全面禁運政策。
六、要求中華民國在臺灣促成政治機構的進步，有如其經濟發展。

麥高文的「藍圖」，與此小異大同。國務院發言人承認這兩篇講辭事先都曾看到。但說：「我應指出：我國政府高階層經常在注意北平的關係問題，並與許多他國政府包括北平本身在內經常討論，在我們自己考驗這些事情時，我們經常請教政府之外許多著名而多聞的國人。」傅爾勃賴特參議員讚揚這兩篇講辭，理由是可使中國問題經常受人注意。他顯然是想以此影響聯大今年的投票。

友人見告，美國政府繼續不斷在研究中共問題。詹森總統在當選後就組織了三十多個委員會，尋求他的「新境界」，其中之一就是檢討美國對華政策，後者且已提出報告。國會如果要他再來一個委員會，準可如願以償。

回顧和展望

對華政策的研究和檢討，雖未如姑息分子所指摘的那樣凍結，但政策本身卻眞的陷在冬眠狀態。最近魯斯克所宣布的十大要素，從第五項起似乎有些新的變化，但精神上仍循艾森豪、杜勒斯政策的老路。

例如杜勒斯的「戰爭邊緣主義」雖把戰爭帶到邊緣，但目的祇是嚇阻中共，而也不想眞的打仗。華沙會議，也是杜勒斯的傑作。

又如一九五八年八月九日國務院發表的對華政策備忘錄雖認爲「中共政權不是永久的，它將會有消逝的一天」，所以美國不予承認，但它又聲明：不承認主義「並非不可變更的無彈性政策」。同年十二月四日杜勒斯在舊金山發表著名的演說，解釋美國何以不承認中共，他也說：「我們並不無視它的存在」；如果認爲有益於美國，我們將與中共打交道。

隨着中共第三次原子試爆，中共問題成爲更熱烈的話題，情勢也更混沌，但在塵埃落定的時候，美國的對華政策將仍是現在這樣消極的一套；政府固不能有多大作爲，但姑息分子也無所施其技。

五十五年五月十二日　華盛頓

一覺天堂夢滿朝延安感

話說十二年前韓戰雙方交換俘虜時，有二十一個美國兵不願回美國，一心想幫助中國共產黨完成共產主義的天堂夢，他們都到了北平。其中三人早因大失所望而回美，去年冬天又有一位威爾斯帶着他的中國籍太太李女士和他們小女孩回到美國。最近一期《展望》雜誌登載威爾斯的一篇談話，揭露中共的一部分眞相。

另一位西方人，加拿大籍的新聞記者蓋恩，十八年前曾到中國大陸，與毛澤東在延安窰洞中談得很多，最近又去採訪新聞，回加拿大後正在寫一本訪問記，中有一章「北京患着延安感」，日前登載在《紐約時報》雜誌，指出中共現在落後的原因和未來進步的障礙，乃是「延安感」在作祟。

我將根據這些和另外一些資料略述中共的「天堂夢」和「延安感」。

最難受是做嬰孩

威爾斯回首前塵：「我到中國的時候，我想我已參加在許多社會主義國家的行列以幫助中國並支援共產主義的世界發展。我抱着天堂的夢想，以為每一個人是完全的和絕對的平等的。但不久我就發現不確，我的信仰乃開始走下坡。我不斷發現他們所描寫的完全不是那回事，這使我非常驚異。一切美景猶似建立在沙基上，一點一點的逐漸崩潰了。」

威爾斯在一九五四年二月二十四日到中國大陸，在太原接受思想訓練。他說，每件事必須坦白報告，你不許緘默不言。八個月後，他被派往北京人民大學學習語文和接受政治訓練。他說，經常有人對他監視，有似看管嬰孩。他說：「外國學生在北京人民大學住得愈久，反共愈甚。即使對共產主義很狂熱的人不久也會狂熱的反共。原因之一，就是天天被四週的人監視着。」

他說：「我傾慕中共的社會安全制度和計畫生活，但它的警察國家和彼此互相監視的恐怖制度，實在使人不能忍受。毛蘇分裂以後，外國人更受歧視。黑人的被歧視並非由於黨的政策，而是由於社會的原因，但美籍黑人和北京大學的非洲人都有被歧視的感覺。所以現在沒有一個非洲人畢業於北大，他們都託辭先後回去了。」

趕麻雀和殺蝗蟲的怪事

在北大期間，威爾斯躬逢「百花齊放，百家爭鳴」之盛。他說：「一九五七年五月，毛澤東趾高氣揚，自以為天下歸心。為了製造民主自由的氣氛以利宣傳，他讓人民暢所欲言。那時每人似乎都很快活，但內心卻在沸騰。中國人似乎都像那樣：他們在對你微笑的時候，內心也許在恨你。」

果然，他說，北大幾乎爲標語傳單所淹沒。「許多人發表言論，有的斥責俄國，有的批評韓戰（因爲損耗太多），有的咒駡共黨黨員。也有人讚揚美國。」

但這持續了僅一週半的運動，共黨就加以彈壓。威爾斯也在被懷疑之列，他的朋友都被警告要對他留心。他證實一個消息：「於是自殺開始了。我親見一人在被批評時跳窗自殺。有的懸樑而死，有的投井而死。許多人失蹤了，許多人被捕送到勞改營去了。中國從此與前更不同了。」

他講了一個故事。他說：「一九五九年，……全國有一反雀運動。六億五千萬中國人每晨四點就起身，打鼓吹號，使痲雀不能安眠而疲勞死去。因爲痲雀吃了很多的稻穀。」這個運動連續進行三天之久，許多痲雀果然死去了。

蓋恩在「北京患着延安感」中也講了一個故事：「（山西南繁人民公社）有一農場，蝗蟲傷害了稻穀。當地人民就舉行羣衆大會並閱讀《毛澤東全集》，查看他指示如何應付這個難題，果然求得了答案。於是徵集二百五十個青年，把他們送上農場。他們留在那裏七日七夜。……他們回來時，七萬隻害蟲被殺死了。」

「延安感」的形成背景

於是蓋恩加以批評：「在我看來，這二百五十個青年雙手雙足匍匐田間捉害蟲的艱苦形狀，不獨是意志堅強的象徵，也是中國農村嚴重落後的烙印。」這種例證，所在多有，上文的趕雀故事也是其中之一。

這些事證，連同其他情形，構成蓋恩所發現的所謂「延安感」（我在上次通訊中譯爲「延安狂」，未盡其義，不如直譯爲延安感，較爲適切）。

所謂「延安感」（Yenan Complex），依照它的發現人蓋恩的說法，是一種心理狀態，有如自卑感，是一種信仰，且已成爲一種哲學。它的形成的背景或因素，是馬克思列寧的教條，是痛苦的回憶，是十餘年來在世界歷史主流中的孤立，是鄉村乃是革命唯一可恃基地的觀念，是農村暴力革命卽將消滅垂斃的帝國主義和趦趄不前的修正主義的信念。

在上次通訊中，我曾引蓋恩十八年前與毛澤東在延安窰洞的一席談。毛澤東堅信美國必將自行崩潰，而他的理論祇是說：「你們西方自由主義分子的毛病，就是誤解美國社會的和政治的暗流。美國勞動大衆受夠了資本家的壓迫和不公平待遇。他們需要較好的生活和民主的制度。下次經濟恐慌一旦發生，他們將向華盛頓進軍並推翻華爾街政府。於是他們將建立一個民主政府以與全世界包括中國在內的民主勢力合作。」

舊觀念老方法與新世界

蓋恩在最近的文中說：「去年春天，在十八年之後，我重回中國。當年的叛徒已成爲世界一個首都的決策人。……北京的報紙滿載美國城市不安和暴動以及反對越南戰爭的報導。也有許多關於美國強教運動的記載。報紙認爲這是美國勞動大衆對首都的襲擊，因爲他們發覺美國的侵略不僅針對南越人民，也針對他們自己。……報紙又說，美國的智識分子現在已經了解勞動大衆的眞實情緒，所以起而領導他們。詹森總統的強盜政府面臨普遍憤怒的有力表現，正在戰慄不已。」

看了這些報導，蓋恩說：「我感覺我好像回到毛澤東的窰洞，他正在對我分析美國大街上立即要爆發的馬克思革命。」

他又指出：「對於毛澤東的新認識，他們這個不變的理論的應用，乃是一個重要的條件。時間對於他和他的黨徒好像停止不前，因爲他們今天除了他們那個小天地外，對於外界的一切實際情況仍舊完全孤立而茫然無知。」

蓋恩說：「毛澤東在一九四七年的錯誤想法並不重要，所應認爲重要者，乃是他今天的想法仍未改變，仍是他所用的觀念和方法不能解釋今天的世界。因爲它已不是馬克思或列寧所認知的世界，而是這樣一個新世界：西方社會已經大變，殖民地已經獲得自由而不受控制，……甚至共黨陣營本身已因爭執而分裂，而蘇聯竟用肯南的圍堵政策以阻扼中共而獲得相當成功。」

新青年與新產業革命

不僅毛澤東本人，據蓋恩分析，北京政權的核心分子，都有「延安感」。這包括最上層的毛劉等六人，平均年齡是六十八歲；其次是一百人左右的中堅分子如薄一波等，平均年齡是六十二歲；再次是分布在各省的文武幹部，平均年齡是五十歲到五十二歲。蓋恩說，在他們的四週都圍着一道「延安感」的高牆，於是他們反智識分子，反都市化，不信任青年，不信任馬列主義以外的任何學說，忽視現實，怠於變革。

因爲青年的想法與他們的不同，於是他們便加以「改造」，把青年們下放到農村去受凌辱，以「整風」和「三反」相鬥爭，以「小資產階級」或「修正主義」相恫嚇，看來非把他們造成盲人瞎馬不止。

蓋恩認爲中國大陸工業的進步雖尚可觀，但仍很落後。他舉例說：「許多工廠開設在一九六〇年七月蘇俄員工大量撤退之前。長春一間貨車製造廠，工作人員二萬人，祇能生產九十匹馬力載重四噸的貨車，是二十五年前蘇聯戰時產品的規格。鞍山煉鋼廠所用的爐子，猶是蘇聯三十年代的設計。我看見上海一家工廠新出產的機器，乃是依照一九三四年通用電機廠機器所翻製的。」

這些機器當然尚能供應眼前的需要，但是，蓋恩說：中國必將感覺有一次產業革命的必要，而這祇能希望在老輩領袖對都市新智識青年態度大改變之後。但是鑒於鳴放運動的夭折，前途是漆黑一團。

在這背景之下，在這現狀之中，在這展望之前，威爾斯的天堂夢怎麼能不破碎！他怎麼能不出走！

五十五年二月十二日 紐約

美國神話掩飾了中共眞相

最近我從波士頓回到洛杉磯，在芝加哥停了兩天。小兒天翼知道我在蒐集加拿大一位新聞記者蓋恩的中國大陸通訊，特從芝加哥大學一位同學借到一些剪報，中有一篇指出美國關於中共的五種神話掩飾了它的眞相。

介紹蓋恩的大陸印象，我曾寫過一篇〈一覺天堂夢，滿朝延安感〉，頗得讀者好評。後來稍加打聽，知道蓋恩原是中國問題的老手。他生在上海，曾任上海《大陸報》編輯。抗戰時期曾去延安訪晤毛澤東，十二個月前又去中國大陸。回來後接受芝加哥《每日新聞報》的邀請，又去大陸採訪新聞。日前看見他從廣州發來的報導，提到該處的平均工資是每月二十美元，但一輛起碼的腳踏車售價是六十美元。另據四月二十三日的《紐約客》雜誌登載一位荷蘭記者的報導，一輛較好腳踏車的售價是一百四十五美元，要用七個月的工資方能購得一輛。生活之苦，可以想見。

毛澤東死後變化怎樣？

閒話少敍，言歸正傳。蓋恩指出第一種神話，是：「毛澤東死後，中共的統治權將移轉於較爲合理的人。美國可能與他們達成和解。」

蓋恩所以認爲這是神話，理由是說：「雖然北京竭其所能的大澆冷水，指斥這是春秋大夢，可是美國無人肯聽。而北京這話是沒有理由可以懷疑的。試想毛澤東交卸領導權遠在七年以前，政務向由他的六個老同志集體主持。這些人與毛共同經過出死入生的考驗，他們有著同一的態度、反應、恐懼和仇恨。」

而且，請讓我加上另一原因或理由，中共的對美仇恨，自有其必然性。北平《人民日報》二月二十日以「觀察家」筆名發表的一篇〈駁邦廸〉（按：邦廸就是威廉彭岱，他二月八日在加州發表美國對華政策的重要演講，臺北《時與潮》雜誌曾譯登全文），對中共反美的必然性說得很透徹，它說：「中國人民的大敵是美帝國主義。這個敵人固然十分可恨，對我們也有很大的危害，但是我們也要看到這個敵人的存在對我們也起着很有益的作用。美帝國主義這個兇惡的敵人，在中國的身旁日日夜夜地在威脅我們，這可以使中國人民居安思危，百倍警惕；可以使中國人民兢兢業業，發奮圖強；可以使中國人民常備不懈，激發鬥志。美帝國主義的窮兇極惡的侵略和威脅，促使中國人民進一步提高覺悟，進一步加強自己的團結，進一步加強自己的戰備。」

（引自原文）

中共反美有這麼多的作用和「好處」，它爲甚麼要停止呢！

甜頭能改變心腸麼？

蓋恩所稱美國關於中共的第二種神話，是：「假使美國採取妥協的政策，將會改變北京的心腸。」

蓋恩反駁說：「這個觀念曾在傅爾勃賴特公聽會中一再表達，反映那些主張的人的好意，但問題發生在他們不肯正視當面的現實。北京當局是在從事一種極大的努力以推翻亞洲的現狀，而華盛頓當局則志在保存這些現狀。現在衝突焦點雖僅在越南，但任何人不應幻想未來數十年中沒有其他的或更大的權力鬥爭。」

蔣夫人最近在芝加哥的演說中也指出「甜頭」不能改變中共頭子們的心腸。她說：「這可以從一九五四年關於韓國和越南問題的板門店會議和日內瓦會議中舉出實例來加以駁斥。公正不偏的專家們一致認爲共黨在這些會議中沒有一次曾作『一點實質的讓步』。」

而且有如上引《人民日報》的論據，反美既有那麼多的好處，而又不冒美國報復的危險，而且更能引致這樣多的「甜頭」，包括「諸如聯合國席位和外交承認，以及讓其在亞洲將來也許還在非洲得以自由行動等」（引蔣夫人演說），中共何樂而不大反特反！何苦要改變心腸以與美國相和解呢！

美國退出臺灣如何?

蓋恩指出第三種神話，是說：「假使美國祇要撤出中國內戰的漩渦而退出臺灣並讓北京把它佔有，美國與中共和解的最大障礙就去掉了。」

蓋恩認爲：「臺灣的命運雖是一個未決的問題，但決不是北京和華盛頓間唯一的問題，也不是最大的問題。兩方面之間的衝突是全球性的，是歷史性的。它牽涉到越南和臺灣，它也牽涉到美國對於日本、韓國、馬來西亞、泰國、印度、巴基斯坦、甚至非洲和拉丁美洲的政策。」

所幸這個神話，現已逐漸失去魔力。例如美國對華問題專家費正清教授，在本月二十二日《紐約時報》一文中就反對撤出臺灣或鼓勵臺灣獨立。他說：「臺灣是美國承認中共或中共進聯合國的絆腳石。對於這個問題，我們祇能堅持自決的原則尊重我們的防衛(臺灣)條約，留駐我們的艦隊在臺灣海峽，而讓北京和臺北當局直接與聯合國和一般世界去辦交涉。臺灣不是我們的附庸。我們不能爲任何一方對統治對方的要求提供擔保。爲今之計，我們應當輕鬆一些，把第七艦隊留駐下去，而等候中國雙方的想法能與國際現實相適合。」

聯合國有甚麽神效?

蓋恩指出第四種神話，是：「假使讓中共獲得中國在聯合國的席位，而把臺灣留在聯合國大會，美國與中共的關係必能改善。」

蓋恩不以爲然。他說：「沒有一個自尊的大國能夠同意與它的叛徒同坐在一個國際組織中。此外，中共對此尤爲敏感。這種安排，徒然激怒中共。」

在臺灣海峽截獲的一批中共秘密文件，經美國一批專家研究後透露，中共深感聯合國現爲美蘇兩國所控制，中共進去將有百害而無一利。所以陳毅說，卽使聯合國以八人大轎去擡它，它也不願進去。

雖然如此，美國國內和國際間的姑息分子總是「不到黃河心不死」，千言萬語，千方百計，要把中共拖進聯合國。

這些人有兩種牢不可破的蔽，一是說，對於七萬萬人的一個大國，既不便以戰爭將其摧毀，就當設法加以爭取；而讓它加入聯合國，就有機會加以感化、說服、約束或制裁。但他們無視了一個事實：聯合國從未感化、說服、約束、或制裁了侵略成性的蘇聯。

他們另一種蔽，是說，中共如不進聯合國，就不能與它談判裁軍和核子禁試。但他們無視了另一個事實：法國這個聯合國會員，硬是不肯參加裁軍或禁試談判。

林彪狂言用意何在？

蓋恩指出最後一種神話：「中共在過去十幾個月中所遭受的外交挫折相當嚴重，這將逼它修正它的立場。」

但蓋恩認爲：「中共誠然在印度、古巴和若干非洲國家遭遇挫折，但對於經過二十二年艱苦歲月從石器時代的鄉村進而統治整個中國大陸的人，現在這些挫折沒有甚麼了不起。他們採取一種歷史的遠期觀點，不致被一時的挫折所困擾」，自更不能促其覺悟。

美國人關於中共的神話，其實尚不僅蓋恩所舉的五種。蔣夫人在芝加哥演說中也舉出四種，其中關於毛澤東死後的變化、關於「甜頭」的效力和關於不使中共再孤立下去等三種，我已略加徵引。現在引用她其餘的一種：關於林彪「人民革命戰爭萬歲」的神話。她說：「專替共黨辯解的人……（認爲）林匪彪的話實際上僅不過建議別人應當怎樣做，而非共匪政權應當怎樣做。」蔣夫人說：「我對於這種推理頗感好笑。」本年四月三十日出版的《紐約客》雜誌替她做了見證。

五十五年六月三日　洛杉磯

與美國專家懇談中國問題

最近有一好機會得與一位中國問題專家暢談中美外交和中國前途。因爲他與美國政府有密切關係，而他說話又很懇切和爽直，所以我們約定不透露他的姓名。在本文中我將稱他爲A君。

關於四原則的說明和批評

我問A君最近美國國會和民間關於中國問題的辯論，對美國政府有無影響。他說：「有相當影響。因爲美國一向重視專家和學者，而他們的確能夠說出一番道理，足以聳人聽聞，或發人深省。」

他提到國務院助理國務卿彭岱在舊金山的演講，曾引費正清的話達三次之多。他又引魯斯克在衆議院遠東小組作證時的話：「國務院經常就中國問題諮詢許多學人，有幾位最近曾在國會作證。」A君說：「不論被認爲誠懇或不誠懇，國務院最近放寬與中共接觸的限制，不能不說是受了那些專家的影響。」

他問我：「你有細看他們的證辭麼？」我說：「不獨看而且看了幾遍。」

他又問：「你的反應如何？」我說：「我曾寫一文把他們的主張歸納爲四項原則。我認爲它們也許就是美國對中國的政策。」

他說：「願聞其詳！」我舉出第一項：「以流血購和平而不求勝利。」他說：「你是指越戰而言。那是一個有限度的戰爭。假使一旦變成大規模的戰爭，目標擴大，戰略就不同了。」

他對我的第二項：「以圍堵杜擴張而不使孤立」，說：「中共如被圍堵，就必孤立，二者不可得兼。」

我問：「既不想使它孤立，你們何必加以圍堵？你們的圍堵是眞的還是假的？」他說：「當然是眞的。魯斯克國務卿最近尚說：『我們相信接觸和交往與堅定的圍堵政策是並行不悖的』。」

聯合國代表權問題趨勢

於是我們順理成章的談到第三項：「以開門增諒解而不予承認。」A君說：「我們的『門戶開放』是有限度的，大約祇有這樣幾項：准許美國大學圖書館自由購買中共書刊，准許美國人民與大陸通信，過去曾表示准許中共購買美國食糧，准許中共和美國新聞記者相互採訪，最近又准許美國醫生學人和科學家前往大陸，准許美國大學接受中共科學家訪美。」

我問及聯合國中國代表權問題。他說：「這要看聯合國內的趨勢如何，不是美國所能單獨作主。如果聯大多數代表要求接納中共，而美國雖經努力仍然不能挽回頹勢，則『兩個中國』不失爲一擋箭牌。因爲中共既反對兩個中國，自然不會派人來，則中華民國仍是中國的代表。」

我說：「卽使僅是一種策略，對美國的道義立場和利害關係都有很大的損傷。美國不必爲中華民國的席位擔憂，而應對美國自己立場和遠大利害多加注意。」

到目前爲止，聯大情勢並不壞於去年。美國國內的輿情仍多數反對中共。儘管有些美國人認爲臺灣問題是美國與中共改善關係的絆腳石，但政府當局仍認爲問題並不這樣簡單。魯斯克在衆議院證辭中列舉中共多種企圖和目標，自非攫取臺灣和進入聯合國所能滿足其大欲。他說，中共正在並且將在很多其他場合上與美國爲敵，他的視野顯然較許多專家爲大。

毛的繼承人及其政策

關於我的第四項原則：「以忍耐待變化而不背盟友」，我們談到毛澤東的生死。A君說毛不獨未死，而且並不危在旦夕。他的論據是劉少奇最近尚到巴基斯坦、阿富汗和緬甸去訪問。如果毛果已死或病危，劉就不敢出國了。這話很有道理。

中共在毛死後將有何變化？A君問我的看法。我說：「內部權力鬥爭必將加劇，但劉少奇顯佔上風。」他問：「周恩來如何？」我的看法：「他不想取劉而代之。中共之患，不在劉周之爭，而在中共中央權力的削弱和派系的傾軋。」

「這對中共的政策將會有何等的影響？」A君問。

我說：「對人民思想行動的控制必將加甚，但對經濟方面或稍稍放鬆，以資安撫。」

「這是否妨害中共的軍火工業？它爲了發展原子武器和空軍海軍，年來竭澤而漁。中共經濟資源本不富厚，如果顧到人民的生活，自必減少對軍火方面的投資。你看如何？」

「這是中共的悲劇。我看它將彼此兩失，大砲和牛油不可得兼。」

「你看中共會不會求助於西方國家？抑或回頭求助於蘇聯？」

我預料：「兩者都有可能。中共早已開始求助於西方：向加澳購糧食，向西德購鋼廠。但它不會求助於美國，也不會放棄反美政策。」

蘇毛復合和我國反攻

「中共和蘇聯尙有和好的可能麼？」A君似乎認爲不可能。

我引英國《經濟學人》週刊最近一段評論：「俄國人的取捨，一部分將取決於西方國家的做法。西方有資格的觀察家大多認爲蘇聯將捨棄中共而與西方合作，不問西方是否予以鼓勵。他們認爲經濟利益、共同文化和歷史關係，都在推動蘇聯與中共分裂。這也許如此。但是一年多來的證據，更明示蘇聯領袖尙在徘徊歧途。他們的確與西方日益接近，但要他們掩耳不聞『共黨團結』和『世界革命』的呼聲，則半世紀的時間似乎不夠長。」我說：在中共方面恐怕也會如此。他倆是「歡喜寃家」。經過雙方爲蘇共第二十三次大會問題打了一個回合以後，我預料他們都將鳴金收兵。

「你有看過麻省理工大學教授白魯恂（美國外交政策協會十一大本的中國問題叢書就是他主編的）在最近一期《外交》季刊的那篇『中共領袖的僵局』麼？」A君說：「中共將會有很大的轉變，有幾點你也說到，但它不會垮掉。」

「這就要看中美兩國的政策和戰略了。美國究竟想不想協助中華民國反攻大陸？」

「你在美國很久，見聞很多，總該了解美國的政策。看來你們祇好等待——等最有利的時機。」

反攻大業與總統訓示

我問A君：「何謂有利的時機？」

他說：「你們總統曾經說過，而且很對：『三分軍事，七分政治。』如果中共政治崩潰，將士離散，那就是你們反攻最有利的時機。」但美國認為現在尚非其時。最近魯斯克國務卿尚說：「我不覺得中國大陸已有新的革命在沸騰。我無法證明這個新政權不能有效統治中國大陸。」但他也承認：「中共在共黨和非共黨世界中一連串的外交失敗，必將動搖人民對於他們領袖才能的信任。……但我尚不能預料中共就將發生變化。」

A君又說：「而且魯斯克也承認：『美國與中共的戰爭危機一直存在。一九五〇年（韓戰）

如此。一九五五年和一九五六年的臺灣海峽事件也是如此。一九六二年中共軍隊開入印度領土時的戰爭危機也很大。』可是因爲中共適可而止，而美國更不是好戰的國家，所以沒有導致大戰。但中共蓄意反對美國，魯斯克國務卿也公開承認：『在亞洲圍堵共黨的侵略正與在歐洲過去和現在圍堵共黨侵略同樣的重要』，所以兩國關係不會搞好。美國樂見中華民國的強大。」

於是我們談到臺灣的做法。A君說：「你們最大的成功是善用美援而足食足兵。其次，廖文毅等取消臺灣獨立運動，對你們在國內外的聲望也有相當的幫助。但你們尙須考慮到三、五年內不能反攻的未來情勢，而善作準備。其實道理也很簡單，還是你們總統那句老話：『三分軍事，七分政治』。」

五十五年四月二十六日　紐約

美對中共方法可笑認識可喜

本年（一九六六年）三月十六日，美國衆議院外交委員會遠東小組舉行公聽會，國務卿魯斯克出席作證，報告美國現階段對中共的看法和政策。那時參議院外交委員會正在舉行中國問題公聽會，搶盡鏡頭，所以魯斯克的證言反不爲人所注意。四月中旬參議院外交委員會又邀魯斯克去作證，國務院乃及時發表前項作證紀錄，以免參議員再在中國問題上質詢。一般人多認爲這是一九五八年（金門砲戰那一年）美國發表對中共政策備忘錄或杜勒斯國務卿在舊金山發表演說以來，對中共政策的最完備的聲明。

可是就我所知，臺港的報章雜誌對這個重要文獻所載過少；政策部分僅摘要點，看法部分略而不提。以致國人對前者未窺全豹，對後者更感茫然。因爲這個文件非常重要，今天特爲譯介，並略加按語。

十大要素遏制第一

現在先譯魯斯克報告中所述美國現階段對中共政策的十大要素。因是全文迻譯，並無增減，讀者或能有些新的發現。

一、美國仍堅持決心，對於需要援助以抵抗中共直接間接威脅或武力侵略其國土的聯邦，予以援助。

二、美國必須繼續援助亞洲國家以建立具有廣泛基礎的有效率的政府，致力於進步的經濟社會政策，俾能更有效的遏阻共黨的壓迫和維護人民的安全。

三、美國必須尊重對中華民國和不願受共黨統治的臺灣人民的承諾，繼續予以防禦的援助，並試勸中共與美國協同聲明在臺灣地區不用武力。

四、美國將繼續努力，防阻中華民國被排除於聯合國及其各機構之外。中共如仍繼續其現行路線，我們很難見其如何能認爲符合聯合國憲章所規定的會員國資格，而不遭受美國反對其入會。

中共曾提出若干有趣的先決條件，認爲必先實現，方能考慮入會問題。這些條件值得重述於下：

聯合國一九五〇年譴責中共侵略韓國的決議必須撤銷；

聯合國必須以新決議譴責美國爲侵略者；

聯合國必須改組；

中華民國必須排除；

帝國主義的全部傀儡必須排除。

因此，任何人不禁要問：中共究竟確實要想入會抑或志在毀滅聯合國。我們深信聯合國必須用高度的謹愼和深思去處理這個問題。

面臨危機而力避戰爭

五、美國必須繼續努力確告中共：美國無意進攻中國大陸。戰爭危機當然一直存在。例如一九五〇年（韓戰），一九五五年和一九五六年的臺灣海峽事件，一九六二年中共對印進兵，和現在的越南，凡此都有挑發戰爭的危機。但我們不需要戰爭，我們無意挑起戰爭。美國並無與中共作戰的命定的無可避免性。中共在面臨與美國衝突的時候，也常謹愼從事。我們過去處事更很節制和鄭重，今天仍是如此。我們希望他們也能認清這一點而以此指導其行動。

六、美國必須堅信中共並無永久不變的政策和態度。美國不可認爲美國與中共之間存在着無止境的不能避免的敵視狀態。

七、美國在不妨礙國家利益之下，當繼續擴大對中共的非官方接觸的可能性，俾能逐漸改變中共對美國的印象。

在這方面，我們逐漸擴大訪問中國大陸的美國人民的種類，准許美國大學圖書館自由購買中共書刊，准許美國人民與大陸通信，過去且曾表示准許中共購買美國食糧，准許中共和美國新聞記者相互採訪，最近又准許美國醫生學人和科學家前往中國大陸，並准許美國大學接受中共科學家訪美。

我們並不期待中共能及時掌握這些接觸和交往的途徑，一切事證都指明中共願意對美孤立。但我們相信撐開這些門徑，合於美國的利益。我們相信接觸和交往與堅決的圍堵政策並不牴觸。

開門揖盜的種種想法

八、美國當繼續敞開在華沙與中共作外交接觸的門戶。這些會談雖祇能提供雙方重述立場的機會，但在危機發生時有交換消息和態度的可能，其作用也就相當重大。我們希望它們能成爲有效商談的途徑。

九、美國準備與中共和其他國家談判裁軍和防阻核子武器擴散問題，中共曾拒絕一切有關的建議和邀請。它攻擊核子禁試條約，它贊成把核子武器擴散於無核子的國家。各國必須力勸中共改變立場。

十、美國必須繼續蒐集和分析關於中共的消息，以決定因時制宜的政策。我們希望中共的政策能有一日顧及亞洲和它自己人民對於和平和安全的願望。我們歷屆政府當局常說，如果中共放棄武力侵略，並表示不再繼續敵視美國，則接觸有擴大的可能，關係有改善的可能。我們繼續保持這個立場。

以上是美國對中共政策要素的全部譯文。如以我從前的話來加以「濃縮」，那就是說：「以圍堵杜擴張而不使孤立」，「以開門求諒解而不予承認。」

美國人曾以兩個F來表達這個政策的精神，一是 Firm（堅決），一是 Flexible（富於彈性）。前者用於圍堵，包括十項要素中的前四項，後者乃指第五項至第十項的開門揖盜的種種想法。

魯斯克對世人的警告

正如「俏媚眼做給瞎子看」，魯斯克的開門政策立卽爲中共所拒斥，後者認爲那是「敵視和欺騙的混合物」。我想中共一定看到了魯斯克證辭的全文，後者以五分之四的篇幅詳述中共侵略成性，惟我獨尊，美毛關係無法改善，美不反毛後患無窮。中共認爲魯斯克在欺騙它和敵視它。我不信魯斯克有意欺騙，但敵視則很顯然。

魯斯克和麥納瑪拉曾把林彪去年九月一文斥爲希特勒的《我的奮鬥》。費正清卻認爲他們過甚其辭，過分緊張。魯斯克在證辭中辯說：「我完全了解（毛澤東和希特勒）這兩人及其權力所運用的兩國的不同之處。日本軍人的攫奪滿洲、墨索里尼的攫奪阿比西尼亞以及希特勒的攫奪萊因河地區和奧地利、捷克，都是侵略本體和功能的實驗。……中共的敵意已在共黨集團中和自由世界中製造了許多問題。」「由於侵略不能及時遏阻以致形成災禍，我們已經學得很多教訓了。」

魯斯克警告世人：「我們不應稍存幻想，以爲對中共蠻橫要求的讓步，多少可使亞洲和平之路稍稍平坦。假使中共的現行政策有了成功的收穫，不獨它現在的首領，而且他們的繼承者必將更有勇氣在現行政策上亦步亦趨。這是增加緊張的途徑，甚至將爲未來世界的和平增加更大的危機。」

中共大欲與美毛關係

魯斯克對美國與中共關係的改善很感悲觀，他指出臺灣問題是一大障礙，但尙有其他因素。他說：「我們不準備以武力推倒中共政權，但我們的確反對中共以武力作推倒其他政權的嘗試。」於是問題便嚴重了。因爲魯斯克深信中共蓄意「排除美國在西太平洋和東南亞的勢力和活動」，以便爲所欲爲。

魯斯克又認爲中共的排他性使美國甚至其他共黨國家不能與它和平共存。他引證了陳毅對高棉王子的話以後，說：「中共關於影響力的觀念是排斥其他一切的。中共所到之處，就不許他人插足。」

不僅這樣，魯斯克認爲中共急於要做世界的強國和共黨集團的領袖，所以它竭力發展軍備並削弱美蘇兩國的聲望和勢力。他說：「（中共）這些武器最後能被用以攻打中共的亞洲鄰國，甚至在時機成熟時攻打美國和蘇聯。……一個可能的核子勢力放在龐大的傳統武力之上，這在亞洲勢力平衡中乃是一個新因素，美國和它的友邦和盟國，對它都不能熟視無睹。」

莊子說：「逃虛空者，聞人足音跫然而喜矣。」在低調和謬論之中，魯斯克的議論有如空谷足音。十大政策要素中雖多可議可笑之處，但是積重難返，曲高和寡，魯斯克一時也沒有多大辦法。

五十五年四月二十八日　波士頓

中美關係的新挑戰和老問題

在最近一個月中，臺灣遭受幾次颱風的新挑戰。其中一次叫做寶佩颱風，一次叫做「卡特颱風」。

這兩個颱風的性質雖迥不相同，可是它們的波譎雲詭卻大同小異。寶佩先是輕度颱風，後來逐漸轉強，最後則遠離臺灣而解除警報。

但是臺灣是颱風地區，颱風每年都會向它挑戰，所以防颱工作必須繼續增強。卡特式的政治颱風也是如此。試加說明。

一

卡特總統入主白宮前後，提倡道德政治，鼓吹人權外交。關於中美關係，他對中華民國的獨立和臺灣的安全自由一再表示關切。他又指出美國已有兩位總統和國務卿多次訪問北平，以後應由中共當局移樽就教，他雖想繼續謀求與中共的關係「正常化」，但他這颱風的聲勢卻是輕微和緩慢的。可是一到颱風季節，隨着美蘇限武談判的僵化，范錫突然宣布提前訪平，並將照「上海公報」加速雙方「關係正常化」。

六月二十九日，范錫在亞洲協會演講，指出：「我們承認上海公報所表示的意見，就是祇有一個中國。我們也重視臺灣問題應由中國人民自己和平解決。」

第二天，卡特自己也強調「一個中國」，而且暗示：美國也將追隨「其他與中華人民共和國有完全關係的國家，仍然繼續和臺灣從事貿易、文化、社會的交流，同時也售予臺灣一些重要的裝備。」這是他對新聞記者所問：美國是否將停止中美共同防禦條約和外交關係的答覆。統觀全文，他的所謂「一個中國」，大約是指中共。

於是臺灣乃發出「卡特颱風」警報，防颱工作也接着加緊部署。

到了八月二十七日，蔣院長對美國訪華女記者們宣稱，范錫訪平並未就所謂「關係正常化」達成任何協議，颱風警報方始解除。

二

卡特這次對中美關係新挑戰的首要目標乃是上海公報。我國本來反對上海公報，但它卻沒有提到建交、斷交和廢除中美共同防禦條約。關於撤軍，它也附有先決條件，所以迄今尚有一千零六十三名美軍駐在臺灣。但是卡特卻想變本加厲，利用它以完成「正常化」，所以說：「我們有關中國問題的態度，曾經由我前任訂出來，並且經過我的印證，那就是上海公報。在這項公報中，美國承認『一個中國』的觀念。」

上海公報的確提到「一個中國」。在季辛吉和喬冠華所同意的草稿中，美國本來也承認「一個中國」，並無保留。但是那時隨同尼克森訪平的羅傑斯國務卿不以為然，交還季辛吉重行談判，直到清晨五時方定稿。結果雙方各說各話，中共堅持一個中國，就是中共，並說：「臺灣早已歸屬祖國。」但美國則說：「臺灣海峽兩邊的所有中國人都認為祇有一個中國，臺灣是中國的一部分，美國政府對這立場，不加詰難。」

這是說，臺灣海峽東邊的中國人，認為祇有一個中國——中華民國，臺灣是中華民國的一部分；但臺灣海峽西邊的中國人，認為祇有一個中國——中華人民共和國，臺灣是中華人民共和國的一部分，美國政府對這絕不相同的立場都不加詰難。這也就是說，美國不承認中共就是中國，也不承認臺灣是中共的一部分。

然則美國政府是否認為中國有兩個呢？是的。一個鐵證，就是美國在上海公報前幾個月，在聯合國討論「排我納匪」時，尚在為「不排我而納匪」的「兩個中國」的構想和議案而奮鬥。

我國當然不贊成「兩個中國」。我個人那時，雖想遷就現實，但祇是主張「今天兩個中國，明天一個中國」。可是美國則認為「兩個中國」對它較為有利。現在卡特總統如果認為中共就是中國，中國祇是中共，從而要與它建交並與我國斷交，那是違反上海公報，損害美國利益。

三

卡特颱風的第二個挑戰目標，是中美共同防禦條約。

依照中共的價目表，美國如想與中共建交，必須先行廢除該條約。卡特是否決定忍痛付出這個代價，各人看法不同，但他顯然以此試探過中共。因爲范錫曾向中共提出與此有關的下列問題：

一、中共可否容忍中美雙方在華盛頓和臺北設立美國和中華民國的聯絡辦事處，以代替現在的大使館？

二、中共可否公開聲明：它雖有權對臺灣使用武力，但無意於此？

三、中共可否默許美國繼續參加臺灣的防務？

四、美國如果聲明：臺灣地區必須保持和平，美國對此甚爲關切，希望臺灣問題的解決，能夠使用和平方法，而不使用武力，中共對美國這種聲明，可否不予以否定或理會？

中共對這些試探怎樣答覆，雙方諱莫如深。觀於卡特親到機場歡迎范錫，並說：「就范錫此行非常有限的目標而言，……非常成功，並且是邁向最終關係正常化目標的一個重要步驟。」而且美國認爲中共的立場已有彈性，正常化已有進展。

但鄧小平在九月六日公開指摘所謂「彈性」和「進展」都是錯誤的，美方應對此負責。鄧並透露中共反對在臺灣設立聯絡處的建議，認為那是中美外交關係的繼續。

四

按中美共同防禦條約第二條規定：「每一締約國承認對在西太平洋區域內任(何)一締約國領土之武裝攻擊，即將危及其本身之和平與安全。玆並宣告：將依其憲法程序採取行動，以對付此共同危險。」

該條所謂「領土」，依第六條規定：「就中華民國而言，應指臺灣與澎湖……並將適用於經共同協議所決定之其他領土。」「就美利堅合衆國而言，應指西太平洋區域內在其管轄下之各島嶼領土……並將適用於經共同協議所決定之其他領土。」

又第七條規定：「中華民國政府給予美利堅合衆國政府接受，依共同協議之決定，在臺灣澎湖及其他附近，為其防衞所需要而部署美國陸海空軍之權利。」

依照這些規定，該條約對雙方都有利益，就美國來說，它在臺澎金馬有權駐兵，而觀於蘇聯怎樣努力想在亞太地區獲得一個軍事基地而不得，可知美國這個權利實乃無價之寶。

其次，反之，如果將來有一強國想以武力攫取臺灣這個戰略重鎮，美國勢將立感威脅，而在廢約之後，美國將束手無策，孤立無援，呼喚奈何。但在該條約存在期間，美國將永遠沒有這種後患。

而且我很懷疑中共會爲或將爲廢約而對美國使用多大壓力。中共不是很怕蘇聯勢力進入亞洲太平洋地區麼？它不是很怕美國眞的退出亞太而留下一片眞空而爲蘇聯所塡充麼？因此，美國何必爲了鄧小平在答覆美國記者詢問所提出的廢約條件而誠惶誠恐的千方百計要自毀長城呢？

五

我爲美國人的天眞以及卡特政府的缺乏經驗和謀略而很感失望。「卡特颱風」看來還將再來。因爲「正常化」陰魂未散，老問題都仍存在。

在「正常化」的前提下，現在許多正常的事物都須變成不正常。依據美國衆議院國際關係委員會主席查布勞基估計，美國將違背五十餘種條約，方能與臺灣斷絕關係。其中最嚴重的問題，就是斷交、撤兵和廢約。

限於時間，我現在祇能略談廢約。

中美共同防禦條約本不可廢，所以它最後一條（第十條）規定：「本條約應無限期有效。」但該條也訂有解除條款：「任（何）一締約國得於廢約之通知送達另一締約國一年後予以終止。」於是發生三個問題：

一、美國總統可否不經國會同意而逕行通知中華民國於一年後廢約呢？

依照多數先例，須經國會同意，而所謂國會者是指參議院和衆議院二者的集合體。但也有先例是僅須得參議院的同意。可是衆議院一院則沒有這種權力和先例。

六

二、中美如果斷交，該條約是否當然自動終止或失效？

依照先例，條約在斷交後因無法繼續執行，便自動失效。但高華德參議員等經加研究，認爲繼續有效。

我以爲該條約如果因斷交而自動失效，則中美間現有的許多協定和契約，也都將當然無效，則尙何「實質外交」之可言，我不信美國政府會這樣蠻橫和無知。它雖可能會屈從中共的要求，終止該條約，但須取得國會同意並通知我國，而非當然失效。而且中共的條件是先廢約而後建交，它不滿意於自動失效，因而要求美國明白廢約，則美國政府更須徵取國會的同意。

三、然則國會能否同意廢約呢？

依照目前情況，國會不會同意。但是如果它將來通過一個類似「臺灣安全決議案」的「法律」，送經總統公布，有如一九七三年的「總統戰爭權力決議案」（它已成爲美國的法律了），則國會自會同意廢約。

但國會也可能把決議案祇作一項同情的意思表示，而不送請總統公布，則它就不是法律。如此廢約，危機更大。

七

總之，大陸共黨暴政存在一天，我們的安全和自由便將遭受威脅，老問題不能解決，新挑戰接踵而至。有如防颱工作，必須不斷加強，方能有驚無險。

聽說日前行政院在送給立法院一份報告的扉頁上印有《孟子》的一段話：「天時不如地利，地利不如人和。……得道者多助，失道者寡助。寡助之至，親戚畔之。多助之至，天下順之。以天下之所順，攻親戚之所畔，故君子有不戰，戰必勝矣。」

此「道」何道？說來話長。打一譬喻，乃是「大道」、「正道」或「人道」。我們能走大道而不走小道，走正道而不走邪道，走人道而不走獸道，就能多助而天下順之。於是我們將有回天變天之力，颱風就不會成災了。

六十六年九月二十五日

中共在毛死後的內外局勢

毛澤東死於九月九日零點十分，但在十六小時後方始宣告。其實在五個月前罷斥鄧小平和起用華國鋒的時候，他的政治生命就已結束了。

所以他的死亡，並非突變，而中共（毛共時代已結束，以後祇好改稱「中共」了）五個月來的作爲，與其說是出於毛澤東的，不如說是出於江青派的意旨。於是中共的內部鬥爭和外交方針，不致因毛之死而有急速和劇烈的變化。

但這祇是「過眼煙雲」而已，潛伏在表面平衡下的危機，正與日俱增。

一

最大的問題是目前各派湊合而成的均勢能夠維持多久。

很多人認爲華國鋒顯然已是中共的領導人。因爲他是毛澤東所親手扶植和選拔的人，繼鄧小平而任國務總理，而鄧祇是代總理，前於華而任該職的，祇有周恩來一人。而且他在共產黨中也高居副主席的第一把交椅。如果中共中央委員會將來仍有所謂主席，則華國鋒的升任該職，自是順理成章。

但也有人認爲華國鋒祇是過渡人員，不能久於其位，因爲他沒有實力基礎。目前有實力基礎的，在宮廷派或江青派是王洪文和張春橋，在官僚派或周恩來派是葉劍英和李先念。但葉太老，王太少，李太軟，於是許多人看好張春橋。

至於目前和五個月來的權力結構，乃是集體領導，這從中共公布的治喪委員會名單可見一斑。其中名列第一的是華國鋒，其次是王洪文，第三第四是葉劍英和張春橋。因此兩派均勢得以維持。

但《紐約時報》的雷斯敦認爲現在衛戍北平的陳錫聯，也很重要。如果眞像毛澤東所說「槍桿子裏出政權」，則未來的領導人，一般推測，可能是葉劍英或陳錫聯。

此外，觀於中共五個月來大力的和持久的攻擊鄧小平，他或已逃出北平魔掌，藏匿他處待機而動。紐約聖大副校長薛光前先生在致我信中，一直認爲鄧可能已遠走川黔滇一帶。則鄧可能還會「捲土重來」。

二

有人假使要我在衆說紛紜中提供一些看法，則我認爲：目前這個集體均勢應能維持一段時期。但歷史昭示，共產黨統治或無產階級專政，本質乃是獨裁，由一個強人主宰一切。它不容有集體領導或各派均衡。

但它的心腹大患，乃是一向對中國鷹瞵虎視的蘇聯。現有幾點很可注意：

一、它在中共文武幹部中，是否尚潛伏着第二個林彪？以它過去在中共內部的同路人之多，包括王明（陳紹禹）、高崗、彭德懷、劉少奇和林彪等重要人員，答案應該是「極可能」的。所以周恩來三年前公開指責蘇聯有這陰謀，而《紐約時報》資深外交記者薩茲柏格一直認爲這是蘇聯的「傳統武器」，不會不用。

於是有人推測，蘇聯將來可能在中蘇邊區建立一個衛星政權，以圖蠶食中共。它也可能導演一次宮廷革命，有如外傳林彪當年的反毛計謀。

二、蘇俄對中共是否將低盪一下，或竟採取和解步驟？我以爲也有可能。因爲查察中蘇兩共交惡的背景，主要原因是赫魯雪夫和毛澤東的見解和權力的衝突。一般人所強調的邊界爭執，尚非眞正的癥結。中共和印度也有邊界爭執，也曾以兵戎相見，何以未獲解決而已言歸於好？而且中蘇邊界的現狀，在毛澤東朝拜莫斯科前早已存在，毛澤東那時何以一直不理不睬？「後之視今，亦猶今之視昔也」，安知不久的將來兩共不會恢復邊界談判？前線不會各退若干里？甚至雙方不會簽訂互不侵犯條約？

三

對於以上第一個問題，我現在無可奉告，但徵諸往事，應有可能。至於第二個問題，目前也言之尚早，但已有若干跡象可供參考：

第一、美國前國防部長斯勒辛吉，現正應邀訪平，所受待遇特別隆重。原定訪問新疆、內蒙和西藏邊境，後者從無外國人被許涉足，雖因毛死而中止，但後仍前往。隨行記者認為中共的目的，在使他對它與蘇聯的前線敵峙獲得深刻的印象，以期促起美國朝野對中共反蘇的了解、信任和關切。

第二、中國問題專家們很注意蘇聯就毛澤東之死所表示的態度。查蘇聯先以共產黨中央委員會名義致送唁電，繼由外長葛羅米柯和副總理馬蘇洛夫前往中共駐蘇大使館簽名。但那個唁電經在十四日予以退回。表面的理由，是中蘇兩個共產黨之間，並無交往，所以不能接受。至於蘇聯派往簽名致唁的人，地位顯然不夠高，所以莫斯科的西方外交家認為，那是蘇聯故意表示無意與中共和解。這是否就是中共退還唁電的原因，我尚無法查證。但我敢說，如果唁電由布列茲涅夫具名或唁使由布列茲涅夫擔任，則退電之事當不致發生。即此可見雙方的僵局，並未因毛之死而打開。

此外，我們也可從中共告全黨全軍和各民族人民書窺見一斑。那個文告，於大力歌頌毛澤東外，列舉六項「一定要」做到的目標。其中關於外交方面者，指出必須堅持「反對帝國主義、社會帝國主義和現代修正主義的鬥爭，進行到底」。文告在另一段中，且對蘇聯指名叫罵為「蘇修叛徒集團」。

四

它也把臺灣帶上一筆，說：「我們一定要解放臺灣。」它雖也泛泛的點到帝國主義，卻沒有指名叫駡美國。

由此可知，中共最近以及可見的將來爭取美國的做法，包括下列兩項：

一、裝足反蘇姿態，以取信於美國；

二、以此要求美國背棄中華民國，並以軍備支援中共。

至於美國方面，它既以蘇聯爲第一號敵人，自必願見「中」蘇反目。姑不論「敵人的敵人就是我的朋友」，但兩虎相鬥，鷸蚌相爭，總是對它有利。所以它不惜對中共竭力逢迎。對周恩來如此，對鄧小平也如此，對華國鋒甚或對其他當權派，「不到黃河心不死」，它仍將如此。

現在眼看蘇聯的勢力正在日長夜大，而中共在毛死之後仍復擺出反蘇姿態，所以不問中共或美國將來由誰當權，雙方勢將繼續設法共同維持各自對蘇聯的均勢。

美國維持對蘇均勢的方法，是拉住中共不與蘇聯親近，而其方法的方法是與中共「建交」。中共的方法是拉緊美國作爲它對蘇均勢的保障，而其方法的方法，則於「建交」外，還要美國背棄中華民國，並予以軍事援助，而且以背我爲「建交」的先決條件。

五

由此觀之，中共的要求大於美國的，自非美國所能全部接受。於是有人提議雙方各自讓步：美國以軍援而不以背棄臺灣換取中共反蘇親美，而中共以反蘇親美並擱置臺灣問題換取美國軍援。

也許中共已有這種腹案。在今年三月底的〈窺測尼克森的神秘報告〉中，我發現：「依此看來，毛共請尼克森帶給福特總統的報告，是要美國提高對蘇聯的警覺，從速與毛共加強團結，並協助它搞好戰備。」

在周恩來鄧小平當權時，中共甚至願意擱置臺灣問題以換取美國與它共同反蘇。去年十月二十八日，我在「美毛關係的第二階段第一回合」中，指出：「美國國務卿季辛吉十月十九日至二十三日的北平訪問，結束了美國和毛共從一九七一年季辛吉初探北平以後的第一階段，並展開了一個新階段。在第一階段中，美毛關係是以中華民國及其『臺灣問題』爲樞紐，第二階段則將以蘇聯和美蘇關係爲樞紐而旋轉而進退。但這並不表示『臺灣問題』不能或不會再談，但它顯已暫時僵化了。」

所以祇要自重一點，高明一點，堅決一點，不讓中共將魚和熊掌兼而有之，美國不必喝「臺灣問題」這個苦杯，而仍能拉住中共在遠東維持對蘇聯的均勢。

六十五年九月二十一日　美國客寓

國際局勢與中美關係

縱橫五大事正反兩看法

《聯合報》主持人以世界多變，來信要我對在美所了解的情況和自由中國應採的對策，加以評述。我近因埋首紙堆中研究各國國會監察制度，時間和精力都不容我就這個大題目寫出有價值的文章。祇因公誼私情都不可卻，特以三天時間訪問了幾位朋友並看了一些書報雜誌，試述我所見所聞和所感。

毛共原子爆炸如何不利於我們？

一般人所謂最近世變，大約是指毛共的原子爆炸、赫魯雪夫的被斥下臺和英國工黨的執政。其實法國最近對歐洲問題的強硬表示以及美國的大選，對自由世界的命運特別是反共大業，也有重大的影響。現在一併加以評述。

先就毛共的原子爆炸，指出自由世界所受的不利和有利之處。

在不利方面：

第一、毛共的聲威因此顯已提高。赫魯雪夫的倉皇被迫下臺，據說也是因爲蘇俄事先獲悉毛共的原子爆炸，預料毛共在俄共附庸中的聲勢勢必大增，俄共不可能在十二月十五日的二十六國共黨大會中將其打垮，而赫魯雪夫如不下臺，勢必一意孤行，那對蘇俄自很不利。所以蘇俄不得不在毛共原子爆炸之前驅逐赫魯雪夫。這更增高了毛共的聲勢。

第二、周恩來和聯合國秘書長所主張的核子國家禁止核子武器的會議，英法已經公開贊成，美國雖表示拒絕，但詹森總統本月一日突然宣布要組成一個委員會以研究如何遏阻核子武器，而以該會構成分子平素熱心於「和平共存」，他們極可能建議總統參加毛共在內的國際談判。屆時毛共自必格外得意了。

第三、聯合國內的共黨啦啦隊，勢力本已不小，在毛共原子爆炸之後，叫聲自必更大。去年討論中國代表權時，聯大以五十七票對四十一票，否決共黨的提案。今年形勢已有變化，我們不可能再得十六票的超額多數。

第四、毛共產生原子彈原料Plutonium的能力不大，據估計將來每年祇能製成六枚原子彈，比之美國，自然微不足道，但六枚原子彈對亞洲國家的威脅已經夠大了。同時毛共固然沒有遠程轟炸機帶原子彈飛襲美國或歐洲，但毛共已有少數B—57一類的俄國飛機能夠帶原子彈飛襲亞洲國家，後者所受的威脅自必更大了。

四項相反的看法

現在試就上述對自由世界不利之處提出相反的看法：

第一、毛共因原子爆炸而增加聲勢，確是事實。但有如老虎添翼，也使人們對他增加畏懼仇視和防範。於是印度日本都想發展原子武器。而赫魯雪夫的被迫下臺，乃是俄國故技「進兩步退一步」的辯證應用，俄國已自毛俄交惡的死結中解放出來，他已把共黨世界團結在他的周圍而不怕毛共的挑撥離間了。如果認爲俄國已爲毛共聲勢所懾服，已爲毛共原子爆炸所嚇倒，而不得不趕走赫某，以取悅毛共，那就太低估俄國而高估毛共了。赫某自有垮臺的種種原因，此間盛傳俄國發給歐洲共黨的四十頁小册中列舉赫某罪狀達二十九項之多。俄國所以在毛共原子爆炸之前而不等到爆炸之後把他趕走，正恐他人誤會俄國眞的怕毛共。毛共的原子爆炸，在俄共心目中不獨沒有增加對毛共的親善，甚至連賀電也不去一個，而且更具戒心了。至於在自由中國方面，毛共的原子爆炸，祇有加強我們對內政的革新，加速對毛共的反攻，我們是不會被嚇退的。

第二、毛共決不肯裁軍，決不肯停止原子發展，除非自由世界解除武裝。毛共不參加國際裁軍談判，尚可大唱裁軍的高調，把責任推給美國，而一經參加會談，狐狸尾巴就現出來，他好戰的眞面目益將爲世界所共見，如此反將削弱他的聲勢。毛共參加美毛日內瓦和華沙會談已經九年了，毛共的聲勢在美國人心目中不獨沒有增加反而減低。所以毛共將來卽使參加國際會議，對毛共不獨無益，抑且有損。

第三、因上述同樣的道理，毛共似乎並不眞正熱心於參加國際會議，尤其是聯合國。毛共一定了解，他參加以後，徒受拘束，徒遭唾駡，而且聯大曾經決議這是重要問題，應有三分之二的同意方可准他入會。聯合國現有會員一百十三個，三分之二是七十五國，去年他得的同情票祇是四十一票，不到二分之一，今年他不獨不能獲得三分之二，卽連二分之一也仍困難（今年預料我們可以二票至八票的多數把他擊敗）。

第四、共黨對自由世界的武器是滲透顚覆和游擊戰。他們連飛機大砲都不用，遑論原子彈！所以卽使毛共有了原子彈，亞洲國家也不必害怕。毛共至多以原子彈用做嚇詐的手段，我們如果不被他嚇倒，他就黔驢技窮了。他何敢眞的使用原子彈！詹森總統不已明白宣布了麼？美國將以原子彈爲亞洲友邦做後盾，以打消毛共的原子敲詐。

因赫魯雪夫垮臺而擔憂

赫魯雪夫的下臺也有正反兩種看法。在對自由世界反共大業的不利之處：

第一、赫某如果繼續在位，赫毛鬥爭不會平息，而且相激相盪，國際共黨集團尙須分化。這對自由世界自屬有利。現在赫某垮臺，毛共對俄共新當局首先電賀。而且周恩來已率領七人代表團赴俄慶祝十月革命的四十七週年紀念。他們似乎要言歸於好了。

第二、赫魯雪夫標榜「和平共存」，而且確有相當表現。例如撤出古巴飛彈，簽訂核子禁試條約，譴責毛共窮兵黷武，試圖接近西德，注重消費品的生產，因而相對削減重工業和國防工業的產量。現在赫某下臺，而俄國指斥他的錯誤和罪狀，就是這幾項（其餘各項似屬次要），這是否預示布里茲涅夫等將取相反的政策呢？自由世界不能不相當焦慮。

第三、毛俄分裂在有些地方本來有利於我們的反攻。例如我們盟邦美國深怕反攻會把蘇俄捲入漩渦而演成世界大戰。毛俄分裂已使這個憂慮因而減少，美國將來或可支持我們的反攻行動。現在赫魯雪夫垮臺，毛俄勢將重溫舊夢，美國對我國的反攻大陸勢必又多所顧慮了。

有何寬慰之處？

但是赫某的垮臺，對我們也有寬慰之處：

第一、毛赫鬥爭不是由於二人的互爭雄長，也不僅是因對國際問題的看法不同，而是另有利害衝突，後者不僅涉及個人，也涉及國家。現在赫某垮臺，繼任者是否會在經濟上財政上和軍事上幫助毛共以滿足他的慾望呢？這是關鍵問題。許多觀察家都表懷疑。對此最表關切的，莫過於印度。尤其因爲據傳俄共譴責赫魯雪夫的小册中提到赫某不該以武器支援印度以反抗毛共。所以印度情報部部長甘地夫人特訪俄國探詢眞相。她日前回到新德里，在記者招待會中說：她與布里茲涅夫等都談過，他們保證繼續以經援和軍援給予印度。她預料俄共對毛共的政策不可能有重大變更，她說：「許多分歧之處使他們不能取得協議。」她說：俄共領袖願意和緩俄毛兩國間的尖銳關係，「但他們也祇能做到如此而已。」

第二、據美國安全協會（American Security Council）（一個私人組織）的報告，美國國務院現有所謂「克里姆林學說」（Kremlinology）。這些人主張：祇要美對赫魯雪夫採取妥協的態度，反史達林運動就會繼續推進，溫和派就會擡頭。他們認爲美國的政策如果太堅決，將使溫和派失勢，而強硬派就將取而代之。對一隻受傷的熊，他們主張不要逼它過分，以致它鋌而走險。他們認爲蘇俄也像美國，願意裁軍，祇是苦於沒有合理的方案。他們認爲美國可能與蘇俄訂立臨時協定，相安無事。他們認爲「意的牢結」（觀念）的溝通，可以消滅衝突的基本原因。他們認爲蘇俄的革命分子現已成熟，不再熱中於世界革命而且趨於妥協，祇要美國不欺人太甚。根據這個學說，於是美蘇乃有一九六三年的地面核子禁試協定，於是美國乃於一九六三年以大量美麥賒賣與蘇俄，於是美國乃於一九六四年片面減少核子原料的產量。現在赫魯雪夫垮臺了，美國這個學說或可暫時擱在一邊吧。

第三、所謂毛俄分裂可使美國減少世界大戰的顧慮而大膽助我反攻，這是皮相之談。毛俄交惡已二年，我國幾次要反攻，但美國比以前更謹愼，更反對我們採取軍事行動。這固然是因美國仍恐因此引起美俄的核子戰爭，但是更因美國歡迎毛俄的分裂。所以毛俄衝突使美國更不敢觸犯共黨，不獨不敢觸犯蘇俄，也不敢觸犯毛共。因爲美國深恐爲淵驅魚，促使他們重溫舊夢，外禦其侮。今後假使毛俄從「休戰」而合作，美國對國際共黨集團的幻想必將因而破碎，對反共國家的支援自必更趨積極，自由中國未始不能因而得福。

英國工黨的能力和作為

十月十五日英國工黨以在下議院五席的多數，取代執政十三年的保守黨。這在英國雖是大事，然並不怎樣富於刺激作用。因為：

第一、工黨的勝利，早在一般人意料之中。

第二、工黨雖信奉社會主義，然照以前兩次的政績，它所實現的廣度和深度都反不及中華民國，目前它祇堅持鋼鐵事業的國營。

第三、英國過去曾想作美俄間的橋樑，但美俄現已直接打交道，用不到英國做紅娘。至於英國的「第三勢力夢」早已為法國所驚醒。戴高樂直接與德國艾德諾政府簽訂友好同盟條約，承認毛共，最近又以三億五千萬元貸與蘇俄，而且一反成例，訂期七年，甚至連法國倚為萬里長城的北大西洋公約組織，法國也在威嚇退出。對法國這些大手筆，英國早已自愧不如，久已不作第三勢力的打算了。它的外交方針，大體上與美國的並無出入。

第四、在對華問題上，我們預料工黨將繼續支持毛共參加聯合國。英國的承認毛共，就是當年工黨政府的傑作。可是它後來並不怎樣積極。英國國協會員，如加拿大、澳洲、紐西蘭和馬來西亞，迄今尚不承認毛共。而以現在毛共對印度和馬來西亞的敵視，工黨對毛共也積極不起來了。

法國將顛覆北大西洋同盟麼？

引起自由世界焦慮的，乃是法國最近的一連串行動。稍遠一點的，如主張中南半島三國的中立以及承認毛共，固已引人注意，戴高樂最近且以〈哀的美敦書〉警告歐洲共同市場的夥伴義大利、西德、比利時、荷蘭和盧森堡：如果共同市場不能從速確定穀類的市價（使法國的穀類可以傾銷於德國），法國將退出共同市場。法國這個要求和警告，似乎是很認眞的。法國外交部長本月三日對國會報告：「法國不準備修改這個立場，因爲德國政府不能負起他應負的責任。」德國是否肯降低穀價以遷就法國呢？不可能。這樣，法國或將眞的退出共同市場，因爲戴高樂一直不喜歡共同市場，而法國在共同市場中是入超的國家。

法國甚至威脅北大西洋公約國家說，他會退出那個組織，假使美國和德國要堅持實施多國核子艦隊計畫（MLF），使德國也有核子武器。本月三日法國外交部長說：美國和歐洲應有各國自己的政策，歐洲的防衛不應透過這個多國核子艦隊計畫與美國連鎖在一起。

法國總理龐畢度前日又在巴黎公開宣稱：德國與美國就多國核子艦隊計畫的協調，是違反一九六三年的法德友好合作條約的。這個計畫，他說，勢將損害歐洲的團結，觸犯蘇俄，而且多少含有反對法國的意義。

法國總理甚至攻擊北大西洋公約，他說：「這個公約的組織和目前的戰略，都不能使我們滿意，因爲它不足以保衛西方、歐洲或法國。」他認爲應該重行改組。

一般觀察家認爲法國重要人物在兩天內接連這樣攻擊歐洲的經濟體系和防衛體系，自有重大意義。他們認爲法國如果不能遂其所欲，準會退出這兩個組織。

法國除拉攏毛共外，對俄國也大送秋波。上文所述三億五千萬元的長期借款，在北大西洋公約國家看來乃是一種對俄「援助」，因爲他們曾經相約以五年爲限，而今法國擅自延長爲七年。

雖有小損幸無大害

歐洲的安全乃至自由世界的利益是否將受重大的損害呢？觀察家也有一些相反的看法。

第一、以法國有限的人力物力和財力，戴高樂不可能有多大作爲。法國外長在本月三日的國會報告中曾說：法國的獨立行動在現代世界發展中將獲有利的反應。他說：冷戰已經中止，各種區域組合正在出現。他以最近戴高樂的南美之行來作證，他說：那些國家都爲獨立和尊嚴而需要他國的幫助，法國是有援助他們的資格的。話雖如此，但是戴高樂的南美之行並未產生預期的效果，因爲他們知道法國的能力有限，他們不能不依靠美國，所以不能跟戴高樂去搞第三勢力。法國的承認毛共，所得也不過六千萬美元的生意，他無法插足於亞洲大陸以恢復他舊日的權勢。

第二、英美不會坐視法國絕裾而去，他們都在設法挽救這個危機。所幸工黨比保守黨、詹森總統比甘迺廸總統對法國都較熱心。英國外相日前已向美國提出一個對案，一方面可以滿足德國分享核子武器的使用，同時減少這個多國核子武器計畫的核子力量，使法國不過分對德疑懼。華克外相日內將去德國遊說。祇要德國贊成，美國並不堅持原議。美國也即派副國務卿鮑爾赴德協商。

第三、即使法國一意孤行，退出歐洲共同市場，但因法國不能得到他國同情，其他五國必將繼續合作，而英國或可乘機加入。這叫做「失之東隅，收之桑榆」。但法國不敢貿然退出北大西洋公約組織，因爲他還需要美國核子力量的保護。他至多一怒而撤出他參加公約組織的二師陸軍和二十三隊空軍。但是那時德國的勢力自必擡頭，德國如果因此獲得美國更多的支持，甚至形成美德陣線或美英德陣線，那對法國是很不利的。所以我們有理由可信戴高樂會懸崖勒馬。

美國大選未有奇蹟

美國於十一月三日舉行全國大選，改選總統副總統，三分之一的參議員，全體衆議員和一部分州長等。選舉結果，民主黨大勝。詹森總統以四千二百萬票連任，副總統是偏左的韓福瑞參議員，共和黨的高華德參議員僅得二千六百萬票。在參議院，今後二年中，民主黨佔六十八席，共和黨佔三十三席，在衆議院民主黨佔二百九十一席，共和黨佔一百四十席（尚有三席未確定）。

在這次黨的政策和總統候選人的思想方面，民主黨偏於自由主義，共和黨屬於保守主義。在反共觀點上，詹森先生比較溫和，高華德先生比較激烈。反共陣營中人自然比較喜歡高華德。美國哥倫比亞電視網曾在西貢越南青年中舉辦一次假選擧，詹森得二十票，高華德得三十七票。但在歐洲（包括蘇俄）則詹森較受歡迎。

高華德對美國外交和國防政策的主張，有如左列：

一、十九年來聯合國內外的共產主義國家，對聯合國內外夾攻，使聯合國威信掃地；如果毛共打入聯合國，聯合國機構便將名實俱亡。

二、北大西洋聯盟必須加強，全世界的自由獨立國家方有勇氣和力量一致奮起，反抗共產主義的侵略。

三、他認爲以軍事政治經濟封鎖古巴，可不戰而摧毀古巴的共產政權。

四、在原子戰爭時代，民主黨政府竟和蘇聯簽訂停止核子試驗條約，實爲不智。

五、他認爲外援款項應愼重使用，尤其對於蘇聯附庸國家，如對南斯拉夫和波蘭兩國的美援，已超過二十億美元，最爲浪費。

六、對越南戰事應卽運用各種力量使其勝利。

七、美國應允許現在臺灣的中國政府早日反攻大陸，並予以精神上經濟上運輸上軍備上的協助。中國有豐富的人力兵源，有堅決的士氣，足以消滅毛共政權，若毛共政權消滅，北韓南越問題自然迎刃而解。

最足說明高華德先生的外交態度的，是據芝加哥《論壇報》透露，他將以尼克森先生任國務卿，以周以德先生爲聯合國首席代表。」

由這些主張，在美國自頗驚人，於是享受慣和平繁榮的人乃羣起反對。登在全國主要報紙上的一份助選廣告，我認爲最能道出多數美國人的心聲，它的標題和論據乃是「跟詹森總統最安逸」。一點不錯，好逸惡勞，貪生厭戰，人之常情，所以擁護高華德的二千六百萬選民所希望的奇蹟終於不能實現。

所望和能望於詹森總統者

我剛從書店買來本期《讀者文摘》，中有美國前副總統尼克森先生關於古巴豬灣登陸事件的回憶錄。他說：在豬灣登陸失敗的第二天，甘廼廸總統約他往白宮晤談。尼克森主張美國應該再接再厲必須將卡斯楚和共產主義趕出古巴，並對寮國供給空軍支援。甘廼廸嘆道：「照情勢的發展，而問題又這麼困難和複雜，我假使爲所當爲，我不知四年後是否尚在白宮。」這是任何政客都會有的考慮。但甘廼廸畢竟是英雄，他堅決的說：「你當能相信，個人政治生命的後果，決不影響我對這個危機所當做的決定。」於是半年後乃有逼迫蘇俄撤出古巴飛彈的壯舉。

現在古巴對美國和拉丁美洲的威脅依然存在，寮國名存實亡，柬埔寨淪入鐵幕，越南危機四伏，臺灣反攻無期，法國背道而馳，中央公約和東南亞公約早成兩張廢紙，北大西洋公約組織也開始分化，而俄毛如果復合，史達林的幽靈可能作祟於人間。國際情勢比甘廼廸總統時代更嚴重，死者已矣，於是大家所望於詹森總統者更殷切。

但這種希望會落空麼？下列觀察可供參考：

第一、民主黨認為詹森總統的選舉大勝利，表示美國人民支持他追求和平的外交政策，拒絕高華德的強硬路線。新政府自必繼續他的和平政策。

第二、美國白宮、國務院和國會中的姑息（美其名曰和平）氣氛很濃厚，外交風向似乎不會大變。

第三、美國過去堅持 如果蘇俄和法國不清償 他們所欠的聯合國會費（用在中東和剛果的軍費），聯合國應照會章第十九條剝奪他們在聯大的投票權。這本是天經地義，可是現在美國似乎軟化了。

第四、越南戰事惡化，美國本來內定要轟炸北越，現在面臨重大抉擇階段。但據有經驗的觀察家告訴我，美國似乎不會採取激烈的步驟。

第五、詹森總統繼續在位，歐洲盟邦比較安心，因為他們相信他不會闖禍。這對自由世界的團結自有裨益。

第六、為維持北大西洋公約組織的完整，美國不會堅持歐洲的多國核子艦隊計畫。這樣法國雖將高興，英國也頗歡迎，但德國必不滿意。自由世界「同床異夢」，共黨集團自必大悅。

第七、蘇俄繼續標榜「和平共存」，毛共繼續高呼反美，因此，美國將向蘇俄繼續推行「克里姆林學說」，但與毛共則不能接近。

第八、新政府對付國際共黨的方針，似乎仍是這樣：

一、維持現狀，安於現狀，不求有功，但求無事；

二、武器祇爲嚇阻而設，不宜眞的使用，國際共黨現已知難而退，將來更會自動蛻變，變得更愛和平，現在毋須予以打擊，強硬路線必使「狗急跳牆」；

三、人不犯我，我不犯人，人若犯我，我必反擊，但不求勝利，適可而止。

四、美國一向引反共國家爲朋友、爲同志，仍將予以援助，但其性質是防守的，不是進攻的，是彈性的，不是一成不變的。

我們的想法看法和做法

國際形勢，已如上述，「雖不中，不遠矣。」際此變局，我國的想法看法和做法似當稍有變革。《聯合報》來信不獨要我寫出我和這裏觀察家們的看法，也要我建議臺灣今後的做法。但爲時間和能力所限，後者我還寫不出來，且開一張遠期支票——「以待來年」。

五十三年十一月七日　紐約

美國外交政策的新面貌

一九六四年十一月，我替《聯合報》寫〈縱橫五大事，正反兩看法〉，原定併寫我們應有的做法。後者包括做好對美的外交和宣傳以及反攻大陸。但因看法部分已寫得很長，自不能併談做法。一九六五年一月四日再寫〈美國人的看法和我們的做法〉，因過長祇寫了原計畫的一半。現把另一半也寫出來，以了心願。

美國外交政策的五項原則

美國國務院有一本小册子，印着國務卿魯斯克兩年前一篇廣播演講辭：〈美國外交政策的五個目標〉。其中重要部分的原文有如左譯：

一、遏阻任何侵略，包括核子武器的攻擊、有限度戰爭、顛覆或游擊戰。如果發生戰爭，必須將其擊敗。這就是所謂「以實力保障安全」。

二、與北歐北美和亞洲（特別是日本等）高度工業化的民主國家，密切團結，以促進自由世界的繁榮和安全。這就是所謂「以夥伴精神促成進步」。

三、協助全世界低度開發地區完成他們現代化革命，而不必犧牲他們的獨立或民主運動。這就是所謂「自由的革命」。

四、協助眞實的世界性社區（天下一家）的逐漸實現。其基礎是合作與法律，其途徑是建立和發展聯合國、國際法庭、世界銀行、貨幣基金和其他世界性或區域性的機構。這就是所謂「法律之下的社區」。

五、繼續努力終止軍備競賽，減少戰爭危機，縮小與共產集團衝突的區域，繼續編織維持和平的各種線索。這就是所謂「以堅忍爭取和平」。

那時前美國副國務卿麥克希曾把這種外交政策譬做「木棍和蘿蔔」的集合體。因爲這種政策，第一步是遏阻共黨侵略或破壞自由國家的社區，第二步是向共產國家招手：如果他們放棄侵略，他們就有機會可以共享這個社區的利益。

第二年一月，美國國防部長麥納瑪拉就上述五項原則加以補充：「我們願意冒戰爭的危險，以保護我們的利益。」

世人都知魯斯克和麥納瑪拉是美國現政府最重要的閣員，有如詹森總統的左右手（我認爲麥納瑪拉在外交方面的發言權有時且大於魯斯克）。他們兩人所描述的，應可認爲美國外交政策的眞相。

而且詹森總統自己也說過：「我們的政策是『高舉武器，準備握手』。」這是說：美國是一面備戰，一面待和。

美國對亞洲的外交政策

有人以爲上述外交政策，其中第一項和第五項原則不適用於亞洲，因爲美國對毛共既不能加以遏阻，也不能與它共存。美國對亞洲的外交政策，已陷於混亂。我則以爲不然。請再看魯斯克的政策演說。

魯斯克一九六五年九月在底特律經濟俱樂部演講美國外交政策時指證：共產中國和北越的好戰和侵略，顯然是以自由世界爲目標。他說：「共產黨對越南的侵略和對寮國的軍事行動，是由北越共產黨所指導支持和供應的。而北平繼續堅持必須以臺灣的投降做爲改善它與我們關係的先決條件。」

於是魯斯克警告：「河內和北平必須停止對他們鄰國的侵擾。因爲世界人士早受到了教訓：侵略路線的結果一定是一場大災禍，必須在其開始時，就加以遏阻。」

魯斯克在那次演講中又從越南戰爭論到美國對毛共的政策。他說：「我們對越南的政策和目標是很明顯的。正像詹森總統所說，假如可能，美國願意避免走極端。」

「反之」，魯斯克說：「我們也不想在那個地區擴大戰爭。我們所走的途徑是艾森豪、甘迺廸和詹森總統所決定的，就是以我們的經驗和資源協助越南政府撲滅共黨的恐怖和顛覆的活動，並建立一個穩固的政府。」

魯斯克承認：「這是一條艱難的途徑。它將犧牲許多美國戰士的生命，消耗大量美國金錢和資源。它在我們的智能上也增加負擔。它在考驗我們的忍耐。」

「但是」，他確認：「這是明智的政策，祇要我們堅持到底，最後勝利必屬於我。」

但是魯斯克國務卿同時向北平和河內招手：「假如你們準備做和平競賽，我們接受你們的挑戰而與你們比較優劣。

「假如你們準備做聯合國一個忠實的會員，尊重和支持它的會章，你們立可發現我們正在這樣做着。

「假如你們準備依照有關人民所自由表示的願望，去解決若干懸案，我們深信有些問題立刻消失。

「假如你們準備覓致彼此互利的協議，我們樂於共同努力去尋覓。

「假如你們準備停止軍備競賽，以適應改善人民的需要，我們將提供懇切的努力以覓致可靠的方案。

「假如你們準備爲人類的互利而擴大合作，我們準備善盡我們的責任。」

魯斯克的勸告眞是苦口婆心，可是對方的反應乃是一片駡聲和槍聲。

一個實踐的例子

研究一國的外交政策，不能僅看它的官樣文章或聽它的外交辭令，最好再就它的實際行動去體驗。因此我想舉出美國在越南十一年來的實踐紀錄來試行說明它的外交政策運用的情形。而且不僅作爲學術研討而已，十一年來美越關係的波折，美國戰略的消長，眞可稱爲「血的教訓」，也着實可供我國參考。

美國參加越南的防衛，遠在一九五四年春天。那是法國在越南的軍隊，已經退到奠邊府，而且無可再退。故國務卿杜勒斯深知東南亞關係重大，法國不容撤退，於是親赴倫敦，打算聯合英國對蘇共和毛共實行強制干涉。英國先表贊同，二星期後突然退縮，但美國仍單獨做了一些示威行動。據杜勒斯後來說：毛共和蘇聯因此都知道了美國準備斷然遏阻整個東南亞陷落的決心。這使美英法後來在日內瓦與共黨集團談判時易於成立協定的原因。

那時美國已在軍援法軍，可是祇有八架軍用機。但在法國退出越南後，美國就挑起援越的重擔，正像當年接替英國保衛希臘和土耳其。在吳廷琰總統領導下，越南在一九六三年已有百分之七十五的土地和人民歸屬於吳廷琰的統治下。一九六二年農產物雖歉收，但一九六三年竟有三十萬噸白米輸出國外。人民的生活也有顯著的進步。

可是一九六三年十一月一日的大災禍終於不能避免。在那次政變中，吳廷琰的統治被軍人推翻，吳氏兄弟三人都先後被殺。導火線是那年八月的佛教徒示威，九人死亡。從此內外夾攻，國無寧日。吳氏家族的應付也不高明，尤其是吳故總統的那位弟媳，器量狹窄，言辭刻薄，怨天尤人，大吵亂罵，甚至連美國新大使洛奇尚未到任，也被她辱罵一番。於是軍人乘機起事。而美國當局，自甘廼廸總統以下，都認爲吳廷琰政府獨裁殘暴，不能洽和軍民，樂於看他垮臺。

但是一蟹不如一蟹，一年多來越南局勢更壞。美國人從前認爲佛教徒祇是因爲不准懸旗而反對政府，年來眼見他們反對軍人政府，又反對文人政府，現在且反對美國，這才恍然大悟，佛教徒並不那樣簡單。

美國當年鼓勵越南軍人推翻文人政府，年來也吃盡軍人之苦，覺得還是文人可靠。所以去年十二月二十日阮慶將軍屬下的軍人以武力解散越南最高委員會時（這是一年多來的第三次政變），美國政府乃堅持必須恢復文人統治，方能商談增加美援等問題。阮慶將軍於是直接責備泰勒大使：「泰勒大使如果再不做得高明一點，則美國將失去東南亞，越南也將失去自由。」美國國內輿論隨着不利於越南，有人主張退出越南，有人主張重行檢討。

見義勇爲臨難不苟免

從上文美越關係的簡單敍述，我試作這樣的檢討：

第一、美國深知東南亞不容被共黨攫取，所以獨力負起保衛越南的重任。美國民族卽使處於世風磽薄的今天，還是這樣見義勇爲。美國外交政策的原則和做法，受這種精神的影響很大，這是非常難能而可貴的。

第二、由於年來越南局勢的逆轉，美國政府現在受着相當大的壓力，後者主張把援越的責任推向聯合國，或再召集日內瓦十四國會議，這樣美國就可撤退。但美國決策人士仍以天下爲己任，不願半途而廢。在一九六五年十二月的記者招待會，有人詢問魯斯克國務卿：「在過去十餘年中，我國三任總統都很重視中南半島，認爲與美國利益有重大關係。這不是爲了半島上的三個國家，而是爲了美國與中共的關係，於是有所謂『骨牌倒坍』的法則(Falling-domino theory)(百川註：所謂骨牌倒坍法則者，是說幾只骨牌立着排在一起，推倒一只，其餘就接二連三的倒下去)。你能否就這點加以評論？」

魯斯克答：「關於所謂骨牌倒坍法則，問題是在北平，是在他們依照共產黨的觀念以好戰的姿態去進行世界革命。……一九五四年，越國分裂，北越成爲共黨國家，於是進一步壓迫寮國，並加壓力於越南，這都是違反日內瓦協定的。」

記者又問：「越南如果喪失，禍患將會如何？」

魯斯克答：「我想他們將會把禍患帶入第二國家，這樣一國一國的繼續下去。這不是骨牌一定會倒坍，這是來自北平的馬克思主義在作祟。」

痛惜美國不求勝利

第三、但美國始終不想求勝，因而不想擴大戰事。一九六五年美國飛機大擧轟炸北越軍艦和油庫，我在八月八日寫給監察院的一個報告中曾說它有四種作用（一爲自衛，二爲嚇阻，三爲樹威，四爲立信），而以第三種（樹威）最重要。我說：「此蓋因美國向被毛共譏爲紙老虎，而詹森總統在一般美國人心目中又係圓和有餘，剛強不足，守成有餘，進取不足。美國在國際上之威望固在衰退，而詹森總統自經共和黨總統候選人高華德就越南問題挑戰之後，如不能在東南亞有所作爲，其聲望必將受損甚大。故如以東京灣事件認爲係出於美國詹森總統個人樹威之動機，亦不爲過。」

當時有人認爲詹森總統在命令轟炸之前曾向國會請求授權（這本來不需要的，總統有權下令轟炸），國會予以熱烈支持，可見美國具有「北伐」求勝的決心，戰事必將擴大。但我在八月八日的報告中就預言：「現經一擊之後，詹森總統之聲威已因之大振，重要目的既達，自可鳴金收兵。但越南戰事恐將反而加劇，嚇阻云云收效甚微。美國必須下更大決心，付更高代價，方可遏制共黨之野心。然詹森總統果已有此準備乎？」

如所預料，詹森總統並無擴戰求勝的打算。在三個月之後，他在孟卻斯特公開表示：「我對於轟炸要非常審愼，祇在最後非用不可的時候方敢以轟炸去觸發與亞洲七億中國人民爲敵的戰爭。……所以我們不會向北方推進，也不會向南方推進，我們祇繼續使他們（越南人民）以他們自己的人力挽救他們自己的自由。」

哀的美敦書也未必有效

第四、回憶一九五三年的韓戰，一九五四年的越戰和一九五四年到一九五五年的臺灣海峽危機，美國都以嚇阻政策遏阻了侵略，獲得了和平。嚇阻政策當然具有危險性。一九五六年美國檢討這段歷史時，前總統候選人後任美國駐聯合國首席代表史蒂文生先生指責當時的國務卿杜勒斯先生：「我對國務卿以我們全國人民的生命做賭注而與俄國玩輪盤賭不勝驚駭。」現任副總統韓福瑞先生爲攻擊杜勒斯而發表三次聲明，指他是「變把戲……詐僞……對世界公意漠不關心」。杜勒斯先生那時辯護說：「我們已面臨一種地位，那是包括世界很多部分，在歐洲，尤其最近在遠東，在那些地方，有一種軍事的侵略威嚇來破壞我剛才在這裏所提到的道德價值和重大權利。我們怎樣應付這種威嚇呢？是撤退？還是表明我們的立場：如果他們再繼續這樣下去，那麼便會捲入戰爭？我們深信，避免戰爭最妥善的方法，就是明示我們的立場，那就是說，是面對這種威嚇而堅定不屈。可是我早已相信，我們可從我們歷史上看，特別是這世紀的部分，戰爭危險的最大來源，是由於我們沒有表明我們必將保護我們的道德價值和基本權利。我們雖很熱切地祈求和平，可是我們所得的結果總是戰爭。所以我相信，僅是要和平是不夠的。我們眞的要追求和平，必須有范登堡參議員所說的有計畫的冒險，並讓敵人知道：如果他們侵犯了我們所主張維持的公道和和平，他們將被懲罰。」

現在美國對東南亞尚有嚇阻政策麼？據美國兩位專寫「內幕報導」的專欄作家伊文斯和諾汎克先生說：「事實上美國的威信（這在權力鬥爭中是很重要的）已經很低，低到連哀的美敦書，即使眞實可靠，對方也不信能夠兌現。我們政府官員對此也無可奈何的加以承認。一位官員說：『一年多以前，我們也許尚可來一個這樣的哀的美敦書而望發生效力：假如北越再不停止派遣游擊隊滲透於越南，我們就採報復的行動。可是現在他們將一笑置之』。」

「美國威信的喪失，是很容易了解的。」這兩位專欄作家說：「多少個月來，政府官員時冷時熱，舉棋不定。有時說，例如詹森總統自己：北越的滲透乃是極嚴重的勾當，美國不能容忍。但有時又有官員透露：美國不向北越推進。這樣，美國儘管堅持不撤出越南，甚至說必將採取適當的步驟，以遏阻北越的滲透，可是重要的是行動，而不是文字。」

「甚麼樣的行動呢？」他們指出：「美國政府中議論和意見的紛歧和浮動，正像越南政局變動的那樣快速。假想的作戰計畫早已制定，包括輸送游擊隊到北越作戰，轟炸北越的碼頭和工業設備，以空軍封鎖南北越間的供應線。美國必須使胡志明感覺繼續下去的代價很大，因而撤回他的游擊隊。這個戰略觀念是一致的，但執行這個戰略的方法，就不能一致。」

二月七日，詹森總統以很大的決心下令轟炸北越邊境四個目標，但在七日轟炸一處之後，他就下令不再繼續。經越南政府堅持續炸，他僅同意由越南空軍在八日再炸一處，尚有兩處終於不予轟炸。美國並將此意通知聯合國、北大西洋公約組織各國和蘇聯。這樣洩氣的做法，自無嚇阻作用之可言。

形式主義取代了戰略要求

第五、越南政治軍事形勢的逆轉，開始於吳廷琰統治的顛覆。從那時起，政治變成眞空，社會形成無政府狀態，軍人熱中於權力鬥爭，對付共黨滲透顚覆和游擊的努力，因而鬆懈。「大風起於蘋末」，所謂「醜陋的美國人」及其外交作風，不能不多少任咎。

美國一位著名的，也是我最喜歡的專欄作家艾索普先生，最近對此曾痛切言之。十二月二十日越南第三次政變時，他適在由越回美途中，他在香港寫的評論中說：「越南軍人對此當然咎有應得，但美國人也不能置身事外。這不是指泰勒大使而言，咎責是在給泰勒的訓示以及那些訓示後面的可笑的太不現實的觀念和成見。」

艾索普不禁回想到中國大陸被顚覆的往事。他說：「今天越南事件乃是當年中國國民政府垮臺故事的重演。那時一批批的外交人員、軍事人員，和我們不可漏列的新聞記者，運用他們力之所及，削弱正遭共黨圍攻的國民政府。直至今日，這個作風幾乎成爲美國處理類似局勢的特徵，而且常使局勢弄得不可收拾。」

艾索普先生指出：「在這種局勢下，許多美國人有一種神祕的傾向，就是對於那些在目標上符合美國利益的同盟領袖，多所吹求。他們總認爲美國利益沒有被好好的照顧。無論在中國，在韓國，或在今天的越南，那些美國人常在計畫理想的政府，而他們心目中的理想政府常把符合美國利益的當地領袖排除出去。就以越南來說，在吳廷琰時代是如此，在今天也差不多。」

艾索普很爲越南軍人辯護：「少壯軍人一再干政之是非，遠在美國頗難判斷。但有一事很明顯，就是他們是最反共的，最有決心抵抗共黨的。同時也很明顯，他們與陳文香總理同樣是現政府中很有作爲的人物。」

艾索普認爲美國國務院過於重視外表和形式。例如文人政治，他說「在外表上當然好於軍人政治，選舉在形式上當然好於『黃袍加身』；但當前最重要的任務是反共，是挽救危亡，外表和形式主義，如果無補於反共救亡，就該暫時收起來。」

美國論壇上最近發生一場爭議，許多報紙刊物參加討論。這就是美國前國務卿艾奇遜先生的外交不必講道德的議論所引起的正反意見。上述艾索普的評論，與艾奇遜的論旨有點接近。

去年十二月九日艾奇遜在艾姆賀斯特學院演講時，批評美國外交不該老是應用道德格言。他說：「作爲外交政策的道德標準，祇是一大堆的道德主義、格言和口號，對於許多複雜問題的決定，既不能協助，也不能指導，反而增加困惑。」

他大膽的批評民族自決，批評不使用武力或以武力威脅他國，批評美國以道義爲動機對落後國家給以美援。他說：在外交行爲中，縱使不是一切目的都可爲手段辯護，也不是爲了目的，就可使用任何手段，但在許多場合，目的確可使不良手段正當化、合法化。

艾奇遜說：「然則甚麼是考慮外交政策問題的方針呢？我建議以戰略要求來考慮。這就是把各種行動途徑排在一起加以考慮，看那些途徑最有助於主要目標。」

艾奇遜指出美國外交政策的戰略要求，是「維持並培養一種環境，使自由社會可以生存和發展。我們的政策和行動，必須以這戰略要求去考驗，看它們究竟有助抑或有害於這個目標的達成。」

艾奇遜是杜魯門總統的國務卿和甘迺廸總統的顧問，現以七十一歲高齡，爲詹森總統處理一部分棘手的外交問題。上述新理論，雖有人反對，但一般美國人對之頗有清新之感，必將發生相當大的影響。觀於最近（一月二十七日）西貢軍人又發動一次不流血的干政，而美國政府沒有像對去年十二月的政變（西貢軍人解散越南國家委員會）匆匆發表譴責的文告，這大約表示美國執政當局已經採取了現實的觀點，艾索普的評論和艾奇遜的意見算來已經發生影響了。

詹森總統與未來的外交

美國總統對軍政大事享有大權，負有全責，在外交方面不獨決定政策，也得負責執行。所以研究美國現在和未來的外交，必須同時研究詹森總統的爲人，包括他的性格、哲學和作風。因此本文雖已長，然尙不能不續寫這一節。

我與詹森總統雖有一面之雅，然印象很淡，認識不夠，但我注意蒐集了這方面的資料。現在引述幾位有資格的觀察家對他的評論。

一、仍引艾索普先生。他在詹森總統當選後說：「自從他承繼白宮後，他發揮了立法才能，把甘廼廸總統所沒有獲得國會同意的計畫，一一通過於國會。他運用了政治手腕，獲得大選的大勝。這些本領是人人早已知道的。但沒有人知道他在外交方面的才能如何。」

詹森總統就職後，艾索普在另一篇評論中，讚揚白宮外交顧問彭岱，認爲他能力強，心腸狠，但是權力太小。他認爲魯斯克國務卿不負責任，所以甘廼廸總統在古巴猪灣登陸十二點鐘前，尙不知魯斯克究竟贊成抑或反對。艾索普指出甘廼廸在事實上兼任國務卿，但詹森總統不是那種人，所以他很替美國外交擔憂。

二、英國著名歷史學家湯恩比去年十二月二十六日說：「詹森總統有政客的大本領。他對他人的所想和所感，有敏銳的反應。他知道如何與國會相處。……未來的問題是詹森總統能否從一位大政客進爲一位大政治家。他可能使自己在歷史上居於重大的地位。」

三、在〈詹森與甘廼廸的比較〉一文中，《紐約時報》專欄作家雷斯敦先生說：「詹森從不攻擊任何個人或集團。……他不像甘廼廸那樣好與人辯論。好像男女求婚，他是以熱情博取對方的好感和同意。」

在〈詹森的複雜哲學〉一文中，雷斯敦說詹森總統很想做到全國一致（Consensus）。這個的含義，很像孟子所說的：「左右皆曰可殺，弗聽。諸大夫皆曰可殺，弗聽。國人皆曰可殺，然後察之，見可殺也，然後去之。」詹森總統一向謹愼。他曾說：「我們有責任去找尋一切的優點，而不以已經獲得多數而自滿，因爲多數人的智慧，無論怎樣的高明，總不是智慧的總和。」

但是「國人皆曰」主義不一定是最好的政治方法。雷斯頓爲詹森總統喜歡取悅於人人的作風所困惑，最近（一月二十九日）他寫了「國人皆曰的政府：是神話還是現實？」他指出從事鬥爭二十年的韓福瑞副總統，最近竟也大談「快樂的國人皆曰」，足見華府追求「國人皆曰」的殷切。他向詹森總統呼籲：「對於如何對付共黨中國威脅的問題，繼續避免作認眞的決定，這就不難維持『國人皆曰』的上下相孚，因爲很少人願意正視這個嚴重的問題。……但是這類問題不是等待『國人皆曰』可以解決的。」

對詹森總統另一些觀感

四、《詹森傳》作者懷德先生答覆新聞記者說：「總統的意思是將對西方國家負起領導的責任，而且他有全國民意做後盾。你問在他領導之下，美國是否將歸於正常的狀態。是的，但這將是富於進取的正常狀態。無論在國內或國際事務方面，未來的一年，將充滿廣大的努力，活躍和變化。」

五、曾任甘廼廸和詹森政府的顧問，現方寫畢《甘廼廸和詹森的白宮生活》的許新格先生最近答覆下列問題：

問：詹森總統與傑克遜總統有何不同？（許新格曾寫《傑克遜時代》，故有此問。）

答：詹森是一位重視「國人皆曰」的政客，傑克遜是一位重視目標的政客。詹森忙着把每一個人請到他的房中去懇談，如有不同的意見，他一定求得一個雙方都滿意的解決方案，這樣他就可以爭取對方的支持。

問：詹森是一位強的抑或弱的總統？

答：他顯然想做一位強有力的總統。這是民主黨總統的傳統。

問：你認爲他將以更多的時間用在應付世界問題麼？抑或專心於內政問題？

答：他將以更多時間應付世界問題。因爲第一、世界問題較內政問題充滿緊急性；第二、世界問題比較有趣；第三、世界問題的處理較爲自由。

六、一月二十日詹森總統的就職宣言，對世界問題和外交政策說得很少，許多人爲之失望。但是《紐約時報》和《基督教科學箴言報》卻很重視宣言中這幾句話：「（時代的）變動已經使這項舊的使命具有新的意義。我們永遠不能站在一邊，以孤立爲榮。許多我們過去稱之爲『外面的』危險和紛擾，現在已經經常地和我們在一起。假使美國人的生命必須喪失在，美國的財富必須消耗在一些我們所知甚少的國家中，那麼這就是（時代的）變動對於我們的信念和我們持久的公約所要求的代價。」

此外，要了解美國的外交政策，自須研究有關的文件，觀察實施的情形，注意決策人（總統）的性格和言行，同時還得注意民意和輿論之所趨。關於前三項，我在本文已加論列，關於最後一項，我已撰有〈縱橫五大事正反兩看法〉（登在去年十一月十六日《聯合報》）和〈美國人的想法和我們的做法〉（登在本年一月四日《聯合報》），茲不再贅。但我得補充一點：美國的民意和輿論，並非全部不利於我國。報紙如紐約《每日新聞》，專欄作家如艾索普先生，刊物如《讀者文摘》，團體如一百萬人委員會，政治人物如尼克森先生，迄今猶在爲反共作獅子吼，對於那些近視的外交主張，當能發生平衡的作用。

五十四年二月九日　紐約

新年展望四大國際問題

《中國時報》將以「迎接新時代的來臨和我們今後的做法」為主題，編輯元旦特刊，囑我就國際部分也寫一篇。現在我提出與我國較有關係的四個問題來展望它們的發展和歸趨。

這四個問題乃是中東和平、美蘇低盪、中（共）蘇談判和中美關係。

在過去一年中，因爲美國大選不知鹿死誰手，福特總統對於這些國際問題不敢放手去做，深恐稍一不愼，妨害他的前程。後來勝負雖定，但福特退爲「看守人」，自更不能有所作爲。現在形勢逼人，它們不能長此凍結下去，隨着春風的吹拂，都將陸續解凍了。

一

在這四者之中，最逼切的首推中東問題。這是由於下列原因：

一、暖風來自黎巴嫩。這個與敍利亞和以色列毗連的阿拉伯小國，困於內亂幾達兩年。不久以前，敍利亞派兵侵入，協同右派打敗左派，巴勒斯坦游擊隊也從而敗北。敍軍三萬人，坦克六百輛，控制着整個黎巴嫩。

二、於是埃及不得不對敍利亞另眼相看。埃敍本是戰友，但它惑於季辛吉的甘言厚幣，不顧敍利亞的反對，先後兩次與以色列成立西奈協定，滿載而歸，敍利亞乃與埃及反目。現在眼見敍利亞一舉而控制黎巴嫩，無異如虎添翼，埃及不得不見機而作，一面承認敍利亞對黎國的勢力範圍，一面對美國放送和平之聲，主張重開日內瓦會議，由美蘇兩強和中東交戰各國共同謀求永久和平。

三、上次日內瓦會議無疾而終的原因之一，是巴游組織的獨立和代表問題無法解決。那時巴游的氣燄方張，獅子大開口，阿拉伯國家也無法協調。現在敍軍在黎巴嫩擊潰了巴游兵力，巴游不得不接受埃及、敍利亞和沙烏地阿拉伯提出的折衷方案，——巴游可在以色列佔領的約旦河西岸和加薩建立國家。

二

四、以色列也因敍利亞的控制黎巴嫩而震驚。因爲敍利亞是它最頑強的敵人，如果中東戰事再起，敍軍自將以黎巴嫩爲基地開闢第二戰場，於是以色列就將在四條戰線上同時對付埃及、敍利亞、約旦和黎巴嫩的聯合攻勢。所以和平如未絕望，它當然不能拒絕和談。

五、但是以色列所最顧慮的，乃是美國。後者不獨已爲並將繼續爲前者付出重大代價，而且面臨阿拉伯石油武器的壓力，它渴望以阿雙方達成和平。季辛吉的逐步解決和局部和談，目的也在全面和平。現在埃及的和平呼聲，主要作用，是在迎合美國心理，爭取美國好感。如果以色列反對日內瓦會議，它更可離間美以關係。於是以色列也不得不響應以阿和談，以削弱埃及的和平攻勢。

詢謀僉同，日內瓦會議大約在三四月間便可召開，可是荆棘滿途，和戰俱難。因爲和則以色列必須退還一九六七年來所佔土地，阿拉伯必須提供與以國和平共存的保證，巴游必須放棄索回以國全部土地從而把它徹底毀滅的野心。凡此都很困難。戰則不獨石油供應難免中斷，且恐帶動美蘇大戰，所以美蘇自將設法阻止。

關鍵在美國，因爲它掌握着支配以色列命運的權力，祇有它能逼以國退還佔地。可是以它國內猶太人勢力之大，政府當局不敢使用很大壓力。中東問題看來仍將僵持下去。

三

但對人類命運影響最大的，乃是美國和蘇聯的關係。中東問題之所以嚴重，也是因恐它會改變美蘇的均勢。

美蘇都有這個感覺，所以共同謀求低盪（detente），而以限制戰略武器做爲緩和緊張局勢的主要方法。

一九七二年九月，雙方成立了第一階段的限武協定，規定：第一、雙方裝置的反彈道火箭

（ABM）防空系統各以一地爲限，不得增設；第二、限制洲際彈道火箭（ICBM）和潛艇彈道火箭（SLBM）的發射器具。其中第一種限制是永久的，第二種則以五年爲限，明年十月就將屆滿，於是須有第二階段的限武協定，以免明年十月後發生惡性競爭。

一九七四年十一月，福特總統和布里茲涅夫舉行海參崴會談，成立協議：限制雙方洲際彈道火箭各以二千四百枚爲限，其中一千三百二十枚是發射分導式多彈頭火箭（MIRV）。但是後來發生蘇聯的逆火式轟炸機（backfire bomber）和美國的巡弋飛彈（cruise missile）是否一併限制的爭執，加上美國大選的困擾，第二階段的限武談判也就中途停頓了。

經過哈里曼的遊說和布里茲涅夫的催促，雙方談判，在卡特就職後，大約就將展開，而且可望獲致協議。第三階段的談判，也會接着開始。

四

這樣的展望，對人類應是一個好消息，但中共卻很失望。它是唯恐天下不亂，因此把「天下大亂，形勢大好」的《毛語錄》經常掛在口頭和筆尖。照着這個用心，現在蘇中（共）邊界談判雖在進行，但很可能會像過去那樣談談停停，不戰不和。我最近曾寫〈最冷的冷戰和難低的低盪〉略加剖析，恕不贅陳。

但有一點頗可注意。十二月十日東京報導，中共駐莫斯科大使館，告訴外國記者：中共與蘇聯的邊界談判已陷入僵局，沒有進展的希望。中共官員指出：中共「對邊界糾紛的態度迄無改變，我們也不認爲蘇聯會做出任何讓步。」他又說：「伊利契夫來過北京已有十一次之多，但從未在這個問題上獲致任何結果。」

邊界談判，依我推測，正在進行，而且開始也尚不久，中共何以就在莫斯科宣稱並無進展的希望？而且中共做事一向故作神秘，卽使談判形成僵局，現在也還未到公開指責對方的時候，何以這次這樣衝動？

我想中共是深恐西方國家特別是美國因爲邊界談判的順利開始，認爲中（共）蘇關係可能就會改善；在中共正在裝足反蘇姿態以誘惑西方世界的緊要關頭，中蘇如果復合或被認爲可能復合，對中共的苦肉計自很不利。李先念在十一月十五日公然指斥蘇聯「不斷製造中蘇關係緩和的錯誤印象」，逼得蘇聯駐平「大使」不得不退席，不是早已露出這等心事麼！

這個推論如果可信，邊界談判以及整個中（共）蘇關係看來尚須僵持一時。

五

最後略論中美關係，看來它也是一個僵局。

這不是因爲美國或中共不想建交，也不是因爲雙方不知對方的態度和條件而尚須摸索或討價還價，而是因爲中共的條件十分苛刻，美國雖百般遷就，但迄不能換得它在臺灣安全問題上稍作讓步。

這種情勢，在周恩來、鄧小平對尼克森、福特時代已是如此，在華國鋒對卡特時代也將維持不變。

此外，從新國務卿范錫（vance）的談話，我發現僵局的另一因素：他說，他不信美國有與中共建交的緊急情況，美國與蘇聯維持謹愼的平衡也是很重要的。照我們以前的了解，美國所以急欲與中共建交，乃是爲着聯合中共以壓制蘇聯，但照范錫的說法，則美國爲着維持對蘇關係的平衡，不宜與中共快速建交。這是否是說，蘇聯不願美國與中共建交，以破壞美蘇勢力的平衡，所以美國對中共關係不宜過分急躁？觀於蘇聯公開反對日本與中共簽訂和約，而日本也就中止進行，可知蘇聯對美國與中共的建交活動可能也有反感。這不是蘇聯有愛於我們，而是爲它自己的均勢和利害着想。但美國卻不能不有所顧慮，於是建交步驟就不能操之過急了。

六十五年十二月十七日 美國客寓

以四事提醒卡特總統

一星期前，我在通訊事業協會演講：〈中美關係的新挑戰和老問題〉。我指出卡特政府正想利用，而實則違反，上海公報，企圖完成美國與中共的關係「正常化」，甚至妄圖廢止中美共同防禦條約。那時我意猶未盡，昨日適應青年商會邀請，續講中美關係，我乃加以補充，以期喚醒卡特總統，共同維護中美利益。

一

第一、我在通訊協會演講時，根據上海公報，提起「一個中國」和「兩個中國」之爭。我說，北平和臺北各說中國祇有一個，但臺北說那就是中華民國，北平說那是「中華人民共和國」。而美國則說中國有兩個：一在臺灣海峽這一邊，一在另一邊。

中國究竟有幾個呢？就美國來說，依照法理，中國祇有「一個半」。所謂一個是中華民國，它是美國所承認的，那「半個」是中共，因爲美國與它尙無正式外交關係，但在華府和北平設有聯絡處。

卡特總統的構想，是否能變更現狀，把北平升爲「一個」，而把臺北貶爲「半個」。

很明顯的，我國當然絕對反對這種變更。我相信大多數美國人也不贊成。例如克萊恩博士，日前在衆議院作證，表示不贊同費正清所倡議的「一個中國的神話」；他認爲中國有兩個——在臺灣的中華民國以及在大陸的中共政權。

然則中共是否反對「一個半中國」的構想呢？兩年前，美國編輯人協會有一批會員，曾在訪問北平時提過這個問題，那時鄧小平就表示：中共反對「兩個中國」、「一中一臺」或「一個國家兩個政府」，同時也反對「一個半中國」。

二

原來那時《紐約時報》已經提出這個「一個半中國的政策」(1½ China Policy)。作者雷里維，該報駐香港特派員，在他文中說：「縱使美國將來不承認中華民國，華盛頓仍會鼓勵臺灣繼續使用中華民國的名稱，並維持其存在。如果美國必須重申它對臺灣安全的保證，它必將使用曖昧的詞句，使『中國』可以不承認而使臺灣認爲頗有意義。」

同時，另有一些美國人也倡導一個半中國的政策，但想法卻迥不相同。他們是以滿清和國民政府時代對待西藏的政策爲範本，認爲將來臺灣可如那時的西藏，作爲中共的「藩國」或「地方」，享受高度自治權而成爲「半個中國」。

可是他們錯了。中共不可能有這種政策。就以西藏來說，一九五〇年，中共進兵西藏，達賴喇嘛被逼出來。八個月後，他雖獲准回國主持內政，而把外交權和軍事權讓予中共，但終因不勝壓逼，又在一九六九年逃亡印度。中共後雖設立一個漢藏混合委員會，以班禪喇嘛爲主席，但六年後也被逐走。西藏式的「半國中國」尚不能見容於中共，雷里維的「一個半中國」的政策，自更爲中共所反對了。

三

第二、我在通訊協會演講時，也提到鄧小平反對范錫國務卿所曾試探的在臺設立聯絡處的構想。北平會談，雙方本來約定保守秘密，鄧小平何以出爾反爾，其中必有很大的原因。

前駐韓和駐土大使，老友邵毓麟先生，日前從紐約馳函給我一個答覆。他指出那是中共的「暴露戰術」、「打樁戰術」或「金鐘罩戰術」。

他說：「這種戰術，顯在一面企圖打擊我國的國際威望，動搖我國的人心士氣，但亦透露其色厲內荏，深恐福特對採日本模式的『允諾』可能不認帳，范錫亦可能開溜，故做『打樁』工作，先釘下一樁，以罩住美國，祇許前進，不許後退。」

邵前大使引述卡特面臨許多困難，對中美問題能拖則拖，不致突破，因此中共乃由鄧小平把一口金鐘罩套住美國，要求履行福特所試探的日本模式，反對范錫所試探的聯絡處，將來至多也讓步到聯絡處爲止。「立此存照」，不許美國再出其他「花招」。

試探原非承諾，美國人認爲試探的話，將來當然不足爲憑。可是中共卻不是這樣。它是得隴望蜀，得寸進尺。美國和北越的交涉便是殷鑒不遠，覆轍可尋。人稱范錫主持過巴黎談判，沒有墮入共黨術中，乃是一位談判高手，經過上次的「八月回合」和鄧小平的「打樁戰術」，更能知所戒愼了。

四

第三、我想就美國廢約與國會的關係也稍作補充：

一、美國如果通知我國要在一年後廢約，我國不能反對，但美國政府須獲得國會同意。

二、美國政府照例雖須先求國會同意，但也可先行通知我國，隨後補辦國會同意的手續。國會如不同意，自必形成僵局。

三、但一八九九年一個先例，美國政府未曾徵求國會同意，而逕行通知瑞士廢止一八五〇年條約的若干條款。後因瑞士迅速同意，國會遂不追問。這個例外，顯然不足爲訓。

四、參議院表決廢約案，高華德參議員認爲須經三分之二參議員的同意，但也有人認爲廢約不是通過新約，後者須經三分之二，前者祇需二分之一。如以前說爲是，卡特較難如願。

五、斷交後是否廢約？這不是國際法問題，而是國內法問題，就是政治和憲法問題。這是說，如果卡特不想廢約，國際法並無可否或干涉的規定，甚至國會也不能強制總統必須廢約，除非兩院各以三分之二「否決」他的否決案。

五

第四、作爲一個對美國比較穩妥的對策，我以爲卡特應把「正常化」活動暫時擱置，到一九八〇年看情形再作道理。因爲中（共）蘇（聯）友好互助條約將在那年二月十四日滿期，中共續約與否，正好是它「聯美對蘇」或美國聯合中共對付蘇聯的試金石。如果期滿而續約，美國的夢應該可以覺悟了。

按中蘇友好互助條約，簽訂於一九五〇年，爲期三十年，將在兩年五個月後屆滿。該約的假想敵，就是美國，因爲它明文規定，對象乃是日本以及與日本直接間接聯合侵略它們的其他國家，而因日本已經解除武裝，不足爲患，除美國外絕無他國與日聯合，所以該約是反美，而非反日。

其實，有如中共要求美國廢止中美共同防禦條約，美國早該要求中共廢止中蘇間的「共同防禦條約」，作爲中共聯美反蘇的保證。但我認爲中共不獨現在不肯廢約，而且將來也會續約。所以美國如果現在就與中共完成正常化，一旦中共與蘇約滿續訂，則卡特將成爲美國的罪人，可不愼哉！

六

最後，請容我講述《列子》書中一則故事：

楊子之鄰人亡羊，既率其黨，又請楊子之豎追之。楊子曰：「嘻！亡一羊，何追者之衆！」鄰人曰：「多歧路。」鄰人既反，（楊子）問：「獲羊乎？」曰：「亡之矣！」曰：「奚亡之？」曰：「歧路之中又有歧焉。吾不知所之，所以反也。」楊子戚然變容，不言者移時，不笑者竟日。

十一年前，越戰正激，詹森總統突然下令停炸北越，以謀和平。我曾講過這故事，預料〈美國面臨歧路，越羊可能亡失〉。後來果然「不出所料」。

現在美國的對華政策也面臨歧路了，我敢斷言我國不會變成南越，但是美國如再失足，結果必更慘重。所以我再提出警告，呼籲卡特總統懸崖勒馬，迷途知返，重回那康莊大道！

六十六年十月三日

赫魯雪夫的哀鳴和善言

「鳥之將死，其鳴也哀，人之將死，其言也善。」看了《赫魯雪夫回憶錄》，我對他也有這樣的感覺。

上月十一日是赫某三週年忌辰，我本想就他的回憶錄略述所感，可是因事未果。本月十六日是他垮臺的十週年紀念，又想執筆，但因適在旅途中未帶該書，不能如願。日前看到報載那本回憶錄的譯者和編者，美國《時代》週刊記者泰濮德，被蘇聯政府拒絕隨同季辛吉去莫斯科，從而又想到那本回憶錄，於是決定寫這報導。

一

回憶錄共有兩集：前集叫 *Khrushchev Remembers*，一九七〇年在美出版，後集叫 *Khrushchev Remembers: The Last Testament*，本年五月在美出版。兩集都以赫某本人的口述錄音爲依據，前者口述時間共八十小時，後者共一百小時。該項錄音帶都被《時代》週刊秘密獲得，分兩次譯寫出版。

一九七〇年版在蘇聯引起很大反響，逼得赫某不得不聲明他從來沒有把他的回憶錄交與他人。據專家解釋，這無異是說，他是有回憶錄的，但他說對那本在美出版的回憶錄，不負任何責任。

據說，他曾收到一本，並經出版商重譯成俄文，他看了很感興趣，因而繼續錄音。後一集的錄音帶在他死後方秘密運到美國。在交出前，當然經過他的家屬和親友們詳細審查，所以對蘇聯現政府沒有甚麼刺激的話。赫某生前住在距離莫斯科二十里的郊區，門外駐有監視人員，但他們並不干涉他的私生活。當局也知道他在作回憶錄的錄音，但因他在朝中還有一些老朋友，所以對他並未過分逼害。錄音中雜有鳥的啼聲、飛機降落和兒童玩樂的聲音，足證他的錄音有時是在園中公開進行的。

兩書在美國都曾暢銷了一段時間。誠如一位外交記者所說，蘇聯和中共，與世界的治亂禍福關係很大，但都鐵幕低垂，眞相難明，難得有像赫某回憶錄這樣的空谷足音，自必引人注意。這也是我要摘介該書的原因。如所共知，我不喜歡赫某那樣的人。

二

臺灣讀者對該書最感興趣的，應該是赫某關於蘇毛關係和毛澤東等人的說法和看法。兩書在這方面的記載很多。前書列爲第十八章，題目是「毛澤東和分裂」，篇幅不多，但也有十九頁。

後書較詳，題爲「中國」，分述下列各節：一、分裂的由來，二、首訪北京，三、毛來莫斯科，四、二訪北京，五、臺海風雲，六、三訪北京，七、阿爾巴尼亞和莫斯科會議，八、軍事科技，九、百花齊放，十、大躍進，十一、保加利亞的躍進，十二、文化大革命，十三、邊界糾紛，十四、有所謂「黃禍」麼？以上文中雖有很多秘聞，但因是片面之辭，「信不信由你」。

回憶錄第一節透露了高崗垮臺的故事。他是毛澤東早期派在東北的方面大員。在毛訪問莫斯科時，史達林把高崗私通蘇聯的情形告訴了毛澤東。

史達林何以出賣高崗？赫魯雪夫指出那是由於史的猜疑成性。他一向毫不諱言，他不信任任何人，包括他自己。他想毛澤東遲早會發現高崗在給史達林送情報，等他自己發現後，他將會責備史在陰謀對付他。所以決定犧牲高崗以鞏固毛澤東對他的信任。

史達林死後，高崗就被捕，不久傳言他已自殺。但赫魯雪夫則懷疑自殺之說。「很可能是毛毒死了他。」他說，「毛擅長幹這些勾當，正像史達林的作風。」

三

一九六〇年，赫魯雪夫應邀訪問巴黎，他在總統府一次招待會中，晤見法國前總理達拉第，後者方從北平訪問歸去，於是與他談到中國。達拉第說：「我方從中國回來。我旅行了全中國，看到了你們爲他們所做的偉大事情。你是否感覺你們的經濟建設是否將爲你們自己製造危機？」

「不」，赫說，「我們不以爲會有那些危機。相反的，我們確信是在做正確的事情。中國人是我們的朋友和弟兄。」

「你不爲黃禍所困擾麼？全歐洲，事實上是全世界，人們都在談黃禍。你不覺得也面臨它的威脅麼？」

赫魯雪夫說：「說句老實話，我爲他的問題大吃一驚，我立卽不客氣的教訓了他：『我應該告訴你，達拉第先生，我們對事情的看法，與你們大不相同。……中國是一個社會主義國家。所以中國人是我們的階級弟兄。幫助他們乃是我們直接利益所攸關，而因階級性的休戚相關，我們雙方必能維持友善和袍與的關係。』」

達拉第沒有和他辯論下去。但赫魯雪夫在回憶錄中說：「不久以前，我聽說達拉第已去世了。但我迄今仍在多次想起我們的談話。當然我應該拒斥他的『黃禍』之說，但我不能不想到如果老達拉第尚能活着看到我們今天與中國的關係，必將對我嘲笑了。」

但赫魯雪夫立卽指出：「不是『黃禍』在威脅蘇聯，而是以毛澤東的政策爲厲階。其實達拉第尚不能這樣嘲笑下去。……（因爲）毛也得離開政治舞臺。所以我相信蘇聯所播放的友好種子終有一天會有生長和結果的機會。」

從這兩個故事，讀者可知蘇聯對中國用心之深和最後希望所寄。

四

赫魯雪夫生前與蘇聯科學家和知識分子鬧得很僵，但他在回憶錄中，卻深表懺悔並致歉意，其中第一位是卡潑沙（Kapitsa）。

卡是舉世聞名的科學家，長住英國。史達林把他騙到莫斯科，原來約定隨時可回英國，但史竟食言。蘇聯一九四九年試爆第一粒原子彈，西方國家認為它是卡潑沙的創作。赫魯雪夫上臺後，他申請赴英，未獲准許。卡乃宣布不再為蘇聯做軍事科學技術的研究。

赫垮臺後，卡獲准出國。於是赫深感疚愧。他說：「我所以不准卡潑沙出國，我得承認乃是史達林尚在我腦中作祟。請注意！我在史達林手下工作了那麼多年，很不容易從他的作風中解放出來。……而且我也具有人性，我請求人民原諒我所犯的錯誤。但卡潑沙也有人性，他不該拒做軍事科技研究，他也犯了錯誤。……我一向很尊敬卡潑沙研究員，我現在請求他原諒我。」「這是我的懺悔和自首。」

第二位鬧僵了的科學家，是現在還在莫斯科領導反對運動的蘇聯「氫彈之父」沙卡洛夫（Sakharov）。後者在蘇聯氫彈試爆前幾天，要求赫魯雪夫暫停試爆，當經拒絕，二人開始交惡，沙被解除了一切職務。沙的反對理由是以人道主義為基礎，赫則以國家利益為藉口。

回憶錄指出，科學家與他的糾紛，並不涉及政治思想問題，但人文知識分子則在哲理上與他立異。赫某認爲那是很自然的趨勢，因爲「人文工作，尤其是作家的作品，慣在政治範圍內與執政者衝突。……作家們永遠在哲學或意的牢結方面發掘問題，而執政黨包括共產黨則喜歡對其獨斷和獨佔」。

《齊瓦哥醫生》及其作者派斯德納克，便是一例。赫魯雪夫不准該書在蘇聯出版，在義大利出版後又不准它內銷，更不准派斯德納克到瑞典去接受諾貝爾獎金，也不准諾貝爾獎金委員會派人到莫斯科去頒獎，——簡直完全是史達林作風。

但赫某終於在回憶錄中深表懺悔。他說一本著作的命運應讓讀者去決定，而不應用內政方法或警察手段去對付。

關於《齊瓦哥醫生》，赫某說：「有人認爲我今天表示懺悔和歉意，已經太遲了。但我以爲這總較好於根本不作表示。」

五

赫魯雪夫這些懺悔的表示，我相信都是眞實的。除「人之將死，其言也善」外，我想還有兩個原因：

其一、時代是進步了，蘇聯政府對於人民自由的限制和迫害，較赫某統治時，已大爲放寬。

其二、赫某也進步了。他在回憶錄中承認：

「你不能用警棍或大聲咆哮的命令去管制文學、藝術和文化的發展。……假使你管制過嚴，相反的意見將無法產生，因而不會有批評，也因而不會有眞理。」

「我想現在應讓蘇聯人民享受出國旅行的自由了。……在蘇維埃統治了五十（餘）年之後，（這個）天堂不應再重門深鎖。」

六十三年十月三十一日　美國客寓

陶百川全集

百川滙海

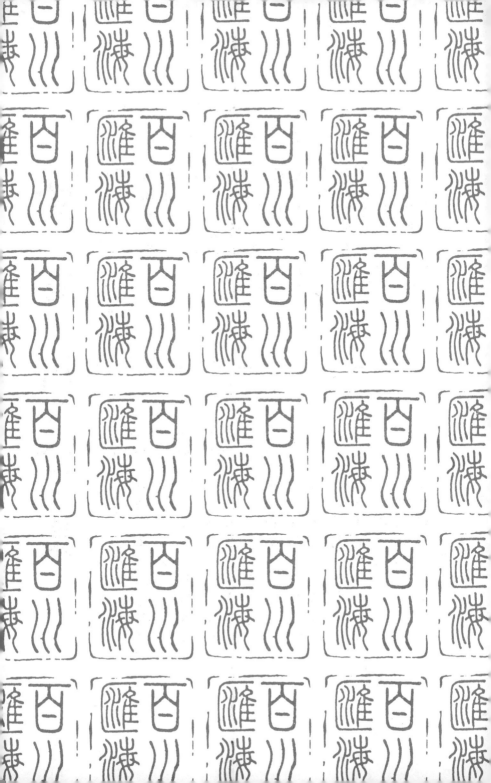